翻盘

跨越周期的财富保卫战

王方群 孙付 王慧方 著

中国科学技术出版社
·北 京·

图书在版编目（CIP）数据

翻盘：跨越周期的财富保卫战 / 王方群，孙付，王慧方著 . — 北京：中国科学技术出版社，2024.5
ISBN 978-7-5236-0425-0

Ⅰ . ①翻… Ⅱ . ①王… ②孙… ③王… Ⅲ . ①金融投资—基本知识 Ⅳ . ① F830.59

中国版本图书馆 CIP 数据核字（2024）第 043680 号

策划编辑	杜凡如　李清云
责任编辑	贾　佳
版式设计	蚂蚁设计
封面设计	奇文云海
责任校对	邓雪梅
责任印制	李晓霖

出　　版	中国科学技术出版社
发　　行	中国科学技术出版社有限公司发行部
地　　址	北京市海淀区中关村南大街 16 号
邮　　编	100081
发行电话	010-62173865
传　　真	010-62173081
网　　址	http://www.cspbooks.com.cn

开　　本	710mm × 1000mm　1/16
字　　数	180 千字
印　　张	15.5
版　　次	2024 年 5 月第 1 版
印　　次	2024 年 5 月第 1 次印刷
印　　刷	北京盛通印刷股份有限公司
书　　号	ISBN 978-7-5236-0425-0/F · 1218
定　　价	89.00 元

借力危机，逆风翻盘

自 17 世纪荷兰郁金香泡沫以来，人类历史上爆发过多次金融危机，每一次金融危机对社会经济活动和社会财富的损害都是极其巨大的，有时会改变一个国家、一个企业、一个家庭或个人的生命轨迹。

拨开历史的迷雾，才能让我们的思考找到答案。无疑，深入研究金融危机，深度剖析金融运行规律，将为人类经济活动提供宝贵的经验。

金融强国是中国金融业的伟大使命，金融报国是金融从业者的理想。我非常高兴看到华西证券研究所的几位年轻作者深度剖析金融危机，为金融危机研究贡献他们自己的研究成果和智慧，其中的作者王方群是我以前在中信建投证券的老同事。他们在书中详细解析了近代四次全球金融危机：1929 年大萧条，1997 年亚洲金融危机，2008 年次贷危机，2020 年以来的美国流动性危机。通过对比这四次金融危机中不同阶段的大类资产走势，他们提出了如何在金融危机中保护个人财富的战略战术，这对普通投资者具有很好的参考价值。

对其中的一些结论和观点，我也深有感触。如在金融危机爆发初期，股市是金融危机的先行指标，在危机大爆发前，股市一般呈现出持续下跌的趋势。房地产因为流动性、交易成本和总成本较高而呈现出疲软下跌的走势将贯穿整个金融危机。黄金在金融危机初期具有较好的避险属性，但在金融危机中后期也呈现出涨跌的周期性。

“凡事预则立，不预则废”，未来，金融危机可能还会再次到来，但我们不知道什么时候再来。希望这本书能够在帮助投资者识别以及应对金融危机方面有所帮助，让财富得以保值增值，让幸福美好的人生得以实现。

明世集团有限公司董事长齐亮

2024 年 1 月于北京

自序

年光似鸟翩翩过，世事如棋局局新

年光似鸟，翩翩过。自 17 世纪荷兰爆发第一次金融危机以来，人类历史上出现过上百次大大小小的金融危机。金融危机伴随着人类社会的经济起起伏伏，翩翩而过。人类从历史中学到的唯一教训就是从不吸取教训。当全球金融危机来临时，很多专业投资者的反映都是“这次不一样”，而后事实证明，这次跟以往历次危机都一样。

世事如棋，局局新。周期理论认为，事事皆周期，新的只不过是下棋之人和下棋之术，棋局之道已定。科技进步可能会推动经济上一个新台阶，但经济本身的运行规律及金融危机的规律，从未改变。经济繁荣、信贷泡沫导致金融危机爆发，企业倒闭致使民生艰难，政府和企业的应对让危机触底反弹，经济回暖让企业和居民加杠杆为新一轮危机埋下种子。

2023 年 10 月，中央召开金融工作会议，会议强调：“金融是国民经济的血脉，是国家核心竞争力的重要组成部分，要加快建设金融强国。”“金融强国”成为金融业发展方向和奋斗目标。研究，特别是对金融历史和金融规律的研究，是非常重要的。只有把握金融运行规律，我们才能更好地指导实践。

金融危机是金融运行过程中各种矛盾的集中爆发，对金融和经济破坏较大，影响深远。全球重大金融危机不但影响金融和经济，也往往能改变全球格局，重塑世界局势。深入研究金融危机，我们将能剖析经济运行规律，为人类社会运行发展提供宝贵经验。

金融报国是金融从业者的理想，为金融强国作出自己应有的贡献是从业者的义务。为此，我们就要找出规律，运用规律，保卫投资者的财富不受损失，甚至化危为机。这就是本书的目的，也是本书的写作逻辑。

本书第一部分主要分析了本次美国硅谷银行倒下引出金融危机的原因、过程、预测指标等基础知识。第二部分重点分析了全球央行美联储的加息周期、降息周期及各大类资产表现。第三部分是本书的核心，详细分析了1929年金融危机、1997年亚洲金融危机、2008年次贷危机、2020年至今的美国流动性危机，并对比了历次危机中不同阶段的大类资产表现，为投资者提出了在危机不同阶段如何保卫自己的财富的策略。第四部分主要分析了中国经济基本面、货币和房地产、中美库存周期等内容。

投资之道，在于察。投资、保卫财富，需要知识、研究、思考、察历史之道。为此，我和毕业于复旦大学的孙付及毕业于伯明翰大学的王慧方，一起从浩如烟海的资料中梳理了历史上有名的四次全球金融危机，剖析了危机传导机制、政府应对机制、财富保卫机制，以期对专业投资者和普通人的财富保卫有所贡献。此书献给所有喜欢经济和金融的读者，献给所有证券和基金投资界的朋友们。此书赠送给我的女儿王浚潞，她的梦想是成为中国知名经济学家。赠送给我的儿子王启航，希望他长大后践行金融报国的理想，为中国的金融业发展贡献自己的一份力量。

最后，也许全球金融危机总会发生，只是我们不知道它何时发生。但如本书所言，只要我们研究清楚了金融危机的规律，那我们就能从容面对危机，甚至能与狼共舞，化危为机。

作者：工方群

2024年1月于北京

目 录
CONTENTS

第一篇

美国金融危机或将到来

第一章 美国硅谷银行的倒下

第一节　硅谷银行的倒闭

在中国，3 月是一个春意盎然、令人期待的时节。然而，初春的 3 月，不仅有桃红柳绿，还有寒意阵阵的“倒春寒”。2023 年 3 月，对美国金融市场来说，是一个凶险的月份。就像“倒春寒”侵袭而来一样，它也许会成为引发美国金融危机的第一个导火索。

美国硅谷银行（SVB）是美国排名第 16 位的大型银行，资产管理规模 2000 亿美元，有近 40 年的历史，倒在了初春 3 月里。让我们梳理一下硅谷银行倒闭的时间线：

2023 年 3 月 7 日周二，硅谷银行连续第五年登上《福布斯》杂志美国最佳银行榜单，并入选《福布斯》杂志首届金融全明星名单。

2023 年 3 月 8 日周三，硅谷银行发布公告称，其母公司将计入 18 亿美元的投资销售税后亏损，并寻求通过出售普通股和优先股的组合来筹集 22.5 亿美元。这些都成为危机的导火索。

2023 年 3 月 9 日周四，由 PayPal 创始人 Peter Thiel 参与创立的知名创投 Founders Fund 公司开始从硅谷银行提出资金，这引爆了一场提款大挤兑。仅一天，储户和投资者在硅谷银行的取款总额高达 420 亿美元，接近硅谷银行存款总额 1700 亿美元的四分之一。没有哪家银行能经得起这么大规模的集中挤兑。

2023 年 3 月 9 日周四，硅谷银行股价暴跌超 60%，市值蒸发超 94 亿美元。

2023 年 3 月 10 日周五，美国加利福尼亚州金融保护和创新部（DFPI）宣布，根据《加利福尼亚州金融法典》第 592 条，它已经接管了硅谷银行，并控制了银行存款，理由是硅谷银行资金流动性不足且资不抵债。

2023 年 3 月 10 日周五，美国财政部部长珍妮特·耶伦率先出面，首次就硅谷银行事件表态，称美国银行系统“坚韧”，她与美联储主席鲍威尔和联邦存款保险公司（FDIC）主席马丁·格伦伯格连夜开会讨论围绕硅谷银行的事态发展情况，并力求硅谷银行问题不会传导到其他银行。

2023 年 3 月 11 日周六，联邦存款保险公司便启动了对硅谷银行的拍卖程序，但进展为零。

2023 年 3 月 12 日周日，鲍威尔、耶伦和格伦伯格紧急开会商讨对策。会后，耶伦立刻向拜登、布雷纳德和齐恩特汇报了最新情况，拜登批准动用紧急权力及实施救援计划。拜登对财政部迅速就硅谷银行问题达成解决方案表示满意。

2023 年 3 月 13 日周一，在美股期货开盘仅 15 分钟后，鲍威尔紧急宣布了救援计划。一项规模为 250 亿美元的银行定期融资计划（Bank Term Funding Program, BTFP），将向符合条件的储蓄机构提供额外资金，以确保银行有能力满足所有储户的需求。美联储、美国财政部和联邦存款保险公司发布联合声明称，从 3 月 13 日开始，储户可以支取他们所有的资金。所有亏空都将通过对银行系统其他部分征税来填补，美国纳税人不会承担任何损失。

2023 年 3 月 13 日周一，拜登就银行业形势发表讲话时表示，美国人应该相信美国银行系统是安全的。同时，拜登强调，美国银行业发生的事情将被全面问责，并指出国会和监管机构将被要求加强对银行的监管。

2023 年 3 月 13 日周一，美股银行股再度上演崩盘式下跌，美国阿莱恩斯西部银行一度暴跌超 80%，第一共和银行跌幅超 76%。美股盘中超过 10 家中小型银行股价触及熔断。美股银行股指数一度暴跌 11%，费城证交所 KBW 银行指数大跌超 11%。

2023 年 3 月 13 日周一，恐慌情绪在欧洲市场迅速蔓延。欧洲股市在开盘后便开启了暴跌模式，意大利富时 MIB 指数一度大跌超 4%，欧洲斯托克 50 指数跌近 3%，德国 DAX 指数跌超 3%，法国 CAC 40 指数跌近 3%，英国富时 100 指数跌超 2%。

同时，全球市场开启了疯狂避险模式。资金正在疯狂追捧欧美债券，这引发全球债券市场狂飙；另外，其他避险资产也大幅攀升，现货白银大涨 4.5%，现货黄金日内涨 1.5%；人民币兑美元汇率也出现了大幅拉升，离岸人民币兑美元一度涨超 800 点。

2023 年 3 月 13 日周一，硅谷银行首席执行官格雷格・贝克尔和首席财务官丹尼尔・贝克被股东提出集体诉讼，他们被指责“隐瞒了利率上升将使硅谷银行‘特别容易’受到挤兑影响”。

2023 年 3 月 14 日周二，美股盘前，中小型银行股集体反攻，西太平洋合众银行股价盘前最高暴涨 43%，第一共和银行股价盘前最高涨幅超 27%，阿莱恩斯西部银行大涨超 22%。欧美股市集体狂涨，美股在开盘一小时之后，扩大涨幅，纳指涨幅扩大至逾 2%，道指涨 1.26%，标准普尔 500 指数涨 1.84%。欧洲股市涨幅超过 2%。

2023 年 3 月 14 日周二，美国储户开始从小型银行中提取存款，转而涌入摩根大通、花旗等大型银行，十年罕见的“存款大迁移”疯狂上演。

2023 年 3 月 14 日周二，美国司法部、美国证监会（SEC）开始调查硅谷银行倒闭案。它们主要调查硅谷银行的披露情况和高管的交易信息，并审视倒闭前几天硅谷银行金融集团高管的股票出售情况。

2023 年 3 月 17 日周五，已经失去硅谷银行控制权的硅谷银行金融集团向纽约南区破产法庭提交了依据美国《破产法》第 11 章的破产保护申请。

2023 年 3 月 27 日周一，美国第一公民银行将以 165 亿美元的折扣价收购硅谷银行的约 720 亿美元资产，以及硅谷银行的 1190 亿美元存款。

2023 年 3 月 28 日周二，硅谷银行盘前跌幅超过 99%，停止上市，已转入场外交易市场（OTC）。

硅谷银行的突然倒下，让人惊讶，也令人疑惑。硅谷银行到底是怎样的一家银行？为什么会突然倒下？

第二节　硅谷银行的前世今生

1983 年，美国硅谷银行成立，它是硅谷银行金融集团的子公司。截至 2022 年有 2117 亿美元资产。硅谷银行通过位于美国的 27 家办事处、3 家国际分公司，以及亚洲、欧洲的广泛商业关系网，为风险资本和创业企业提供了大量的贷款。硅谷银行主要服务于科技型企业，成功帮助过脸书（Facebook）[①]、推特（Twitter）等明星企业。

通俗地讲，硅谷银行作为一家年轻的银行，很难跟华尔街那些百年银行一样竞争存量存贷服务，于是另辟蹊径，专注于增量存贷服务。它主要以硅谷为依托，为新兴科技企业、风险投资公司和私募股权公司等提供存贷服务。这类

① 脸书（Facebook），现已更名为元宇宙（Meta）。——编者注

科技企业的特点是风险大、资金需求短期化。大量中小型科创企业也许今天还在，明天就倒闭了。科创企业对资金需求较短期，可能把融资得来的钱在短期内放到硅谷银行，过个半年一年就取走，用于发放工资或者投资项目。

硅谷银行的崛起受益于 2008 年美联储实行的量化宽松政策。为应对新冠疫情，2020 年 3 月美联储将联邦基金利率降至 0~0.25%。疫情期间美联储投放货币 4 万多亿美元，这导致了美元泛滥。这些美元除了流入个人和家庭外，还大量流向科技企业，被用于投资，硅谷银行抓住机遇，大力吸纳科创企业的资金。它一边给初创企业提供信贷支持，一边给风险投资公司和私募股权公司等提供资金。硅谷银行将大批资金投入 10 年期美国国债等长期投资品种中。此后，硅谷银行逐渐从一家小型区域银行成长至美国资产规模排名第 16 位的银行。

在 2020 年到 2021 年的两年中，硅谷银行股价涨幅超过 200%，而同期美国银行、美国运通银行等传统银行股价涨幅仅为 50%。在前期的低利率环境下，硅谷银行在资产端用激进的杠杆布局了大量的国债和抵押支持债券。2022 年，美联储进行了九次加息，将联邦基金利率提升为 4.75% 至 5%，这导致债券出现巨额亏损，进而侵蚀到了公司资本金。急需补充资本金的消息加剧了储户的不信任危机，最终演变成可怕的挤兑危机。

第三节　硅谷银行的倒下不是个案

美国有超过 5000 家银行，硅谷银行的爆雷和倒下，并不是个案和偶然。

2023 年 3 月 12 日周日，美国签名银行被监管部门关闭。

2023 年 3 月 15 日周三，总部位于旧金山的第一共和银行正在考虑包括出售在内的战略选项。当天，第一共和银行股价大幅重挫，盘中一度暴跌超36%，触及熔断。截至2022年年底，第一共和银行的总资产规模达2130亿美元（约合人民币14 670亿元），管理财富资产总额为2710亿美元（约合人民币18 700亿元），资产规模在美国排名第15位。

2023年3月16日周四，由高盛、摩根士丹利、摩根大通和花旗银行等六大银行领衔的11家华尔街大型银行，向第一共和银行注资300亿美元，以防止地区银行业危机进一步蔓延。

2023年3月17日周五，美国第一共和银行尝试通过发行新股从其他银行或私募筹集资金。当天，第一共和银行收跌32.8%，当周累计跌幅接近72%。

2023年3月19日周日，美国联邦储蓄保险公司前主席谢拉·拜尔警告称，美国银行系统正处于“贝尔斯登时刻”，市场对银行系统的恐慌情绪正在蔓延，美国政府需要暂时向更多银行提供救助，防止出现银行关闭潮。

2023年5月1日，美国第一共和银行倒闭，被摩根大通收购。

危机不但在美国蔓延，还通过金融市场快速传导到欧洲甚至全球。

瑞士信贷集团成立于1856年，总部设在瑞士苏黎世，是全球第五大财团，瑞士信贷银行是瑞士的第二大银行。截至2022年年底，集团总投资额达245亿美元，管理财产规模达11 953亿瑞士法郎（折合人民币超9万亿元）。

2023年2月9日周四，瑞士信贷公布的2022年业绩，其全年净亏损73亿瑞士法郎（约80亿美元）。

2023年3月8日周三，美国证监会质疑瑞士信贷2019年和2020年年报中的资金流动表。

2023年3月14日周二，瑞士信贷表示，该行在2021年和2022年的财务报告内部控制方面发现了“重大缺陷”，审计机构对其给予否定意见。

2023年3月14日周二，在瑞士市场上市的瑞士信贷跌幅一度达到30%。而在美国市场上市的瑞士信贷跌幅亦一度接近30%。

2023年3月15日周三，瑞士信贷的最大投资者沙特国家银行表示，无法向瑞士信贷提供任何进一步的财务援助。

2023 年 3 月 16 日周四，瑞士央行出手。瑞士信贷通过一个担保贷款项目向瑞士央行借款多至 500 亿瑞士法郎（折合人民币约 3700 亿元）。以不超过 30 亿瑞士法郎现金回购某些运营公司（OPCo）的优先债务证券。

2023 年 3 月 16 日周四，欧洲央行公布最新利率决议，将三大关键利率上调 50 基点，基本符合市场预期。至此，欧洲央行存款便利利率升至 3%，边际贷款利率为 3.75%，主要再融资利率为 3.5%。

2023 年 3 月 19 日周日，晚上 10 点，瑞银集团紧急召开电话会议，宣布将以 30 亿瑞士法郎的价格，对瑞士信贷进行全股票收购。瑞士政府将提供最高 90 亿瑞士法郎的损失担保，减记 158 亿瑞士法郎 AT1 债券，瑞士信贷和瑞银两大金融集团“联姻”成功。

2023 年 3 月 20 日周一，瑞士信贷美股盘前跌逾 59%，瑞银集团跌近 4%。尽管不断发酵的危机让瑞士信贷身价大跌，但这场“紧急救援”于瑞银集团而言仍是一次难得的机遇。合并后的新实体的投资资产将达 5 万亿美元（约合 34.48 万亿元人民币），并一跃成为欧洲第三大资产管理公司。

第四节 危机起源之美联储

2008 年的次贷危机，由于美联储和美国政府介入较晚、监管工具不足、介入力度不大等因素，导致危机蔓延。吸取教训的美联储和美国政府应对此后的每次危机都采取“快速介入，重拳出击”的策略。也就是在危机的早期及时介入，出重拳应对危机。

2020 年 3 月，受新冠疫情影响，美联储和美国政府迅速将联邦基准利率降至接近于 0，并且开启无限量化宽松政策。美联储资产规模从疫情前的 4 万多亿美元扩张至近 9 万亿美元，并向实体经济和金融体系注入大量流动性资金。在受疫情影响导致需求不振的背景下，当时银行所持有的大量资金最终流向了相对稳健的美国国债。

此后，大规模量化宽松的后遗症也逐步显现，通货膨胀（以下简称通胀）压力堪比 20 世纪 70 年代。为了应对不断上升的物价，美联储自 2022 年 3 月至今加息 11 次，最新的联邦基金目标利率区间已升至 5.25%~5.5%。利率上行在两方面给银行带来了严重的负面影响：

一方面，利率上升导致美债价格下降，配置大量美债资产的银行会遭受较严重账面损失；另一方面，利率上升抬高了企业融资成本，受资金趋于紧张影响，企业存款规模下降。短时间内美国货币政策的急剧宽松和紧缩会导致金融环境两级反转，美国银行业的流动性普遍承压（图 1–1、图 1–2）。

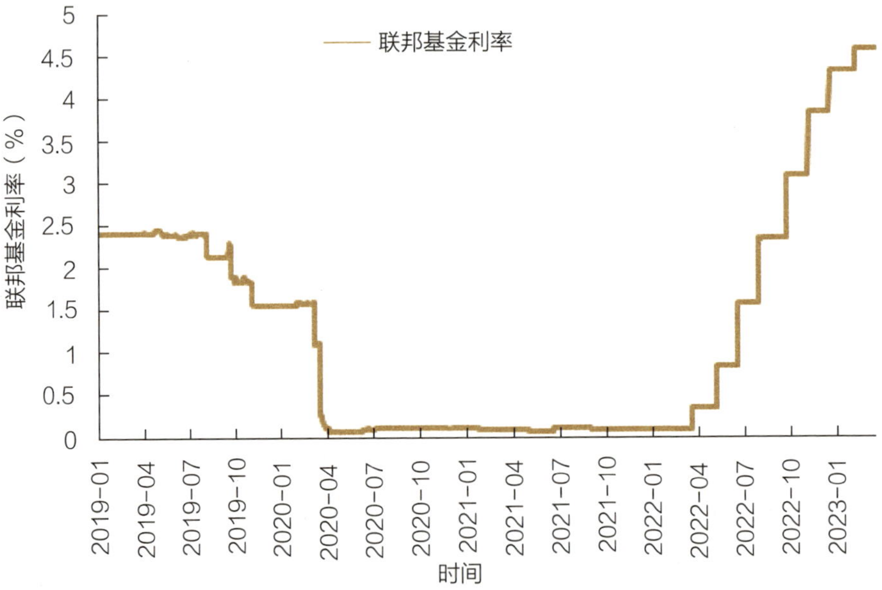

图1–1　美国联邦基金利率快速抬升

资料来源：万得资讯（Wind），华西证券研究所。

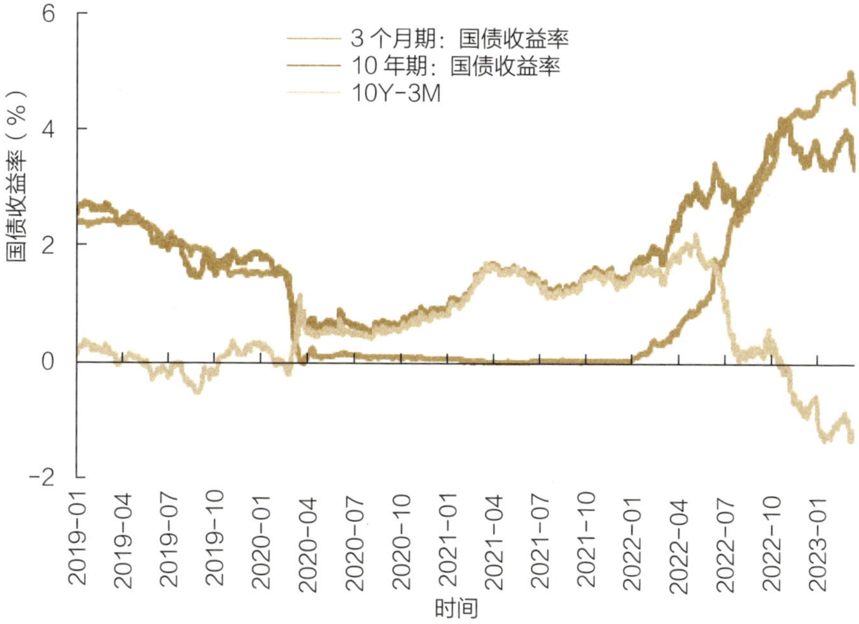

图1-2　美国国债收益率持续倒挂

资料来源：万得资讯，华西证券研究所。

第五节　危机起源之资产负债期限结构错配

从微观层面上看，以硅谷银行为首的部分美国中小型银行风险主要来自较为严重的资产负债期限结构错配。

在 2020 年至 2021 年流动性充足的环境下，美国银行业整体加速扩表，负债端吸收大量低息存款，资产端主要用于金融投资。以服务科技企业、风险投资公司和私募股权公司等为主业的硅谷银行存款快速上升，从 2019 年年末的 617.58 亿美元增长到 2021 年年末的 1892.03 亿美元，增长幅度高达 206.36%。

大量新增存款难以全部投向贷款，于是硅谷银行大幅增加美债和MBS[①]等久期较长的金融资产配置。2021年，硅谷银行买入856亿美元的持有至到期金融资产（HTM），这使得当年的HTM同比增长491.8%至982亿美元，总体规模和增速都远高于贷款净额。

在过去的宽松流动性环境下，高期限错配帮助硅谷银行取得了较好的回报和规模扩张，但这也意味着宏观货币政策对该行盈利和流动性的冲击更大。在美联储开始加息后，硅谷银行的资产负债表发生了巨大变化。

在负债端，科技行业景气度下降驱使储户大量提现，存款加速转移引发流动性危机。一方面，2022年美国科技股遭遇大熊市，微软、亚马逊、英特尔等科技巨头纷纷裁员，初创科技公司IPO估值下降，融资困难情况出现，这导致硅谷银行存款账户抽水，并与资产端配置的长久期债券形成冲突。2022年年末硅谷银行存款规模同比下降8.5%至1731亿美元。

另一方面，在美联储持续加息的情况下，隔夜逆回购利率已经升至4.55%，高于银行存款利率。这促使硅谷银行客户将部分存款转移至以隔夜逆回购为主要投资工具的货币基金等方向，硅谷银行的流动性压力进一步加剧。此外，硅谷银行流出的存款以不计息存款为主（无利息存款总额从2022年第一季度的1260亿美元下降至2022年第四季度的870亿美元），计息存款占比扩大促使负债成本承压。

在资产端，为应对流动性需求，折价抛售证券投资组合导致亏损。由于负债端流动性收紧，硅谷银行若要继续持有HTM至到期，就需要用当前利率高于4%的同业负债，替代流失的低息存款，而HTM的平均到期收益率只有1.66%，负利差大到难以承担。

---

① MBS是指抵押支持债券或者抵押贷款证券化。

硅谷银行被迫抛售 AFS 偿还债务。美债利率曲线倒挂下，硅谷银行低息购入的 AFS 在 2022 年造成超过 25 亿美元的未实现损失，折价抛售将导致硅谷银行在 2023 年第一季度蒙受 18 亿美元实际亏损。同时，由于资产端配置了大量回报率相对较低的国债，这导致生息资产收益率上行斜率不及计息负债成本率，息差呈现收窄趋势，硅谷银行的收益降低。

第六节　无辜受伤的瑞士信贷

与硅谷银行一类的美国中小型银行不同，瑞士信贷是大型投行，主要为机构投资者和高净值客户提供财富管理和投行服务，两者存在较大差异。

瑞士信贷事件与硅谷银行破产本质上都是美联储进入加息周期后金融风险暴露的结果，但二者的风险来源并不相同。

从宏观层面来看，瑞士信贷资产规模远超硅谷银行，属于层级一（Tier 1）的全球系统重要性银行（G-SIB），其所受金融监管的严格程度也非硅谷银行可比。瑞士信贷一级普通股资本充足率（CET 1）和一级资本充足率分别为 14.1% 和 20%，高于各国监管的最低要求，在同行中也属于较高水平。

从微观层面来看，瑞士信贷的资产负债期限错配问题也并不严重。硅谷银行购买的金融证券都被其记录在“证券投资”科目下，其所受亏损不计入当期利润，爆雷的风险由此被埋下来。而瑞士信贷的“证券投资”规模仅有 17.2 亿瑞士法郎，其中 HTM 和 AFS 的未实现损失分别为 4000 万瑞士法郎和 1.56 亿瑞士法郎。这意味着，瑞士信贷在债券的投资损失大部分已经反映在当期利润中，因此爆雷的风险并不存在。

导致瑞士信贷事件的直接原因是硅谷银行破产打击市场信心与最大股东

拒绝援助，根本原因是其内控缺陷带来的资产的大规模亏损及资金外流。作为全球系统重要性银行，瑞士信贷丑闻自2012年开始就已为市场所知。2021年后，瑞士信贷亏损额度连年加大，包括投行、资管、财富管理在内的各业务板块也基本呈下行趋势，尤其是2022年投行部分业务同比降幅58%。

截至2022年年底，瑞士信贷总资产规模环比萎缩24.1%至5317亿瑞士法郎。2023年之后瑞士信贷亏损不减反增。2月，瑞士信贷公告宣布客户在第四季度撤回了1100亿瑞士法郎（约合1190亿美元）的资金，并披露瑞士信贷年度亏损72.9亿瑞士法郎（约80亿美元），为2008年以来最大亏损金额。欧洲央行紧随美联储加息脚步进入加息周期，进一步放大了市场对瑞士信贷经营不善的反应，最终令其无力回天。

第七节　注入流动性是政府的底牌

当银行出现资金问题时，监管层可以通过提供流动性来进行救助。对陷入危机的银行直接提供流动性支持的好处在于，这可以帮助银行缓解短期资金压力，维持正常的信贷和支付功能，防止金融恐慌和系统性风险的扩散。

相对应的坏处是，其可能会造成道德风险和逆向选择问题，即鼓励银行过度冒险或掩盖其真实状况（高风险经营的收益只归属银行；但是风险爆发后的成本，则因为监管层的救助而由全社会共同承担），从而削弱市场纪律和监管效果。

欧美监管层在危机爆发后迅速采取了行动，通过多种渠道向市场注入流动性，具体措施如下：

2023 年，美国政府金融监理单位联邦存款保险公司（FDIC）分别在 3 月 10 日接管硅谷银行，3 月 12 日接管签名银行。大部分储户 25 万美元以内的存款由 FDIC 全额兑付，超额部分则通过拆卖银行资产偿还。

美联储于 2023 年 3 月 12 日紧急宣布了规模为 250 亿美元的银行定期融资计划（BTFP），向所有美国联邦保险存款机构提供最长一年的贷款，允许银行把国债、抵押贷款支持债券和其他债券作为抵押向美联储借入资金，来缓解流动性危机。利率成本为一年期隔夜指数掉期利率加 10 个基点。财政部将从其外汇稳定基金中为该计划提供资金来源。

2023 年 3 月 12 日，第一共和银行从美联储和摩根大通银行获得额外流动性，所有未使用的流动性资金超过 700 亿美元。

2023 年 3 月 16 日，在美国财政部支持下，11 家银行（包括摩根大通、花旗集团、美国银行、富国银行、高盛和摩根士丹利等）存入第一共和银行 300 亿美元。

2023 年 3 月 20 日，美联储与加拿大央行、英国央行、日本央行、欧洲央行、瑞士央行发布联合声明，宣布通过常设美元流动性互换额度安排加强流动性供应，为全球市场提供更多流动性支持。

欧洲方面，在瑞士信贷陷入危机后，瑞士信贷于 3 月 16 日宣布将向瑞士央行借入 500 亿瑞士法郎的贷款。据《联合早报》报道，瑞士政府愿意在必要时收购瑞士信贷股份，为瑞士信贷增资。

由于硅谷银行和签名银行都属于区域性中小型银行，其系统重要性相对较低，因此美联储和美国政府意在稳定市场，通过向存款人提供全额担保、向受影响的科技公司提供救助、避免其他银行在冲击下继续破产导致风险蔓延，而不是对硅谷银行本身进行救助。

与之相对，瑞士信贷是国际金融稳定委员会“具有系统重要性”的 30 家金融机构之一。因此，放任瑞士信贷倒闭会产生较为严重的影响，瑞士政府采取了直接向瑞士信贷注入流动性的方式来对其进行救助。

第八节　政府促成“联谊”

另一个处置破产银行的方式是由健康银行兼并收购问题银行，通过市场化方式解决问题银行所面临的困境。由于收购方需要承担问题银行部分的风险敞口和损失，为了促成交易，监管层在部分情况下会给予收购方一定的政策和经济方面的补偿。

2023 年 3 月 13 日，英国政府宣布同意汇丰控股有限公司（HSBC）收购硅谷银行位于英国的子公司。根据 HSBC 发出的消息来看，它以象征性的 1 英镑买下硅谷银行位于英国的子公司，并且承接该银行的所有债务。

2023 年 3 月 19 日，纽约社区银行（New York Community Bank）准备斥资 27 亿美元收购 Signature Bank 的大部分股权。

2023 年 3 月 19 日，在瑞士财政部、金融市场监管局（FINMA）和瑞士央行支持下，瑞银集团以全股票收购的方式收购瑞士信贷。每持有 22.48 股瑞士信贷股份的股东将获得 1 股瑞银股份，这相当于每股 0.76 瑞士法郎，总对价 30 亿瑞士法郎（约合 32.5 亿美元），30 亿瑞士法郎的收购价较瑞士信贷 3 月 17 日的市值打了大概四折，以收盘价估算，瑞士信贷的市值约为 74 亿瑞士法郎。

根据瑞士联邦委员会的紧急法令，瑞士信贷和瑞银集团可在破产时获得总额高达 1000 亿瑞士法郎的具有特权债权人地位的流动性援助贷款。此外，为促成交易，瑞士央行在瑞银集团收购瑞士信贷的业务后向瑞银集团提供高达 1000 亿瑞士法郎（约合 1080 亿美元）的流动性，瑞士政府还将为瑞银集团在交易过程中可能遭受的损失提供 90 亿瑞士法郎（约合 96 亿美元）的担保。

在瑞士信贷并购案中，作为交易的一部分，面值约 160 亿瑞士法郎（约合 172 亿美元）的 AT1 债券被减记为零。AT1 债券是指发行人可以根据自身需要在某些情况下将债务转为股本的一种混合资本债券。“AT1”是指“Additional Tier 1”，即额外一级资本。在发行人处于困境时，债券发行人可以将这种债券转换为股票，从而减少其负债。一般而言，AT1 债权人的受偿顺序要优先于普通股股东。但本次瑞士信贷 AT1 债券被直接减记到零，而股东权益仍保留接近 50%。这也引发了市场对于现存的 AT1 债券风险的担忧，导致其他银行 AT1 债券价格出现普遍下跌的情况。

第九节　秋后算账是美国政府的后招

针对此次硅谷银行破产风波，监管层除了在提供流动性支持之外，也在着手强化金融监管与对硅谷银行管理层不当行为的追责。

2023 年 3 月 15 日，美联储负责监管金融事务的副主席迈克尔·巴尔（Michael Barr）对硅谷银行进行审查，并于 5 月 1 日发布调查结果报告。

美国总统拜登在 3 月 17 日呼吁国会授权监管机构对失败银行的高管进行严厉的惩罚，包括追回其薪酬和奖金，并禁止其从事银行业务。

随后，美国联邦存款保险公司（FDIC）对硅谷银行及其高管进行了调查。FDIC 还表示将与美国证券交易委员会（SEC）和司法部（DOJ）合作，以确定欺诈或其他刑事犯罪是否存在。

美国对中小金融机构监管放松是此次硅谷银行倒闭的主要原因之一，强化金融监管正是在治理这一隐患。此外，为了稳定市场，监管层向问题银行提供了大量的流动性支持。在前文中我们已经指出，直接的救助将可能引发金融机构的道德风险和逆向选择问题，导致市场纪律和监管效果的削弱。因此，针对性强化金融监管也是势在必行的（表 1–1）。

表 1–1　问题银行风险处理方法

银行	时间	处理方法
硅谷银行	2023 年 3月 11日	大部分储户 25 万美元以内的存款由联邦存款保险公司（FDIC）全额兑付，超额部分则通过拆卖银行资产偿还，FDIC 正在考虑分拆出售硅谷银行的资产
	2023 年 3月 12日	美联储于 3 月 12 日紧急宣布规模为 250 亿美元的银行定期融资计划（BTFP），向所有美国联邦保险存款机构提供最长一年的贷款。具体来看，该贷款计划将允许银行按面值抵押美国国债、抵押贷款支持债券和其他债务，以一年期隔夜指数掉期利率加 10 个基点的利率借入资金来满足客户的取款要求，而不必亏本出售债券。此外，财政部将从其外汇稳定基金中提供高达 250 亿美元的资金支持该计划
	2023 年 3月 12日	美联储放宽贴现窗口，使用与 BTFP 相同的担保品
	2023 年 3月 13日	英国央行宣布他们同意 HSBC 收购 SVB 位于英国的子公司。根据 HSBC 发出的消息来看，他们以象征性的 1 英镑买下 SVB 位于英国的子公司，并且承接该银行的所有债务
	2023 年 3月 13日	财政部部长耶伦批准了由 FDIC 能够充分保护所有存款人的方式完成对硅谷银行的决议的行动，对硅谷银行和签名银行的储户全额兑付
签名银行	2023 年 3月 11日	为大部分储户 25 万美元以内的存款由 FDIC 全额兑付，超额部分需等待通过卖银行资产偿还
	2023 年 3月 19日	纽约社区银行（New York Community Bank）将斥资 27 亿美元收购 Signature Bank 的大部分股权
第一共和银行	2023 年 3月 12日	第一共和银行从美联储和摩根大通银行获得额外流动性，目前所有未使用的流动性资金超过 700 亿美元
	2023 年 3月 16日	在美国财政部支持下，11 家银行（包括摩根大通、花旗集团、美国银行、富国银行、高盛和摩根士丹利等）存入第一共和银行 300 亿美元

续表

银行	时间	处理方法
瑞士信贷	2023 年 3月 16日	瑞士信贷宣布将向瑞士央行借入 500 亿瑞士法郎的贷款。瑞士政府也称愿意在必要时收购瑞士信贷股份，作为瑞士信贷增资的方法之一
	2023 年 3月 19日	在瑞士财政部、金融市场监管局（FINMA）和瑞士央行（SNB）支持下，瑞银集团以全股票收购的方式收购瑞士信贷。每持有 22.48 股瑞士信贷股份的股东将获得 1 股瑞银股份，这相当于每股 0.76 瑞士法郎（瑞士法郎），总对价 30 亿瑞士法郎（约合 32.5 亿美元）

资料来源：新闻网站，WIND，华西证券研究所。

美联储为缓解银行流动性危机，阶段性扩表。2023 年 3 月下半月，为了防止银行系统风险的蔓延，美联储向市场注入了约 4000 亿美元的流动性（扩表）。危机稍微缓解后，2023 年 7 月 FOMC 会议表明会继续按 2022 年 5 月发布的《缩减美联储资产负债表规模计划》实施缩表，每月缩减规模 950 亿美元，其中包括 600 亿美元国债和 350 亿美元 MBS。

第二章 未来风波如何演化

新冠疫情出现后，由于特朗普政府的应对失误，导致许多人死于这场灾难。拜登政府开始采取隔离、居家办公、疫苗接种、戴口罩等措施。同时，拜登政府采取了无限量化宽松政策，以及疫情救助法案和减税法案，向经济注入万亿美元流动性。

2020 年 5 月，30 多岁的巴克被解雇了，为了生计，巴克携妻子、孩子从波士顿搬到了洛杉矶。他很快在码头找了一份工作，因为疫情大量货物都在等待卸载。他发现，由于政府的大量补贴，很多人已经成为依靠领取补贴和救济金而生活的人，特别是一些底层的劳动力，他们开始不愿意工作。美国政府 2020 年发放了 3 次疫情补贴，按照巴克家庭的标准，每个成人每次可以获得 1400 美元，孩子 500 美元，每次他们都能领取到共计 3300 美元的现金补贴。2021 年又发放了 3 次。也就是说，仅仅 2 年，巴克一家就领取了近 2 万美元的现金补贴。

流动性的泛滥叠加美国对中国的制裁和脱钩政策，致使美国物价飙升，通胀率高企。巴克的妻子劳瑞说，最明显的就是汽油和食品价格暴涨，她现在尽量少买牛肉，因为牛肉已经涨到疫情前的 2 倍价格了。劳瑞抱怨说，不仅仅是物价高涨，更难的是超市里的货架经常空着，可以选择的商品没有以前那么多了。还在计划生二胎的巴克和劳瑞开始小心翼翼地减少开支，以应付更加艰难的未来。劳瑞甚至还去美国加利福尼亚州南部的食物发放区，排队等待领取免费食品，但劳瑞说排队的拉货车辆排了近 2 千米。

这只是大危机下芸芸众生相之一，危机冲击着几乎所有人的生活。

第一节 危机是否会蔓延

美联储 2023 年 3 月的货币政策会议纪要显示，美联储官员认为，美国银行业危机的影响可能使美国经济在 2023 年晚些时候陷入衰退。2023 年 4 月巴菲特表示，我们还没有度过银行倒闭潮，未来更多美国的银行可能会倒闭。美联储认为如果银行业、金融环境对宏观经济的影响恶化到一定程度（比如超过了基线的假设），经济活动和通胀将偏向下行风险。历史上，与金融市场问题相关的衰退往往比普通的衰退更严重、更持久。

美国的银行倒闭潮有向实体经济传导的趋势。2023 年 4 月 24 日，美国最大的家居用品零售巨头 3B 家居宣布已申请破产保护，该公司有 360 家同名门店和 120 家 Buybuy Baby 门店。当日，3B 家居股价跌幅高达 35.7%，公司股价年内跌幅 92.5%。美国最大的婚纱零售商 David's Bridal 已申请破产保护，同时很多大型消费企业也都处于破产边缘。据标准普尔全球市场财智发布的报告显示，2023 年第一季度，美国企业破产申请数量为 183 起，该数值超过过去 12 年的任何可比时期数值。2023 年前 5 个月美国企业破产申请量创 10 年以来的新高，在 5 月单月 54 家企业申请破产，其中 3 家负债超 10 亿美元。美国现在有 8 万亿美元的商业地产贷款，70% 被美国中小型银行持有，在高利率环境下，房企业借新还旧困难，中小型银行还爆雷不断。瑞银集团分析师表示，未来五年内，美国超 5 万家零售店可能会永久关闭。

对于危机未来的发展，短期内市场的恐慌情绪或仍需要时间来平复，从长期来看，需要关注的主要有两个走向：一是此次银行风波是否会蔓延并升级为金融危机；二是美联储和欧洲央行是否会受此影响调整当前的加息策略。

关于第一个问题，由于未投保的债务存在，如果银行倒闭，储户将失去部分存款，这可能会激励他们从银行提取资金，进而出现挤兑。当有半数未投保的储户决定提款，190 家银行可能会面临硅谷银行的命运，约 3000 亿美元的投保存款或将面临风险。根据纽约联储的数据，2023 年第二季度，美国信用卡债务飙升至 1.03 万亿美元，在历史上首次超过 1 万亿美元。

鲍威尔表示，尽管硅谷银行的倒闭是一个严重的事件，但这不会引发系统性风险或导致经济衰退。他认为，美国的金融体系仍然是强大和有韧性的，并且有能力应对任何挑战。耶伦指出，尽管受到了压力，但银行系统依然稳健。美国政府致力于采取措施，缓解金融稳定风险。她还表示，如果规模较小的银行面临风险，美国政府可能会再次采取大刀阔斧的行动来保护银行储户。欧洲央行监事会主席恩瑞亚表示，融资和流动性头寸并未受到瑞士信贷危机的实质性影响。

桥水基金创始人达利欧在社交媒体上表示，美国正在接近从强紧缩阶段进入短期信贷 / 债务周期收缩阶段的转折点。他指出，贷款机构和银行在经历了长时间的低利率和宽松信贷后，会长期持有杠杆资产，然后由于利率上升和货币紧缩，这些资产就会贬值。硅谷银行和其他许多美国银行机构都面临这一困境。达利欧相信，随着美联储加息持续，更多的银行可能会被迫亏本出售资产，多米诺骨牌会相继倒下。美元因此大幅贬值的可能性很高。未来一两年美国的经济金融情况将很艰难。

正如达利欧所言，前期美联储和欧洲央行的无限量化宽松投放了天量货币，流动性泛滥导致西方国家通胀高企。为应对通胀，美联储和欧洲央行采取的激进加息又扰乱了金融市场。来自短期流动性压力导致的资产抛售以及随恐慌情绪产生的挤兑，都会带来流动性风险。

美国也面临银行监管风险，美国银行监管存在巨大漏洞。为了应对2008年的金融危机，美国国会在2010年通过了《多德–弗兰克华尔街改革和消费者保护法案》，要求资产超过500亿美元的银行必须接受压力测试、更高的资本要求和其他旨在降低风险的“强化审慎标准”。特朗普入主白宫后，共和党人在2018年通过了《经济增长、监管救济和消费者保护法》，取消了对资产在500亿美元至1000亿美元之间的银行加强监管，将压力测试标志提升至2500亿美元的金融机构。截至2022年年底，硅谷银行的资产为2090亿美元，签名银行的资产为1100亿美元，这两家银行都未达到联邦政府最严格监管的门槛。

第二节　美联储加息持续，拐点何在

关于第二个问题，美联储加息。20世纪80年代初，美联储时任主席沃尔克“暴力加息”，成功解决高通胀；2008年次贷危机，美联储时任主席伯南克则以量化宽松，成功保住银行业。2023年美联储主席鲍威尔需要同时降低通胀及保银行，但实现这两个目标所需的政策手段，却有些自相矛盾：降低通胀需要加息抽水，保银行则要开闸放水。

正如我们前文中所指出的，全球性的快速加息是此次银行风波爆发的重要原因之一，而这一观点也得到了普遍认同：

耶伦于2023年3月13日接受采访时表示，硅谷银行破产关闭，其核心问题在于美国联邦储备委员会持续上调利率，而非技术企业问题。

英国财政大臣亨特在2023年3月21日表示，全球性的快速加息可能是导致银行业困境的根本原因。

2023年3月23日，鲍威尔在联邦公开市场委员会（FOMC）会议新闻发布会上表示，当下的事态发展可能导致家庭和企业的信贷条件收紧，并对经济活动、就业和通胀造成压力，这些影响的程度是不确定的。

美联储2023年5月议息会议宣布，将联邦基金利率的目标区间上调至5%至5.25%（上调25bp），幅度符合CME期货价格隐含的市场预期。

美联储2023年7月议息会议宣布，将联邦基金利率的目标区间上调至5.25%至5.5%（上调25bp），幅度符合CME期货价格隐含的市场预期。这也是在上个月暂停加息后，美联储再一次加息，自2022年3月以来，美联储已累计加息11次，共加息525bp，为2001年3月以来的最高水平。

此前，为了防止银行系统风险的蔓延，美联储向市场注入了约3000亿美元的流动性（联储扩表），其中，为银行提供短期流动性的贴现窗口贷款增加1483亿美元（期限为15天）、用于救助硅谷银行和Signature Bank的过桥银行借款增加1428亿美元、新设立的BTFP贷款增加119亿美元。

美联储总资产在3月22日达到8.73万亿美元阶段性高点后，开始逐步回落，美联储总资产为8.56万亿美元。此次FOMC会议仍表明会继续按2022年5月发布的《缩减美联储资产负债表规模计划》实施缩表，缩减规模950亿美元，其中包括600亿美元国债和350亿美元MBS。

关于银行风险事件，鲍威尔表示，银行业情况总体上有所改善，不过影响程度尚不确定，美国银行系统健康且具有弹性，摩根大通收购第一共和银行是一个“好结果”，但大型银行进行大规模收购是不希望被看到的，显然加强针对大型银行的监管和监督是必要的。

关于后续加息，2023 年 7 月鲍威尔表示，加息的全部影响还没显现，FOMC 将依赖数据对未来的加息采取相应措施。他同时强调，目前还尚未就任何一次未来会议做出决定，如果数据显示有需要，加息在 2023 年 9 月，但利率也有可能维持不变。

至于美联储未来什么时候降息，此事尚待观察。鲍威尔表示，2023 年美联储应该不会降息。从 FOMC 决议以及鲍威尔的发言来看，我们认为 2023 年全年都可能处于加息周期，降息可能要到 2024 年或 2025 年（图 2–1、图 2–2）。

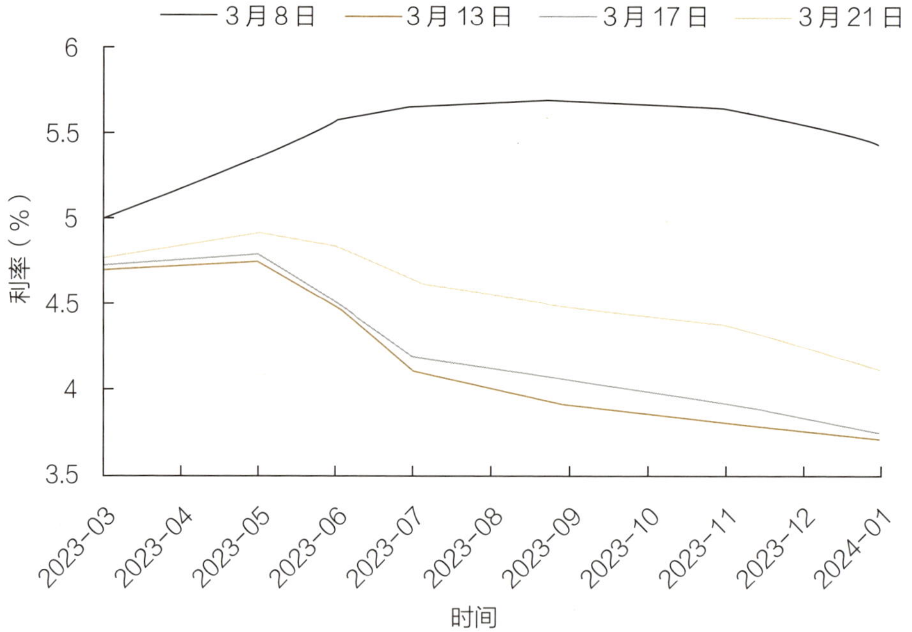

图2–1　美联储加息路径预期

资料来源：Bloomberg，华西证券研究所。

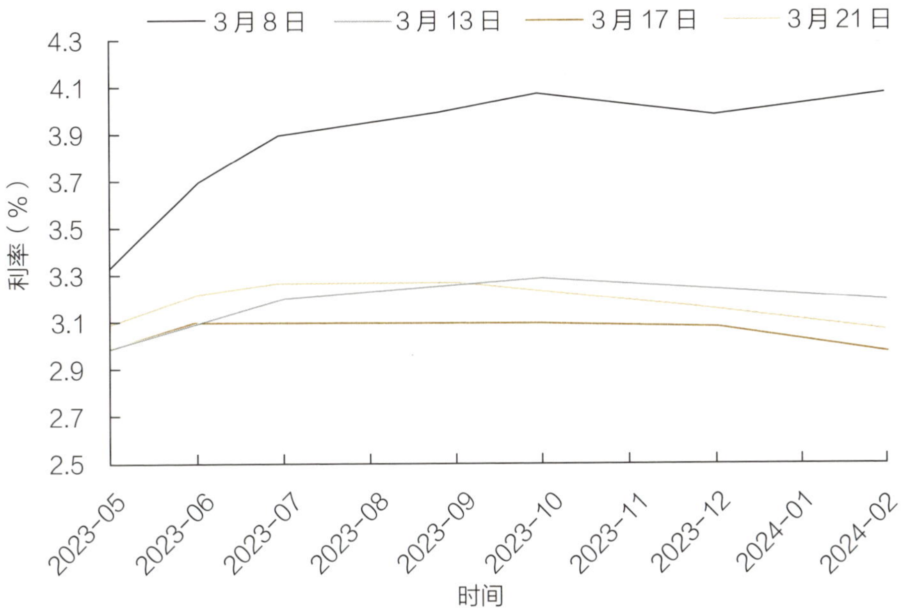

图2-2　欧央行加息路径预期

总之，硅谷银行、签名银行、瑞士信贷的倒闭，以及第一共和银行、德意志银行等相继出问题，这波银行危机是否足够引发更广泛更深入的全球金融危机，我们还需要拭目以待。虽然美联储和美国政府重拳出击，兜底救助银行业，但大量存在隐患的银行的银行家是否会采取道德风险博弈？如果评估破产对自己有利，加之政府兜底救助，银行家会直接选择破产。同样，面对高企的通胀，泛滥的流动性，也许，欧美金融系统出事是早晚的事。

第三节　危险的 2024 年

在《美国货币史》一书中，诺贝尔经济学奖得主米尔顿·弗里德曼的研究表明，美联储的货币扩张到经济复苏繁荣，再到通胀的传导时间是 18 个月左右。用该理论来分析这波美国流动性危机我们可以发现，本次流动性泛滥始于 2020 年 3 月美联储为应对新冠疫情的冲击，快速将联邦基准利率降至 0~0.25%，美联储开启无限量化宽松政策，美联储资产负债表从疫情前的 4 万多亿美元，扩张至 2022 年年底的近 9 万亿美元。天量美元投放导致美国通胀高企，大约 18 个月后的 2021 年下半年，美国通胀高企，美国 2021 年全年通胀率为 7%；2022 年通胀率为 9%，该数值创 40 年来新高。

根据弗里德曼的研究，我们也可以推测，美联储加息导致的货币紧缩到经济衰退，可能也存在着同样的传导期，传导期也可能是 18 个月左右。自 2022 年 3 月以来，美联储已累计加息 11 次，共加息 525bp，该数值为 2001 年 3 月以来的最高水平。2023 年 7 月 27 日的加息，美联储宣布将联邦基金利率目标区间上调至 5.25% 至 5.5%（上调 25bp）。用该理论预测，美国从 2022 年 3 月开始加息，18 个月后（即 2023 年 9 月以后），美国经济衰退和危机可能会出现。

我们用 2008 年次贷危机的真实案例来分析一下危机的周期。2008 年 3 月 10 日全美排名第 17 位的、拥有 85 年历史的贝尔斯登开始出现银行挤兑事件，3 月 14 日贝尔斯登申请破产；2008 年 9 月 5 日，美国政府接手了爆雷的房利美、房地美；9 月 15 日，全美排名第 4 位的、1850 年创立的全球性投资银行雷曼兄弟宣布破产，该事件将次贷危机推向最高潮。从第一家银行倒下，到危机的最高潮，时间有 6 个月左右。2023 年 3 月 28 日美国硅谷银行正式倒下，那么大概 6 个月后，即 2023 年 9 月后，美国可能会爆发金融危机。

美联储一边加息抽水、一边开闸放水救银行的自相矛盾的操作，也将美国经济置于从没有过的危机中。美联储连续 11 次加息，将利率加至 5.25% 以上，以缓解通胀。另外，美联储公布资产负债表显示，3 月 8 日到 3 月 15 日，美联储向美国银行借款 1648 亿美元，该数据创下历史新高，超过 2008 年金融危机时期。此外，美联储还向美国联邦存款保险公司提供了 1420 亿美元的贷款资金。

美国约有5000家银行，据研究表明，如果恐慌蔓延，信心危机爆发，一半存户突然提取资金，全美将有186家银行面临倒闭，这将推倒多米诺骨牌，引起银行倒闭潮。

当然，没人知道本次美国流动性危机如何收场，也没人知道3月的硅谷银行倒闭是否是一场危机的开始，但我们认为，2024年及以后某年的某天，美国可能会爆发一场影响全球的金融危机。

全球金融危机也可能有另外一个版本，即欧盟或者日韩率先爆发金融危机，进而传导至美国，最后蔓延至全球。因为比起经济复苏强劲，科技不断突破的美国，欧盟和日韩或许面临着更大的危机和挑战。无论是哪个经济体率先爆发金融危机，在经济金融全球化的今天，美国都不可避免地成为全球金融危机的中心。无论是美国先倒下还是其他经济体先倒下，事件的本质都不会受到影响。

第四节　金融危机必将再来

如果你观察蚂蚁，你会发现行军蚁的致命螺旋。行军蚁依靠留下的信息素爬行，如果领头的蚂蚁不小心转了一个圈，那么其他蚂蚁会陆续跟上转圈。信息素越来越多，参与转圈的蚂蚁也会越来越多，致命螺旋就会形成。转个不停的蚂蚁会因体力不支而活活累死。行军蚁致命螺旋的形成，主要是蚂蚁的信息素具有传染性和叠加性，信息素传染给了越来越多的蚂蚁，越来越多的蚂蚁信息素不断叠加又加重了信息素的传染性。

我们也许会嘲笑蚂蚁愚蠢到把自己绕死了，但回顾人类的危机历史，哪一次危机不是由人性的贪婪和恐惧造成的呢？人类的行为也具有传染性和叠加性。

达尔文的进化论的核心观点就是动物在进化过程中“物竞天择，适者生存”。动物为了生存，需要具有自利性，将自己的生存置于首要位置，其他的都不那么重要，哪管他洪水滔天。作为个体的人类，也具有自利性，有时会贪婪无度地索取资源和财富。作为整体的人类，犹如行军蚁一样，行为具有传染性和叠加性。在心理学上这被叫作“从众效应”，指的是在趋势性事件中，个体为了安全和利益，做出与群体一致的决策，而无法单独做出理性决策。

人类社会是由个体组成的，由于人性中的贪婪和恐惧，自利和从众，社会和经济总是起伏波动的，危机也不可避免。人的一生往往会经历一次危机。这里所说的危机，是指因为内外部重大因素导致的严重金融危机。

自 1637 年荷兰郁金香投资泡沫以来，人类历经 1719 年法国密西西比泡沫，1720 年英国南海经济泡沫，1837—1843 年英美大震荡，1929 年美国股市大崩盘，1997 年亚洲金融危机，2008 年美国次贷危机，以及 2020 年蔓延至今的美国流动性危机。小型金融危机、区域性金融危机则更多更频繁。乔达、舒拉里克和泰勒的研究识别出在过去 140 年中 14 个发达国家的 223 个商业周期，并根据扩张阶段的信贷强度，将其区分为 173 次正常经济衰退与 50 次金融危机后的经济衰退。可见危机爆发的频率之高。

在现代社会，经济危机更多地表现为金融危机。正所谓十次危机九次金融。这是因为发达经济体中以金融资本为核心的虚拟经济占据着重要地位，而实体经济的内容是通过虚拟经济形式表现出来的。比如《福布斯》全球排行榜，企业价值都是以股市市值的形式表现出来的。《福布斯》个人排行榜，也是基本以富豪所拥有的上市公司股权市值计算出来的。2022《福布斯》全球十大富豪排行榜中的第一名是埃隆·马斯克，财富 2190 亿美元，财富主要来源于特斯拉和 Space X 的股权。

每次金融危机都给经济社会带来巨大破坏，不但影响宏观层面，也深深地影响每个人的工作和生活。大危机导致大失业，大失业导致大灾难。

第五节　美国金融危机山雨欲来

2023年3月起，美国金融市场出现明显的流动性危机。股票、债券、黄金同步大幅下跌，市场恐慌性追逐流动性，美元指数快速上涨，流动性危机暴发。以硅谷银行为代表的美国银行开始倒下，美国金融危机山雨欲来。那么本次危机因何而起，我们认为起源有三：

第一，在低利率环境下，上市公司发债进行股票回购和分红，市场同质化交易增加，共同推高股市泡沫。一方面，部分公司出于市值管理或投机套利的目的，通过发债的方式筹集资金回购股票，做大每股收益，推高股价。另一方面，量化交易、指数基金等被动投资逐渐盛行，这增大了市场交易的同质性。

第二，企业部门杠杆率快速上升，偿债能力持续下降，高风险企业债占比扩大，风险逐步在酝酿。非金融企业部门在危机初期受冲击去杠杆，但随后杠杆率快速反弹，超过危机前水平。企业部门偿债能力持续下降。美国非金融企业部门的偿债比率（当期应付本息 / 当期收入）持续上升，位于历史相对高位。美国高风险企业债占比持续扩大。2008—2018年BBB级企业债增加了近2万亿美元，占比从36.4%上升至47.4%。

第三，在疫情冲击下全球经济面临衰退。从供给端看，企业面临经营受阻、停工停产、产业链断裂。从需求端看，受疫情防控影响，需求大幅下挫。经济停摆使得企业短期流动性需求增加，在信贷受阻情况下，企业抛售股票、债券、黄金以获取资金，这使得资产价格普遍下跌。

在经济全球化、金融全球化后的世界中，金融危机爆发频率变得越来越高，且更具传染性。金融危机不但会重创一国经济，还会随着国际贸易链和金融链传导到世界主要经济体，引发全球性的经济危机和衰退。

人类的恐惧源于对未知事物缺乏了解。当金融危机这个“怪物”来敲门的时候，如果你对金融危机一无所知，自然会惶恐不安。然而，如果你仔细研究过金融危机，了解它的行动路径，那你就会不再惊慌。

第三章 危机起于青萍之末

第一节　萧条的唯一原因是繁荣

在经济历史学家金德尔伯格的金融危机模型中，危机被概括为三个阶段：狂热、恐慌、崩溃。同样，著名金融危机研究专家明斯基把金融危机概括为三个阶段：第一阶段是正向冲击改变了经济预期；第二阶段是信用扩张和经济的虚假繁荣相互推动，使得资产价格不断攀升；第三阶段是负向冲击与泡沫的崩溃阶段。

对于为什么会发生金融危机这个问题，著名经济学家克莱芒·朱格拉一言以蔽之：萧条的唯一原因是繁荣。确实，通过分析历史上金融危机爆发前的情形，我们不难发现，在危机爆发前，经济和金融的大繁荣都会出现。

在 1637 年的荷兰郁金香泡沫爆发前，荷兰通过改进商船，鼓励贸易，设立证券交易所，创设期权期货等手段，使欧洲财富迅速涌入荷兰，促使荷兰成为欧洲经济和金融中心。

在 1929 年美国股市崩盘前，第二次工业革命推动美国成为当时最繁荣强盛的帝国，其在火车、汽车、钢铁和电力等诸多领域都领先于世界，国内生产总值（GDP）规模早已居世界第一。第一次世界大战对欧洲各国的经济造成了严重破坏，欧洲各国的财富和人才纷纷涌入美国，后者成为著名的淘金地。此后，美国进入了历史上最纵乐、最绚烂的时代，到处是一派欣欣向荣、轻歌曼舞、灯红酒绿的景象，号称“柯立芝繁荣”。

在 1997 年亚洲金融危机前，东南亚国家和地区就以高利率、高回报吸引了全世界的资金流入。泰国、马来西亚、印度尼西亚、新加坡、韩国、中国台湾、中国香港等经济体在 20 世纪 80 年代末 90 年代初经历了年均 8%~12% 的 GDP 高增长。“亚洲四小龙”迅速崛起，并被誉为“亚洲奇迹”。

在 2008 年美国“次贷危机”来临前，美国经历了漫长的经济繁荣。计算机和互联网科技革命促使美国成为世界头号科技强国，以中国为代表的发展中国家的巨额外汇储备转投美国国债和美元资产，美元从全球回流美国，这导致美国流动性泛滥，美国人以极低的利率挥霍着美元，并享受来自全球的廉价商品和服务。2008 年美国人均收入 37 610 美元，位居全球第四。美国政府认为拥有住房是“美国梦”的标配，所以鼓励发展房地产，刺激民众贷款买房。蓬勃发展的房地产业，一路攀升的房价，围绕次级住房贷款而不断创新金融产品的华尔街，最终将美国送入一场经济和金融的浩劫。

2020 年爆发的美国流动性危机，也表现出类似的情况。在奥巴马治下的美国，人们陆续告别 2008 年金融危机，经济不断恢复，到 2015 年，美国 GDP 达到 2.596%。2015 年 10 月失业率降到 5%，是 7 年多以来的最低水平。股市也迎来持续 8 年的增长，道琼斯工业平均指数上涨了 10 000 多点。美国政府扩大了医保的普及范围，使得近 2000 万此前没有医保的美国人享受到了福利。

由此可见，危机源自盛极而衰。正如老子说的“祸兮福所倚，福兮祸所伏”。

第二节 狂热就是导火索

在危机的第一阶段，狂热是最主要的表现。对资产的正向预期导致了货币和财富不断涌入。在经济繁荣时，流动性仿佛是无限的，信贷也是无限的，资产价格会无限上涨。

在1637年荷兰郁金香泡沫破灭前一年，郁金香一年内的价格涨幅是4倍。从1921年到1929年美股崩盘前，美股涨幅超过4倍。2008年美国次贷危机爆发前，全美房价指数从2000年的100点涨至2006年的185点；洛杉矶房价指数更是从2000年的100点涨至270点左右。

剖析2008年次贷危机爆发前的故事，我们可以发现，当时整个美国社会，从上到下都认为房价会一直上涨。从2000年起，美国房价以年均10%的价格上涨，2005年涨幅达到17%。连70多岁的老太太都着急贷款买房，老太太退休后没有工作，没有收入，只有一点养老金。老太太属于典型的不符合贷款要求的次级贷款客户，但在房贷中介机构和金融创新机构一顿“操作猛如虎”后，顺利贷款买房了。银行将老太太的次级贷款切分到不同等级的金融产品中，由对冲基金和私募基金等机构购买。一个稳定的次级贷款产品投资闭环形成了。

为了扩大房贷业务，当时“忍者贷款”被发明出来：贷给那些没有工作、没有收入、没有固定资产的人。另外，还有“骗子贷款”：贷给那些夸大收入、谎报收入的人。从2001年到2007年，每个美国家庭的抵押贷款债务飙升了63%，这远高于家庭收入增幅。不断上涨的房价促进了信贷条件的放松，信贷的放松又反过来促进了房价的上涨。

正反馈的激励导致越来越多的人和企业参与到不断上涨的螺旋中来，根本停不下来。正如2007年花旗集团首席执行官普林斯所说：“只要舞曲还在继续，你就得起身走向舞池继续跳下去。”

然而，真的有不会停止的舞曲吗？真的有涨上天的价格吗？

第三节　引爆危机的火药

“蝴蝶效应”告诉我们，一只南美洲亚马孙河流域热带雨林中的蝴蝶，偶尔扇动几下翅膀，可以在两周以后引起美国得克萨斯州的一场龙卷风。在经济金融系统中，初始条件下微小的变化能带动整个系统长期、巨大的连锁反应。

1637 年，把最名贵的郁金香球茎“永远的奥古斯都”当成洋葱切片吃掉的水手，成为引燃郁金香泡沫破灭的第一枚烟花，随后，恐慌中的人们几乎抛掉了手中所有的郁金香球茎。

1929 年 9 月 19 日，英国金融骗子克拉伦斯·哈特立因陷入困境突然破产，为投资者们带来了将近 7000 万美元的损失，并锒铛入狱。大量英国投资者因为哈特立而遭受损失，他们不得不抛出美国股票，将资金从纽约借贷市场撤出。哈特立金融链条的绷断，是点燃 1929 年美国股市崩盘的第一枚烟花。

1997 年年初，以金融大鳄索罗斯的量子基金为首的国际金融游资，开始做空泰铢，他们在现货市场上抛售泰铢，在期货市场上买入泰铢兑美元的期货合约。不断抛售泰铢，购入美元，导致泰铢承压。因为泰国政府美元储备有限，最终无法抵挡国际游资的冲击，在 1997 年 7 月 2 日放弃了沿用 14 年的固定汇率，改为浮动利率，当天泰铢就贬值 30%。这导致了东南亚危机的全面爆发。国际游资的冲击成为点燃东南亚危机的第一枚烟花。

据鲍尔森回忆，2007 年春天，美国房地产市场的繁荣已经出现逆转的苗头，次级贷款市场也出现不景气的现象。到了这年夏天，次级贷款机构美国国家金融服务公司的现金开始告罄，其最大的竞争对手也破产了。但真正点燃次贷危机第一枚烟花的是当年7月9日，法国巴黎银行冻结赎回三只持有美国次级贷款的基金。因为这带来了一场典型的流动性危机。也许，远在万里之外的人才能更清醒地看待美国次级贷款市场的问题。

2020年的美国流动性危机，从应对超发货币开始，至今仍然导致经济高烧不退。另外，新冠疫情成为美国流动性危机的直接导火索，受疫情影响，美国2020年3月份失业率4.4%，4月份失业率飙升至14.7%。失业率超过了次贷危机期间的最高失业率10%（2009年10月）。美联储开始无限量化宽松，美国政府推出新冠救援计划法和减税等诸多刺激法案。新冠疫情叠加美国对中国的科技制裁和脱钩政策，导致美国流动性泛滥。

第四节 烟花璀璨

第一张多米诺骨牌倒下后，金融危机开始快速传导。巴西的“桑巴舞效应”和墨西哥的“龙舌兰酒效应”也充分表明，危机具有传染性，能快速传播。

我们继续以美国2008年次贷危机和2020年流动性危机为例，分析一下金融危机爆发后迅速扩展到高潮的发展过程。

2008年美国国家金融服务公司“爆雷”后，拥有85年历史的投资银行贝尔斯登濒临破产，而后被摩根大通收购。危机开始螺旋上升，恐慌充斥市场。住房抵押贷款主营机构房利美和房地美因为资不抵债被收归国有。而后，雷曼兄弟的破产将危机推向故事的最高潮。雷曼兄弟是一家1850年创立的全球性投资银行，是华尔街排名第四的投资银行，2008 年 9 月雷曼兄弟亏损后，美国政府一直在想办法找买家救助，但最终未能拯救这家国际大投行。雷曼兄弟的倒下，间接带动美林银行等大量金融机构出现危机。次级贷款犹如病毒，在金融体系内到处流淌，所过之处，危机遍地。美国股市 2008 年下跌 40%，投资者损失惨重。金融危机沿着借贷路径，从金融体系迅速向实体经济传导，制造业、服务业、科技企业都严重受损。由于全球金融的高度相关性，美国次贷危机导致全球主要股市暴跌最高达到 40% 左右，为应对危机，世界各国纷纷开出救市政策，推出一系列刺激经济和金融的措施，全球同步的量化宽松政策被启动。

让我们再看看 2020 年美国史无前例的流动性危机是被如何推向高潮的。2020 年 3 月后，美联储开始无限量化宽松政策，美国政府推出疫情救助和刺激经济法案，2020 年 3 月、12 月及 2021 年 3 月共 3 次大规模发放家庭救助。与疫情相关的援助、经济刺激和修复的财政支出预算高达 4.7 万亿美元。据统计，疫情期间美国政府向普通民众发的钱，总计约 5 万亿美元，人均所得超过 1.5 万美元。居民个人收入中 87.2% 来自个人转移支付的增加，工资和薪水占比只有 10.7%。2020 年年底美国财政赤字约 3 万亿美元，美联储总资产中的美国政府债券从 2020 年 3 月初到年底增加了 2.2 万亿美元，占当年美国财政赤字规模的近 71%。

美国政府和美联储应对疫情出猛招、放大招，将大量流动性注入市场，大量现金美元被发放到每个美国人手中。流动性泛滥直接导致了物价上涨和通货膨胀。美国通胀率在 2021 年 10 月时已经突破 6%，消费价格指数（CPI）同比达到 6.2%，同年 12 月同比增幅突破 7%，达到了 7.1%。大量流动性导致美国房价大涨，2022 年第二季度房价交易指数高达 617.9。据了解，美国新房市场出现了一房难求的现象，某些地区也开始实行新房摇号策略。

第五节　一半是海水，一半是火焰

自 1929 年大萧条[①]以来，各国政府几乎都加强了对金融危机的干预和应对。当危机爆发初期，政府机构大多未能及时识别风险，但随着危机的蔓延，火势越来越大，政府的强势干预成为一种义务和责任。面对来势汹汹的大火，政府的灭火措施一半是海水，一半是火焰。危机并不是轻而易举就能消灭的，往往是耗尽了政府的财力和资源，也给普通人的生活带来了巨大影响。

美国财政部前部长盖特纳认为，当形势上升为全面救市的时候，应该本着“鲍威尔主义”的原则进行灭火。即当整个金融体系受到威胁的时候，政策制定者应该采取最强大的手段和措施救市，救市应该有清晰的目标，并且有退出路线。综合运用财政、货币和金融的手段，这三者缺一不可。正如“鲍威尔主义”所强调的，一旦出手，就要求力量足够强大，以确保成功。

1933 年，为应对危机，罗斯福总统直接下令银行关门歇业、接受整顿，先从金融业的核心链条阻断危机。为银行注入流动性，缓解金融系统循环的压力。之后整顿工业生产，制定行业规矩，防止盲目竞争导致的生产过剩。政府采取以工代赈、创造就业机会、补贴农业等措施。总之，就是财政政策和货币金融政策多管齐下。多管齐下的水陆续浇灭了熊熊燃烧的大火。然而，危机导致美国 86 000 家企业破产，5500 家银行倒闭，1700 万人失业，经济直接衰退十年。整个社会承受了巨大损失。

我们再来看看 2022 年 2 月俄乌冲突后的俄罗斯。开战后的两个月内，以美国为首的国家对俄罗斯实施了 5314 项制裁，内容涵盖政治、经贸、军事、

---

① 大萧条是指 1929 年至 1933 年起源于美国，后来波及整个资本主义世界的经济危机。——编者注

科技和金融等方面。主要措施如冻结俄罗斯金融机构和个人在境外的金融资产，切断俄罗斯金融机构与SWIFT跨境支付金融基础设施的联系，禁止俄罗斯金融机构在欧美市场开展金融交易，禁止其通过发行债券、股票或获得贷款融资，以及减少对俄罗斯的能源进口等措施。

面对来势汹汹的制裁，俄罗斯迅速出击，打出了反制裁的组合拳：将基准利率从9.5%提高到20%。股市暂停交易，开市后不允许做空。将黄金与卢布挂钩，并固定价格在每克5000卢布。实施外汇管制，俄罗斯出口企业销售所得外汇的80%强制结汇。发布天然气“卢布结算令”，要求不友好国家使用卢布与俄罗斯开展天然气贸易结算。采用自建的金融信息传输系统SPFS替代SWIFT系统等。

一系列措施使得俄罗斯稳住了经济大盘，2022年俄罗斯GDP仅仅下降2.5%。汇率方面，2022年3月7日卢布汇率甚至创下1美元兑154卢布的盘中纪录低点，但当月31日，卢布对美元汇率升至82 ∶ 1，基本恢复至俄乌冲突爆发前水平。截至2023年3月13日，卢布兑美元为75 ∶ 1。截至2023年3月3日，俄罗斯外汇和黄金储备5784亿美元，较冲突前的2022年2月1日的6302亿美元略微下降。同样，俄罗斯民众承受了巨大损失和压力。俄罗斯2022年通胀率为11.9%，物价涨幅较大。居民收入遭受较大打击，2022年俄罗斯居民收入比10年前下降了6.5%。扣除通胀后，居民财产收入下降13.5%。

第六节　狼烟与重生

我们以2008年美国次贷危机为例，看看灭火后政府是如何收拾遍地狼烟并刺激经济复苏的。2009年3月，美联储推出了史上著名的“量化宽松”激进货币政策，第一轮就注入 1.75 万亿美元的流动性。2010 年和 2012 年实施了第二轮、第三轮“量化宽松”政策，这使得美联储资产负债表扩大到 4.5 万亿美元，是危机前的 5 倍。除了货币政策，美国政府还推出了财政刺激政策，实施 3000 亿美元的减税计划和 5000 亿美元的救济计划。

在货币政策和财政政策组合拳的效应下，美国在 2009 年 6 月就停止了经济衰退，开始陆续回归经济复苏的轨道。政府帮助了 300 多万房主为他们的抵押贷款再融资，2500 万人利用低利率进行再融资。失业率从 2009 年的 10% 下跌到 2019 年的 3.5%。危机结束的 10 年内 1900 多万个工作岗位被创造出来。虽然经历了大量企业倒闭、上千万人失业、股市暴跌、银行倒闭等一系列重创，危机蔓延至全球主要经济体，造成了巨大的破坏，全球经济遍地狼烟，但美国等世界经济体通过各种措施和手段，经过艰苦的斗争，还是陆续走出了危机。

第四章 金融危机的预测指标

第一节 “末日博士”鲁比尼

有很多人嘲笑经济学家，说他们从没提前准确预测过金融危机。事实是虽然大部分经济学家都没有预测到金融危机，但仍然有部分学者和知名人士提示过危险和危机。这是难能可贵的，因为在繁荣的时期，大多数人都是顺周期的思维，认为经济一切向好，那种“众人皆醉我独醒”的声音和预判很少存在。

离我们最近的一次全球金融危机是2008年美国次贷危机，因为成功预测此次危机，美国经济学家努里埃尔·鲁比尼获得了“末日博士”的称号。

1958年，努里埃尔·鲁比尼出生于土耳其伊斯坦布尔。从小就跟着父母到处迁徙，还没有到上学的年纪，他就和家人移居到德黑兰，随后搬到特拉维夫，5岁那年居住在米兰。之后他随父母在伊朗、以色列、意大利生活。他曾自嘲，从小就接受了“真正国际经济学家”的教育。他在30岁的时候获哈佛大学博士学位，而后成为白宫经济顾问委员会国际事务高级经济学家、美国财政部负责国际事务的副部长的高级顾问，以及美国财政部政策制定与评估办公室主任。他现在是美国纽约大学斯特恩商学院经济学教授，兼任RGE Monitor公司董事长。

2005年，鲁比尼警告美国房市投机风潮即将泡沫化，进而会对整体经济造成严重冲击。2006 年他又向国际货币基金组织提出警告，预言一场全球经济危机正在酝酿当中。因鲁比尼似预报灾难的“乌鸦嘴”，美国《纽约时报》2008 年封给他“末日博士”的称号。

鲁比尼的贡献不仅仅在于提前预警危机，还在于详细分析和预判了危机的演化路径。2008 年次贷危机基本是按照他的《金融灾难的十二个步骤》剧本来演绎的：第一步，房地产衰退，房价下跌 20%~30%，4 万亿 ~6 万亿家庭财富蒸发；第二步，房贷市场损失惨重，贷款机构严重受伤；第三步，信用冲击，消费贷、汽车贷、信用卡等还款出现问题；第四步，单一保险商的损失和降级；第五步，商业房贷市场垮台，办公楼和商业建筑的贷款发放几乎与住宅贷款发放一样低标准；第六步，银行破产……

除了鲁比尼，桥水达利欧、IMF 的前经济学家 Raghuram Rajan、华尔街基金经理 Jim Stack 等人也成功预测了 2008 年美国次贷危机，那么，他们到底是通过观察什么指标来预测危机的呢？

第二节　货币流动性拐点监测指标

从郁金香泡沫到次贷危机，几乎每次金融危机，都是货币流动性泛滥的结果。通俗地讲，就是市场上的钱太多了，涌入某个领域，泡沫由此产生，危机随之爆发。因此，监测货币流动性，是预测危机的首要指标。

目前货币金融学主流的监测货币流动性过剩的指标有：马歇尔 K 值、超额货币增长、信贷与 GDP 比率、价格差额法等。这些指标都基于货币数量方程式：$MV=PY$。其中 M 是指名义货币量，V 是指货币流通速度，P 是指价格水平，Y 是指名义收入。

在此，我们选取马歇尔 K 值来监测过剩流动性。马歇尔 K 值 =M2/ 名义 GDP，它由英国经济学家马歇尔提出，是社会的货币化程度，是指一定经济范围内通过货币进行商品与服务交换的价值占国内生产总值的比重。马歇尔 K 值反映的是金融市场货币供给与实际经济货币需求之间的关系。马歇尔 K 值过高，货币出现超额增发，市场出现流动性剩余和泛滥，超发货币有可能引起物价上涨、资产价格高估，最终引发泡沫和危机。

经观察发现，1998—2000 年 K 值保持增长，但在 2000—2004 年其保持稳定，这主要是由于 20 世纪 90 年代后期，美国经济火热，互联网浪潮席卷全球。为抑制过热的经济，美联储 1999 年开始加息，直到 2000 年互联网泡沫破灭停止加息。2004 年至 2006 年美联储发现房地产过分火热，开始新一轮加息，共计加息 17 次，将联邦基准利率从 1% 提高至 5.25%。此举直接导致房地产的次级贷款破产，金融危机来袭。为应对危机，美联储和财政部联手注入流动性，开启财政扩张计划，促使 K 值从 2007 年开始一路上升，2009 年达到顶峰（图 4–1）。

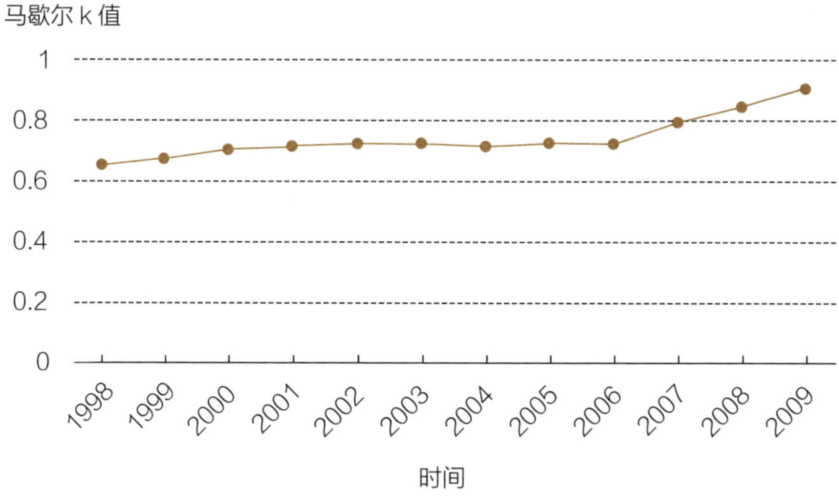

图4–1　美国1998—2009年马歇尔K值走势图

资料来源：Bloomberg，华西证券研究所。

经历 2008 年次贷危机后，2010—2019 年美国马歇尔 K 值一直保持相对稳定，在 0.8~0.9 之间徘徊。这说明美国经济稳步发展，货币供应维持在相对稳定水平。但 K 值在 2020 年暴增到 1.1，这是由于受新冠疫情影响，美联储迅速将利率降至 0，美国政府推出了无限量化宽松政策，向市场注入 4 万多亿美元的流动性，由此物价暴涨、房价暴涨、股市暴涨。2022 年 3 月，面对通胀率高达 8% 以上的美国经济，美联储开始暴力加息，K 值从 1.1 直接跌至 0.84（图 4–2）。

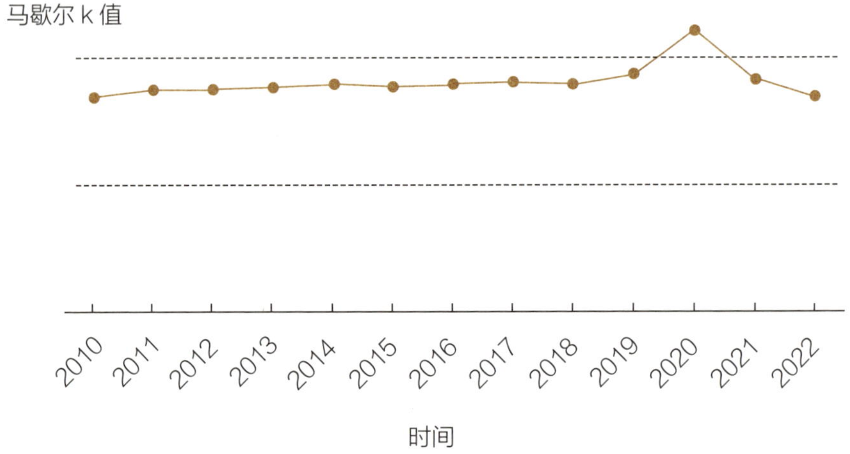

图4–2　美国2010—2022年马歇尔K值走势图

资料来源：Bloomberg，华西证券研究所。

通过分析美国马歇尔 K 值和金融危机的关系，我们发现，在马歇尔 K 值保持稳定的时期，美国经济一般稳步发展，没有大起大落。但 K 值突然地暴增或暴跌，金融危机往往会出现。这背后的逻辑是美联储和美国政府深受凯恩斯主义和明斯基等思想的影响，采用逆周期调节经济，经济过热的时候暴力加息，经济衰退的时候暴力救市。这导致货币 M2 与经济 GDP 错位脱节。

因此，马歇尔 K 值是监测金融危机的重要指标，值得我们密切关注。通过这个指标，我们可以推测，2020 年 K 值上升至最高点 1.1，然后又暴跌至

2022 年的 0.84，这将极有可能带来美国经济的衰退和危机。

金融危机大多发生在马歇尔的 K 值出现剧烈波动的时候，也就是流动性泛滥的拐点。面对过剩流动性，美联储突然加息抽水，并且持续不断加息抽水，这会给习惯了低利率的舒服日子的金融机构带来极大的危机和挑战。在流动性充裕时期被掩盖的很多问题和危机会随之浮出水面。潮水退去，人们发现很多机构都在“裸泳”。

例如 20 世纪 90 年代后期，美国互联网产业快速发展，出现泡沫，1999 年上半年美联储下调联邦基准利率 75 个基点以应对亚洲金融危机的影响，但这助力了互联网泡沫的膨胀。1999 年 6 月美联储的货币政策拐点出现，历时一年的加息开始了，基准利率从 4.75% 上调至 6.5%，2000 年互联网泡沫破灭和纳斯达克指数崩溃后，经济再次陷入衰退，2001 年美国 GDP 出现零增长，经济遭受巨大伤害。

互联网泡沫破灭，加上美国“9・11”袭击事件，给美国经济带来重创。为此，从 2001 年开始，美联储连续 11 次降息，联邦基金利率从 2001 年年初的 6.5% 降低到了 2003 年 6 月的 1%，且这一水平被维持一年之久。2003 年，美国政府出台了《美国梦首付款法》，房地产开始取代互联网产业成为拉动美国经济增长的新引擎。低利率激发了美国的房地产泡沫。经济强劲复苏，需求快速上升拉动通胀和核心通胀抬头。2004 年美联储货币政策拐点出现，大幅加息开始。美联储连续 17 次分别加息 25 个基点，联邦基准利率从 1% 升至 2006 年 6 月的 5.25%。快速升高的利率导致大量房屋抵押贷款无法得到偿还，近百万美国家庭破产，次级贷款和衍生品连环爆雷，这一切直接导致了 2008 年美国次贷危机的发生。

2020 年 3 月，美联储将联邦基准利率降至 0~0.25% 的历史新低，并开始了无限量化宽松政策，向市场注入 5 万亿美元流动性。随着天量流动性的注入，美国 2021 年、2022 年连续出现高通胀，最高时其值接近 10%。为了抑制通胀，2022 年 3 月，美联储货币政策拐点出现，美联储开始持续加息。至 2023 年 7 月，美联储加息 11 次，将联邦基准利率推高至 5.25%~5.5%。暴力加息导致美国硅谷银行、签名银行倒闭。

第三节　债务杠杆指标

根据明斯基的金融不稳定理论，债务是引起危机的重要指标。明斯基提出了著名的三融资模型理论。金融危机中第一阶段是“对冲融资”，在对冲头寸中，预期收入足够偿付到期负债，包括利息与本金。随着投资的火爆，危机进入第二阶段“投机融资”，指的是预期收入足够偿付利息支出，但是偿还本金部分需要依靠滚动发行新债。最后是危险的第三阶段“庞氏头寸”，收入甚至无法偿付利息，负债方必须不断依赖借款来偿付利息，也就是有名的“借新还旧”，依靠不断的庞氏骗局来维持整个资金链的运转。对庞氏单位来说，来自运营的现金流不足以满足偿付本金或者到期的利息。

债务分为国家债务、企业债务和个人债务。根据明斯基理论，无论哪种债务，债务只要达到庞氏阶段，预期收入就无法支付债务利息，那经济体就会处于危险境地，容易出现金融危机。国家债务进入庞氏阶段可能会导致国家破产危机；企业债务进入庞氏阶段，可能导致企业破产倒闭；家庭或个人财务进入庞氏阶段，可能导致家庭或个人破产；某个行业进入庞氏阶段，容易导致行业衰退和萧条。

为详细讲解债务杠杆，我们提出信用供求方程式。

信用倍数关系：$Dr = M/Y$（M 为存量信用规模，对应于现有的“存量社融规模”，Y 为名义 GDP 规模，Dr 为信用倍数），信用供求方程式如下：

存量社融增速（m）= 名义 GDP 增速（y）+ 债务偿还系数（利息偿付）（dr）= 实际 GDP 增速（y）+ 价格变化（p）+ dr，其中 dr= 刚性存量债务规模（D）· 融资成本（利率）（R）

即 $m = y + p + dr$，其中，$dr = u(D, R)$。

基于对上述信用供求关系的分析，我们得到如下核心结论：

债务杠杆膨胀和通货膨胀均是货币现象。货币政策周期→杠杆率变化周期→通胀周期：货币政策周期领先杠杆率变化周期约两个季度，杠杆率变化周期领先通胀（价格）周期约 1 年。在经济下行时，宽松货币政策能适当稳定短期经济增长，但会导致经济杠杆率上升，并引发通胀压力；而且，如果杠杆率上升主要是刚性债务膨胀所致，则未来债务偿还性货币需求会对货币信用供给形成约束，政策很难收紧，这就是“货币政策困境”——易松难紧。

经济体债务融资增速超过名义 GDP 增速就会带来经济杠杆率上升，即 $m - y > 0$。结合信用供求方程式和经济运行历史情况，债务上升主要由以下因素引发：

一是衰退（或危机）应对导致经济杠杆率显著回升：经济周期性衰退，或遭遇外在冲击而陷入收缩，实际 GDP 增速和名义 GDP 增速显著下降，经济活动主体（企业、居民和政府）收入快速下降，现金流紧缺，债务偿还压力上升，相应的债务偿还性信用需求增加。为避免经济活动主体大规模破产，缓释短期整体债务压力，央行大幅宽松货币政策，鼓励信用投放，融资增速加快。显然，这会导致经济杠杆率快速上升，$m > y$。

二是在刺激政策对经济增长边际拉动作用递减时（回报率降低），持续或过度的政策使用，导致经济杠杆率上升。无论是宽松的货币政策，还是扩张的财政政策，它们都会带来信用显著增长，但在政策边际效果递减规律下，信用增速必然会快于经济增速，$m > y$。

三是存量（刚性）债务庞大，利息偿付需要通过货币信用超额供给来满足，这将导致经济杠杆率上升：存量（刚性）债务往往是历史因素和体制因素的共同结果，一方面与既往经济刺激政策有关，是过往债务融资的累积余额；另一方面与经济体制和运行机制有关，如财税体制和财政纪律、国有企业隐性保护等。在经济体中，如果相当规模的举债主体存量债务体量大、偿债能力又不足，同时债务具有刚性，这就迫使每年信用投放需要有一定超额供给，来维系既有债务局面，保持宏观金融稳定。这成为经济杠杆率缓慢上升的推力，$m > y$。

对资本市场而言，投资加杠杆是普遍的操作手段。对房地产和科技等广泛影响国民经济的重要行业来说，热钱涌入，加杠杆也是正常的。但根据明斯基危机模型，当预期收入不能覆盖债务利息成本的时候，危机可能一触即发。

如 1929 年的大萧条，道琼斯指数从 1924 年开始一路飙升，到 1927 年年底实现翻倍。美国出现了股市投机狂潮，据估算当时的股票投资杠杆率普遍加到了 10 倍左右，即用 10% 的保证金和 90% 的借款购买股票，有些人 10% 的保证金都是借的。如果连 10% 的保证金都是借款，那么风险承受能力几乎为零。股市调整 10% 就面临被追加保证金的要求。此时庞氏骗局必定会出现，危机会进入明斯基说的最危险的阶段。

再看 2008 年美国次贷危机前，美国的家庭债务占比从 2000 年的 85% 上升到了 2006 年的 120%，这超过了家庭实际资产的 20%，已经属于资不抵债了。最后由于金融创新，大量没有收入的居民也被允许发放贷款买房。根据明斯基的危机理论模型，没有收入，即预期收入为零，利息支出无法被覆盖，危机直接进入庞氏融资阶段。

因此，根据明斯基理论，债务杠杆是金融危机的重要监测指标。虽然对于政府部门、企业部门和居民部门，我们很难给出一个几倍杠杆就导致危机的结论，但如果进入明斯基的庞氏阶段，即预期收入无法支付利息，只能依靠借新还旧来维系债务，那么金融危机很容易进入爆发前夜。

第四节　实体经济融资成本指标

2022 年美国小企业支付的银行贷款平均利率从 5% 左右升至了 7.6%，到 2023 年会进一步达到 9.5% 左右。美联储经过九轮加息，已经将联邦基准利率提高至 4.75% 以上，那么，美欧的中小企业，以少于 10% 的利率借款，几乎借不到钱。接近 10% 的利率，企业才能借到钱，这会严重侵蚀企业利润，扰乱企业运营。

有机构指出，在过去两年中，22% 需要外部融资的英国中小企业由于资金成本较高、借贷手续处理时间漫长和缺乏灵活性，而无法获得融资。据评级机构标准普尔计算，到 2023 年 9 月，美国和欧洲的投机级企业违约率会翻一番，分别达到 3.75% 和 3.25%。针对小企业的在线融资平台 Biz2Credit 显示，2023 年 2 月美国大型银行的小企业贷款审批率已连续九个月下降，小型银行的企业贷款审批率也同步下降。

实体经济融资成本的高低，直接决定了经济的运行健康与否。实体经济融资成本高企，极易导致经济危机和金融危机。

那么，我国实体经济融资成本到底是多少呢？我们来多角度测算一下。

实体经济融资成本的重要性毋庸置疑。从宏观看，实体融资成本是金融与实体之间传导是否通畅、资金供需是否平衡的重要体现；从微观看，实体融资成本又是实体企业成本的重要组成部分，关系到企业赢利情况、融资决策等重要事项。

从社融统计数据来看，我国实体的融资主要由银行贷款（人民币、外币），非标（委托、信托、未贴现承兑汇票），直接融资（企业债券、政府债券、股票）等三大类构成，并且融资结构在 2017 年之后发生了不小的变化，总结起来这些变化大致有两方面：一是表外融资表内化，二是直接融资在加大。

我们首先从上市公司财务指标测度实体融资成本。上市公司财务指标中和企业融资关系最为密切的有三个，分别是带息债务、利息支出与手续费用。带息债务是指需要支付利息的企业债务，其中涉及短期借款、衍生金融负债、应付票据、短期应付债券、其他流动负债、长期借款和应付债券等科目，这些基本涵盖了企业主要的融资渠道。

在带息债务中，长期借款、短期借款、应付票据等科目占比较高。我们以 2021 年全部 A 股上市公司（除金融石油石化）年报披露的数据为例：首先，长期借款规模最大，8.55 万亿元，占比约 43%；其次是短期借款，4.82 万亿元，占比约 25%；再次，应付票据规模约 2.76 万亿元，占比约 14%；最后，应付债券 1.97 万亿元，占比约 10%。剩余的短期应付债券以及衍生金融负债规模相对较小，占比均未超过 0.1%。

利息支出是企业所支付的由带息债务产生的利息费用，而手续费用则是在借贷过程中产生的公证费、评估费、担保费等费用。从占比来看，手续费用占利息支出的比重有逐步上行的态势，2021 年其占利息支出金额的 3%，变得愈发不容忽视（图 4–3）。

从上市公司财务角度来看，2021 年实体融资成本约为 4.35%，较 2020 年下降 15bp。

我们以除金融石油石化以外的全部 A 股上市公司为样本，根据公式：融资成本 =（利息支出 + 手续费用）/ 带息债务，计算出上市公司财务角度下的企业的融资成本。

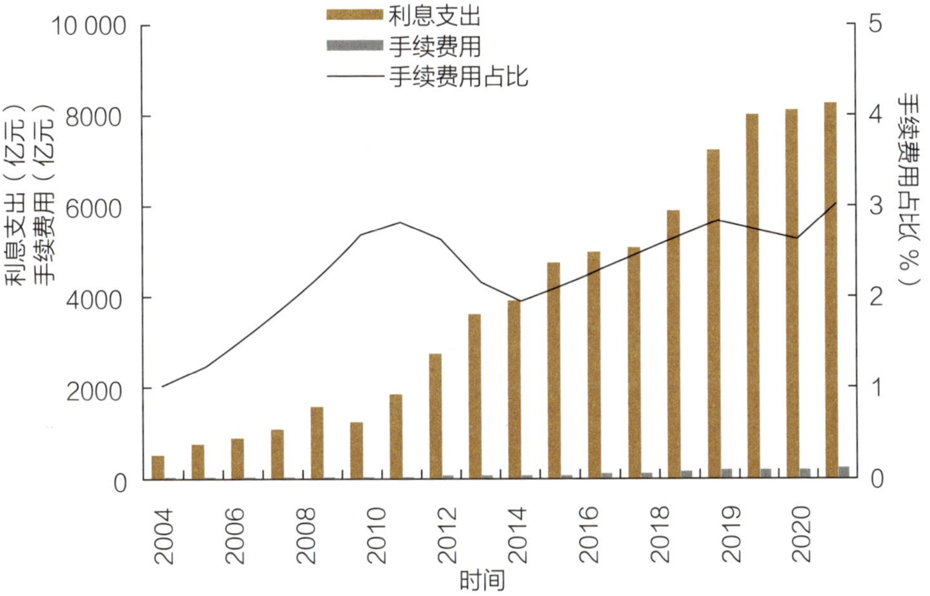

图4-3　企业债务中利息支出及手续费用的占比

资料来源：WIND，华西证券研究所。

从变动趋势来看，企业融资成本与央行公布的一般贷款加权平均利率基本一致，不过其数值与中债中短期票据到期收益率更为接近。2007 年以来，我国大致经历了三轮企业融资成本的升降周期，本轮企业融资成本在 2019 年达到阶段性高点，为 4.81%，随后开始回落，2021 年企业融资成本降至 4.35%，较 2020 年下降约 15bp，较 2019 年高点下降约 46bp（图 4–4）。

我们利用社融分项融资成本和各成本所占比重计算出了加权融资成本。由于社融反映的是实体经济从整个金融系统获得的融资总量，所以社融加权融资成本是代表实体经济融资成本的重要指标。

企业债券以 5 年期 AAA 的中债中短期票据到期收益率来度量。一方面，从规模来看，中短期票据融资的规模较大，代表性较好。以 2021 年为例，中

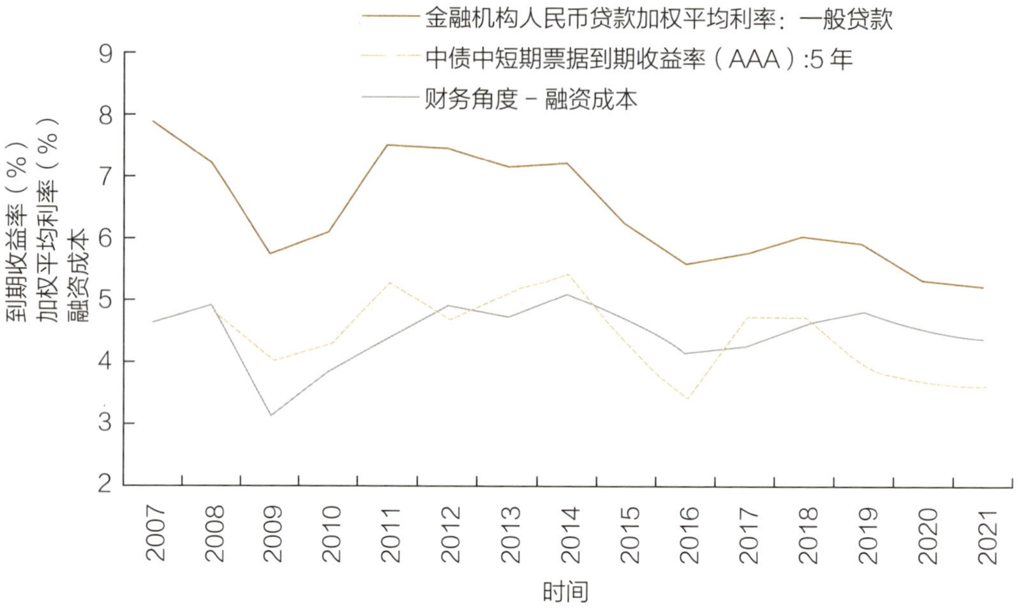

图4-4 上市公司融资成本与加权平均利率趋势

资料来源：WIND，华西证券研究所。

期票据和短期融资券融资规模分别为 2.54 万亿元和 5.23 万亿元，占企业债券融资总额的约 66%。另一方面，从期限来看，5 年期中期票据发行规模的占比约 20%，与其他期限相比占比较高，并且处于发行期限的中间位置。因此我们选用 5 年期 AAA 的中债中短期票据到期收益率来度量企业债券（表 4–1）。

表 4–1 中国各类债券发行规模（亿元）

年份 / 类别	2015 年	2016 年	2017 年	2018 年	2019 年	2020 年	2021 年
企业债	3421	5925	3730	2418	3624	3926	4399
公司债	10 283	27 859	11 024	16 575	25 438	33 697	34 525
中期票据	12 728	11 414	10 341	16 962	20 308	23 446	25 492
短期融资券	32 806	33 675	23 765	31 275	36 254	49 986	52 301

资料来源：WIND，华西证券研究所。

政府债券分成国债和地方政府债，分别采用 WIND 统计的国债招投标利率和地方政府债招投标利率来度量，这两个利率均为发行债券票面利率的加权平均利率，权重为实际发行规模占比，这可以较好地代表国债和地方政府债的发行成本。另外，我们以国债和地方债发行规模的比值作为政府债中二者的权重。

按照上述加权方式从社融角度计算实体经济融资成本：

从社融角度，2022 年第一季度实体融资成本约为 4.01%，较 2021 年第四季度下降 15bp，较 2021 年第一季度下降 26bp，与上一轮高点 2019 年第三季度（4.62%）相比降幅达 60bp。

社融角度下的实体融资成本展现出了与上市公司财务角度下企业融资成本基本一致的特征：在变动趋势方面，其与央行公布的一般贷款加权平均利率基本一致，而在数值上与中债中短期票据到期收益率更为接近。

需要强调的是，从社融角度计算出的融资成本小幅低于上市公司财务角度的成本。以 2021 年为例，上市公司财务角度下计算的融资成本为 4.35%，而社融角度下计算的成本则为 4.20%。

相对于欧美近 10% 的融资成本，我国实体经济的融资成本在 4% 左右，不到欧美的一半，这说明我国实体经济运行环境较好。

第五节　房地产危机指标

2003 年，美国政府出台了《美国梦首付款法》，为中低收入家庭提供房贷保险补贴，降低了购房门槛。拥有房屋是美国梦的基础。

以美国家庭为例，2022 年年底，美国居民家庭净资产 142.5 万亿美元，其中房地产价值43.5万亿美元，银行存款18万亿美元，居民直接持有股票26万亿美元，通过企业年金和基金间接持有股票13万亿美元。可见，即使是喜欢投资股市的美国家庭，也依然选择房产作为他们价值最大的投资品。

中国著名经济学家任泽平认为“十次危机九次地产”。可见，房地产在经济和金融运行中的地位和作用。房地产有居住属性和投资属性：在居住属性方面，房子关系千家万户而牵涉经济中的每个个体。在投资属性方面，房地产与上游钢铁、铝、铜等金属产业，中游建筑、水泥、装修等行业，下游银行、信贷、营销等行业相关联。据统计，与房地产相关的细分子行业达到上百个。同时，房地产的保值增值特点，使其成为企业和个人争相投资的领域。由于资金吸纳能力强大，房地产也成为货币超发的重要蓄水池。

历史上，由于房地产危机而直接引发的全球金融危机，就是有名的2008年美国“次贷危机”。美国次贷危机开始于2006年年初，2007年8月大爆发，2009年3月美股开始回升，危机最严重的时期终于过去。次贷危机的根源是美国低利率环境下房地产泡沫的升腾与破灭。2000年美国科网泡沫破灭，以及2001年“9·11”恐怖袭击事件之后，美联储大幅下调利率，联邦基金利率从2000年5月的6.5%下调至1%，这催生房地产市场泡沫，次贷的发展放大了地产泡沫。美国经济的过度繁荣促使美联储开始启动加息周期，并最终触发地产泡沫的破灭，次贷产品大规模爆仓，危及整个金融系统，次贷危机爆发。

疫情期间，美国房价持续上涨的原因：第一，疫情初期财政的支持促进了居民购房需求的增加，库存水平持续下降。第二，大宗商品价格上涨及通胀显著回升，导致相关建筑材料及人工成本上行，并传导至房价中。2022下半年以来，伴随原材料成本下降、房屋需求降温，房价增速显著放缓。

美国房地产指标（图4–5）预测金融危机的核心要点：

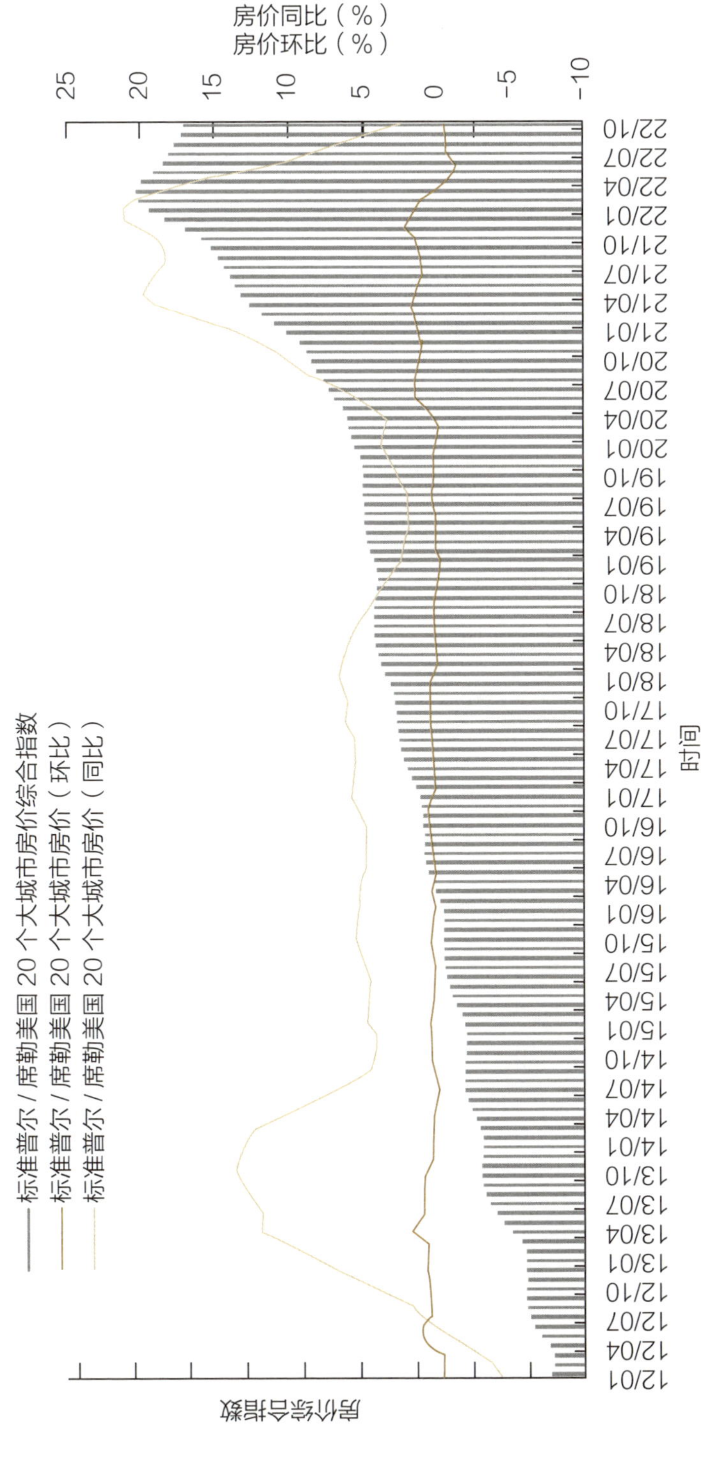

图4–5 美国大城市房价指数走势图

资料来源：WIND，华西证券研究所。

（1）美国房地产周期明显。从房地产销量和住宅投资看，1960 年以来，美国经历了约 13 轮房地产周期，下行期和上行期时间跨度大致平衡。

（2）房地产投资、新建住宅开工、房屋销量等房地产指标是经济和金融的重要领先指标。信贷的紧缩首先影响的是房地产投资，进而传导至新建住宅开工和新屋销量。

（3）美国房贷利率与房屋销售存在一定关系。利率的不断上行会加大购房者的负担，容易引起断供违约等银行信贷风险（图 4-6）。

图4-6　美国房贷利率走势图

资料来源：WIND，华西证券研究所。

（4）居民收入水平和房价收入比是房地产周期的关键影响因素（图 4-7）。

（5）美国家庭部门的超额储蓄，薪资涨幅，房价 / 收入决定了美国房地产的兴衰。

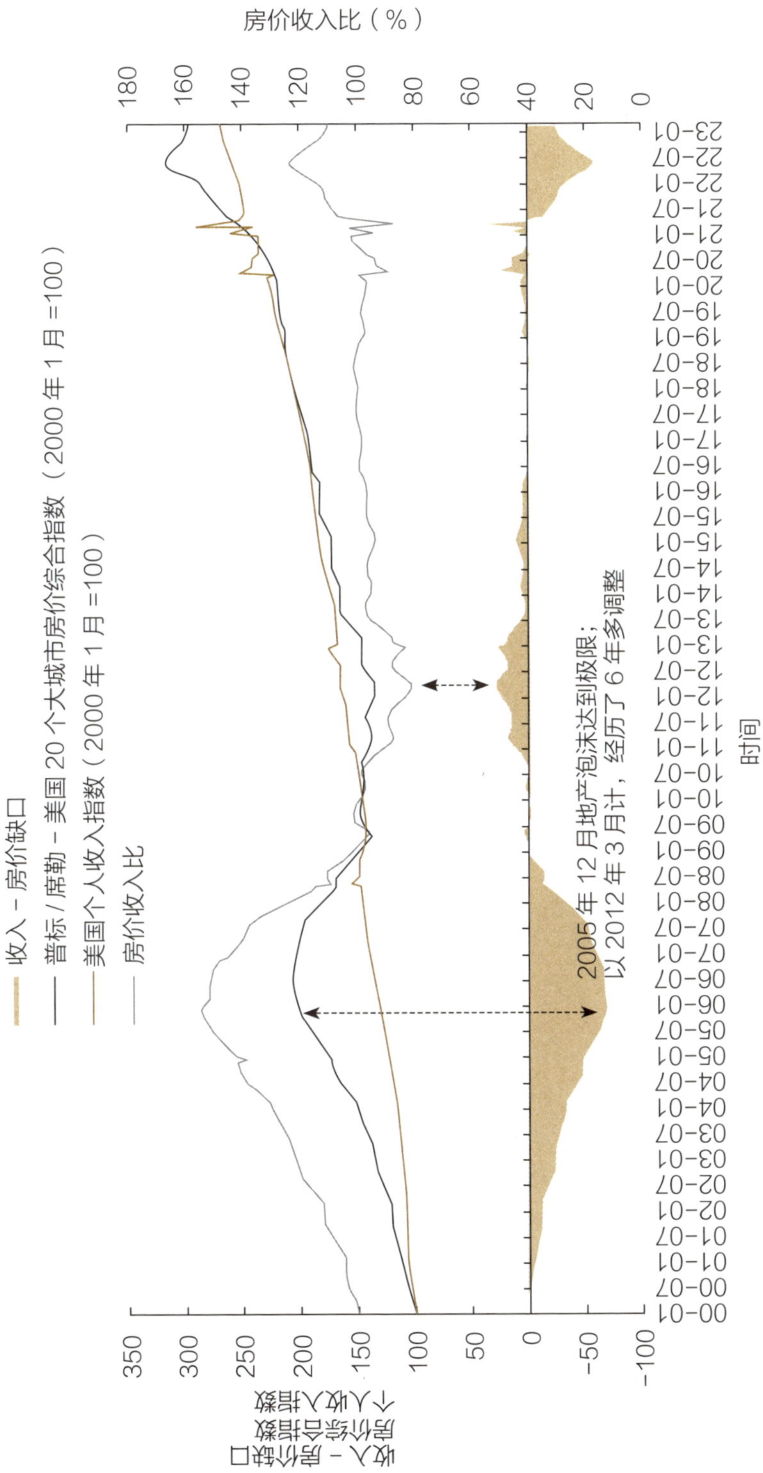

图4-7 美国收入-房价缺口数据

资料来源：WIND，华西证券研究所。

第六节　美国长短期国债收益率倒挂

美联储持续加息使美国10年期国债收益率与3个月期国债收益率在10月底出现了美债长短期利率的倒挂。一般来说，美债的长端利率因期限更长而要给予更多的风险溢价，通常会高于美债的短端利率。一旦美债长短期利率倒挂，则预示着市场对于美国经济前景的担忧，通过减少长期的投融需求以压低长端利率。从历史数据上看，在1990年、2001年、2008年、2020年美国经济出现衰退前，美国3个月期与10年期国债利率都曾出现过倒挂，这在一定程度上使其成为预测美国经济未来出现衰退可靠性指标。而2023年1月美债10年期与3个月期利率的倒挂，且倒挂幅度创下近40年来最高水平，这两方面都预示了美国经济出现衰退的可能（图4-8）。

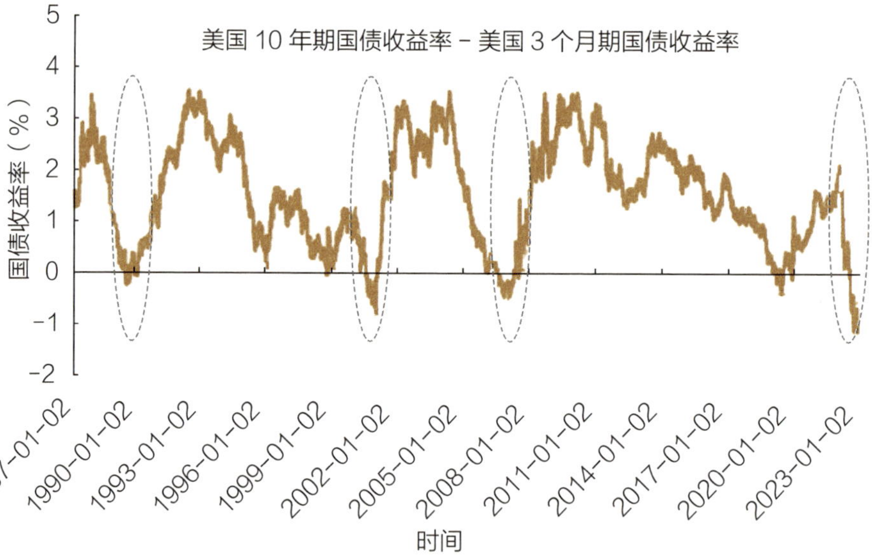

图4-8　美国长短期国债收益率倒挂图

资料来源：WIND，中国银河证券研究院。

第二篇

美联储的指挥棒

第五章 美国降息周期及大类资产表现

美联储作为“全球央行”，其货币政策直接决定了全球货币和各大类资产走势。美联储的加息和降息周期，会给经济和金融带来极大影响。持续不断的加息或降息，会给经济带来严重问题，如诱发泡沫或者刺破泡沫，有时甚至会引发实体经济运行出现明显问题，进而导致金融危机。

目前，美联储处于降息大周期，我们一起分析一下历史上的美联储降息周期和大类资产表现。

第一节　八大降息周期

1972 年以来美国经历了八个较大的降息周期：1974.6—1974.12、1980.3—1980.7、1980.12—1983.2、1984.8—1986.12、1989.5—1994.1、2000.12—2004.5、2007.8—2015.11、2019.7 至今（表 5-1）。

美联储开启降息周期一般是在面对较大的经济下行压力，甚至进入危机模式的时候。除了 1984.8—1986.12 这个降息周期除外，在其余七大降息周期内美国经济都出现了衰退（图 5-1）。

与加息周期相比，降息周期基准利率调整的节奏一般更为连续而迅速，降息很少出现降一次以后就暂停降息的情况，而且降息幅度往往较大。

表 5-1　触发降息周期的重要事件

时间	事件
1973 年—1974 年	第一次石油危机、布雷顿森林体系崩溃
1980 年—1982 年	第二次石油危机爆发，物价水平飙升，为了抗击通胀，美联储把基准利率调升过快过高，把美国经济推入衰退
20 世纪 80 年代中期	薪资温和增长，通胀压力减弱，1984 年美联储开启降息，1985 年美国经济实现软着陆
1989 年	通胀压力得到缓解
1989 年—1995 年	20 世纪 80 年代和 90 年代储蓄与贷款危机（The savings and loan crisis，简写为 S&L crisis）:1986—1989 年美国联邦储蓄与贷款协会关闭，解散了 296 家储蓄机构，1989—1995 年重组信托公司（The Resolution Trust Corporation，简写 RTC），清算了 747 家储蓄机构
2001 年	互联网泡沫破灭、“9 · 11”恐怖袭击
2008 年—2009 年	次贷危机引发的 2008 年金融危机
2019 年—2022 年	经济放缓，受新冠疫情影响，美国经济衰退

资料来源：WIND，华西证券研究所。

除了较长的降息周期以外，零星式降息或者迷你降息周期也出现过，这类降息一般是为了应对国际事件的冲击，比如在 1995 年和 1998 年发生的情况。1995 年出现墨西哥金融危机，美联储于 1995 年 7 月、1995 年 12 月和 1996 年 1 月分别降息 25bp，待危机解除，1997 年 3 月美联储重新加息。1998 年亚洲金融危机出现了，美联储 1998 年 9 月至 1998 年 11 月连

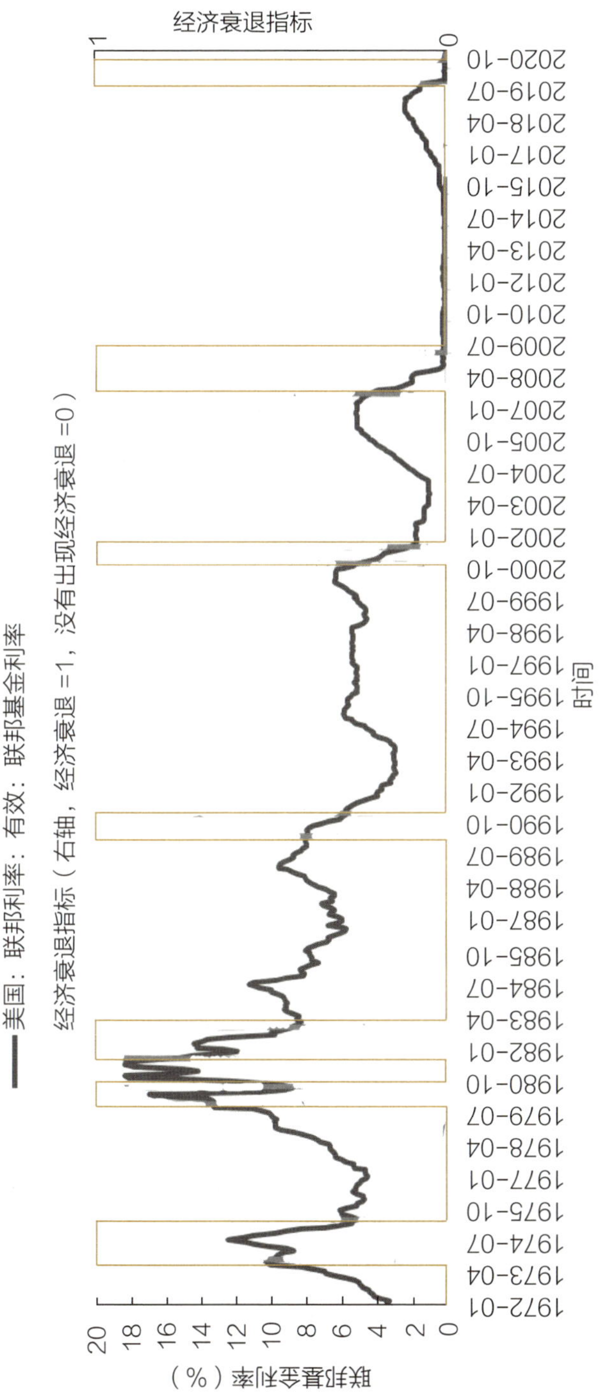

图5-1　美联储开启降息一般是为了应对危机或者即将到来的经济衰退

资料来源：WIND，华西证券研究所。

续三个月共降息 75Bp，局势缓和之后，美联储在 1999 年 6 月重新回到加息轨道上。

第二节　美式量化宽松

量化宽松指中央银行在实行零利率或近似零利率政策后，通过购买国债等中长期债券，增加基础货币供给，向市场注入大量流动性资金的干预方式，以鼓励开支和借贷。

与改变货币价格（利率）的常规货币政策不同，量化宽松通过直接改变货币数量主动释放流动性，引导市场长期利率下降。其通常在政策利率降至低点，利率工具不能再提供政策空间时被使用。

历史上，美联储共推出过四轮量化宽松政策，其中前三轮发生在 2007 年 8 月至 2015 年 11 月的降息周期中，第四轮发生在 2019 年 6 月至 2022 年 3 月的降息周期中。

第一轮量化宽松：2008 年 12 月至 2010 年 4 月。

2008 年 11 月 25 日，美联储宣布 12 月开始直接购买 1000 亿美元的两房及联邦住房贷款银行的房地产相关政府支持企业债券，且从 2009 年 1 月开始购买 5000 亿美元由两房及联邦住房贷款银行担保的 MBS，旨在降低房地产市场抵押贷款利率。

2009 年 3 月 18 日，为了促使商业银行扩大信用供给并加快经济复苏，美联储宣布加快 QE1 步伐并扩大抵押品范围，追加购买 MBS 7500 亿美元，政府支持企业债券 1000 亿美元，两者合计分别达 2.25 万亿美元及 2000 亿美元。同时，为了解决企业及私人部门的信贷收缩状况，美联储决定在 2009 年 3

月至 9 月的 6 个月中购买最高额度 3000 亿美元的中长期国债并继续将利率长期保持在极低水平。2009 年 9 月，为了维持抵押贷款市场的低利率水平，刺激房地产行业及经济复苏，美联储再次将购买 MBS 的期限延长至 2010 年 3 月。

2010 年 3 月，鉴于美国经济出现复苏势头，美联储宣布向商业银行发行金融票据回收过剩流动性，2010 年 4 月 28 日第一轮量化宽松正式退出。

第二轮量化宽松：2010 年 11 月至 2011 年 6 月。

2010 年 11 月 3 日，美联储在议息会议后发表声明，决定在 2011 年 6 月底之前购买 6000 亿美元的美国政府债券。

2011 年 6 月，QE2 按照原定规模和时间退出。

第三轮量化宽松：2012 年 9 月至 2014 年 10 月。

2012 年 9 月 14 日，第三轮量化宽松开启。美联储 9 月议息会议后宣布将立即推出新一轮“开放式”量化宽松政策（未事先确认时间和规模），每月采购 400 亿美元的抵押贷款支持证券，维持 2012 年 6 月份实施的延长扭转操作（OT）至当年年底不变，并强调这两项措施将会使得美联储在年底前每个月增持长期债券规模达到 850 亿美元。

与此同时，美联储还宣布将 0~0.25% 的基准利率至少维持延续至 2015 年年中。

2012 年 12 月 13 日，量化宽松力度加码。美联储 12 月议息会议后宣布立即推出进一步的量化宽松政策，即除了之前每个月 400 亿美元的 MBS 购债规模外，另外再增加每个月 450 亿美元的国债购买宽松额度，使每个月达到总共 850 亿美元的资产采购规模。

2013 年 12 月 18 日，量化宽松规模逐月缩减。美联储 12 月议息会议决定，从 2014 年 1 月开始逐渐缩减每个月的债券购买规模直至完全退出第三轮量化宽松计划。第三轮量化宽松政策经过开启、加码后进入转折点。

2014 年 10 月 30 日，第三轮量化宽松正式结束。美联储议息会议后发表声明，将在本月结束其已经实施了两年的第三轮量化宽松计划。

第四轮量化宽松 2020 年 3 月至 2022 年 3 月。

2020 年 3 月，面对新型冠状病毒快速扩散可能带来的流动性和信用风险，美联储连续两次大幅降息，将政策利率推低至零。

美联储选择推行 QE：将资产购买计划提升至每月 1200 亿美元（包括 800 亿美元国债和 400 亿美元机构 MBS），总额不设限。

从美联储资产负债表的规模看，历次量化宽松的推出都带来了资产负债表的大幅扩张。

前三轮 QE 美国经济均处于 2007 年 8 月至 2015 年 11 月的降息周期中：美联储资产负债表规模从 2008 年金融危机发生前的约 9000 亿美元，经过 QE1 后在 2010 年 4 月大幅扩张至 2.3 万亿美元，美联储持有的美国国债、MBS，以及联邦机构债券规模均有明显上升；QE2 期间美联储资产负债表规模从 2.3 万亿美元扩张至 2.8 万亿美元，此阶段美联储增加持有的证券种类主要为美国国债；QE3 历时超过两年，其间美联储资产负债表由 2.8 万亿美元扩张至 4.5 万亿美元。

本轮 QE 处于自 2019 年 6 月开启的新一轮美联储降息周期中。美联储资产负债表在本轮量化宽松周期中同样大幅扩张，其规模从 2020 年 3 月的 4.2 万亿美元扩张至 2021 年 6 月底 8.1 万亿美元（图 5-2）。

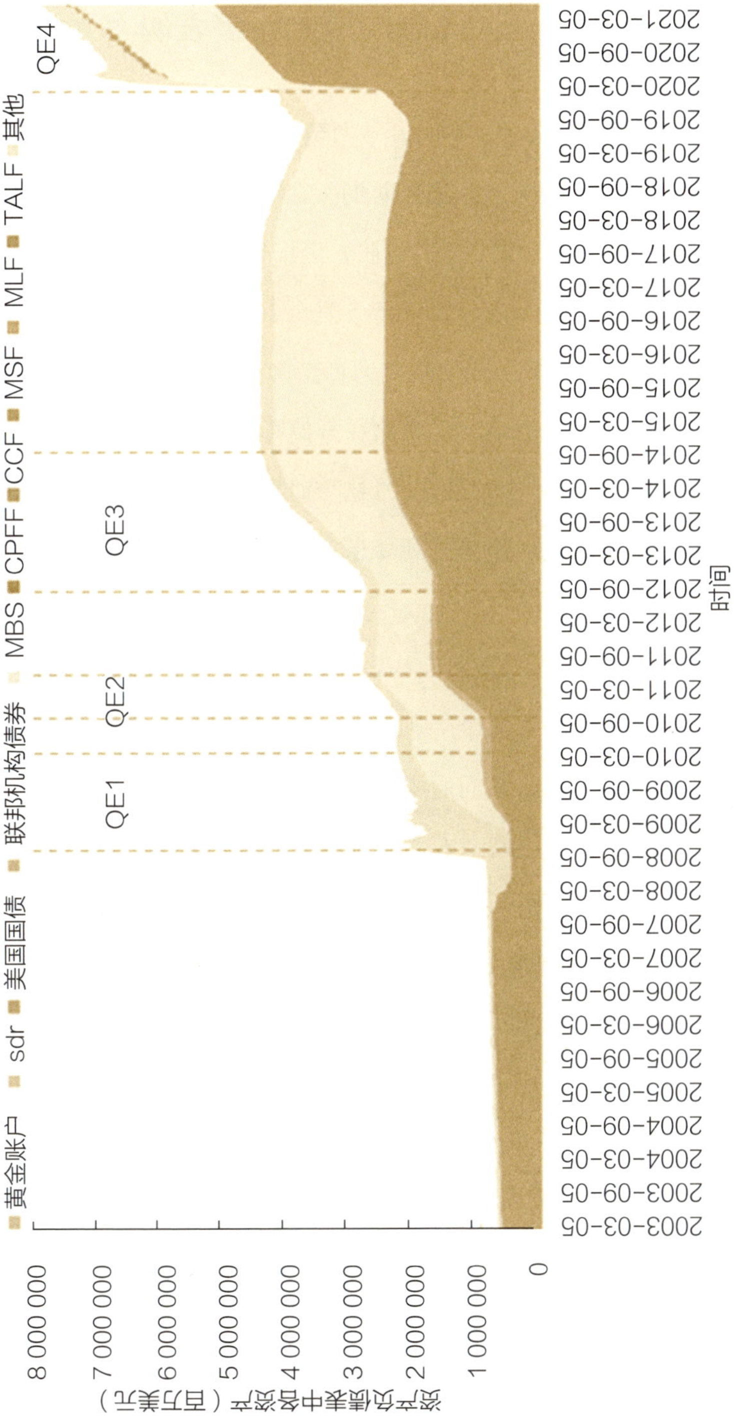

图5-2　美联储资产负债表资产端与历次QE

资料来源：WIND，华西证券研究所。

第三节　美国降息周期的经济表现

1974 年 6 月至 1974 年 12 月、1980 年 3 月至 1980 年 7 月、1980 年 12 月至 1983 年 2 月这三个降息周期处于大通胀时期，在降息期间经济绝大部分时间处于停滞或负增长的状态，叠加高企的通胀，经济处于典型的“滞胀”时期。

1984 年 8 月至 1986 年 12 月、1989 年 5 月至 1994 年 1 月、2000 年 12 月至 2004 年 5 月和 2007 年 8 月至 2015 年 11 月四个降息周期进入了大缓和时代，通胀压力大为减弱。这四个时期，美联储在开始降息时均面临较大的经济下行压力，除了 1984 年 8 月至 1986 年 12 月这个时期，后三个时期首次降息后不久，美国经济均滑入衰退，但是待到降息末期，经济逐渐复苏，重获增长动能（图 5–3）。

前四个降息周期起点，均是前期物价水平飙升之后，通胀压力得到极大缓解或预期回落的时刻。后三个降息则是在危机暴发之后，美联储果断采取行动，应对经济下行趋势，其间通胀同样经历一段快速下滑的过程。除了 1984 年 8 月至 1986 年 12 月，其余 6 个降息周期的起初阶段，失业率均开始飙升，待到降息周期结束，失业率大多有所回落（图 5–4）。

本轮降息周期（2019 年至 2022 年），宏观经济运行特征类似 2007 年 8 月至 2015 年 11 月时期：经济放缓后即降息、遭遇突发冲击致使衰退，通胀先落后升、失业率先升后降。

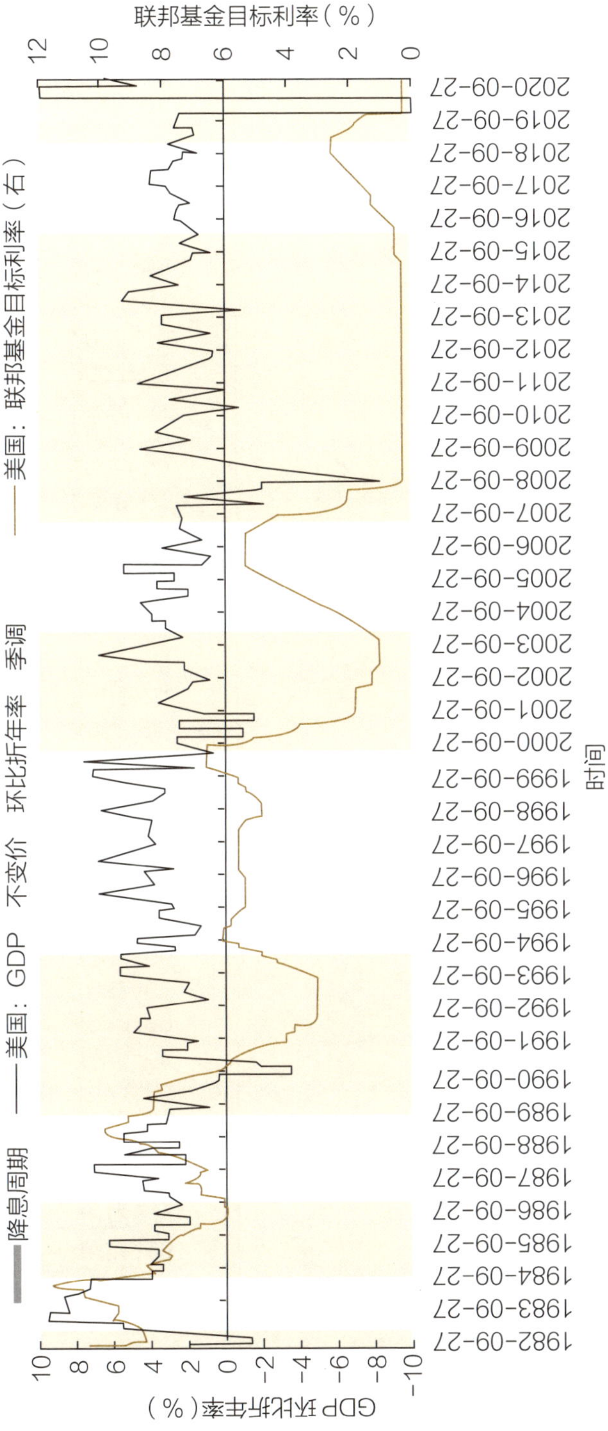

图5-3　美国降息周期下的利率与GDP

资料来源：WIND，华西证券研究所。

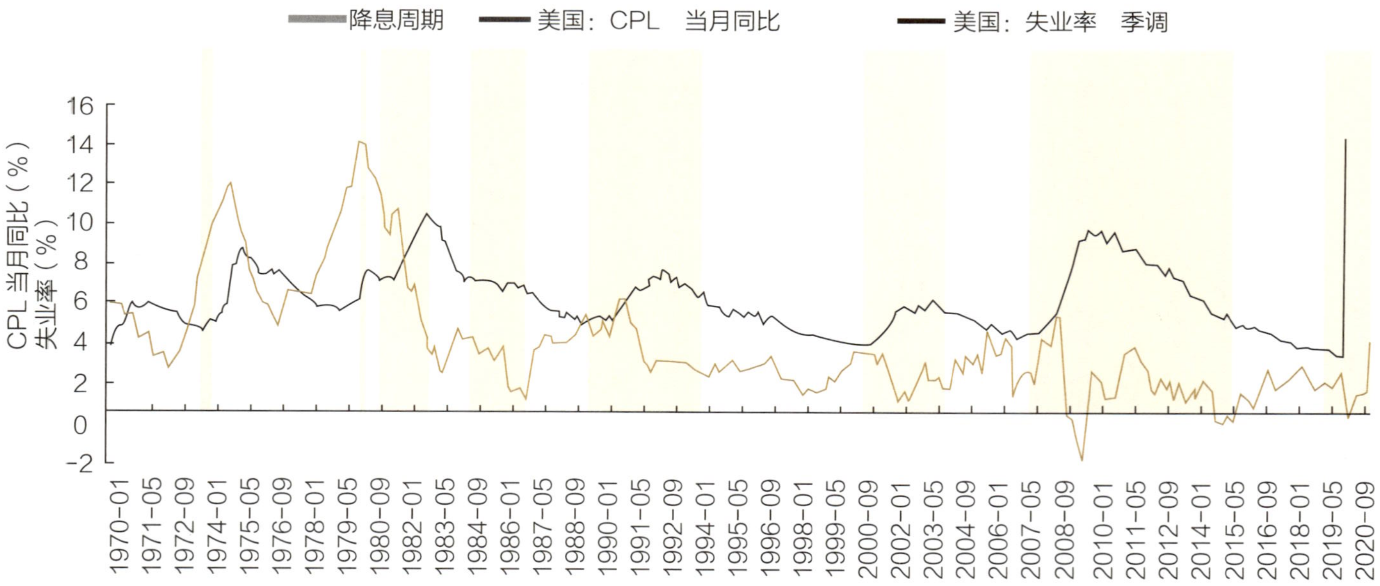

图5-4 美国降息周期下的失业率与CPI

资料来源：WIND，华西证券研究所。

第四节　降息周期大类资产表现

总体而言，美联储降息直接影响短端利率，同时引导长端利率震荡往下走。

降息周期，美股和原油价格经历一波较大的回调是一个大概率事件。

首次降息之后，美元指数走向并无固定规律可循，但是如果该降息周期出现了经济衰退，在经济衰退前夕美元指数维持强势的概率较高，在进入经济衰退期后，美元指数一般是先升后降。

在降息时期黄金价格不一定会走高，在很多降息区间，黄金大体的走势甚至是往下的，但是如果该区间内美国经济出现了衰退情况，黄金价格在美国经济衰退前夕和衰退期内都会有上涨行情（表 5–2）。

表 5–2　1972 年以来美国降息周期的主要大类资产表现

美国降息周期	持续时间（月）	降息幅度（Bp）	美国 10 年期国债收益率涨幅（Bp）	标准普尔 500 指数涨幅 /%	美元指数涨幅 /%	伦敦现货黄金价格涨幅 /%	WTI 原油期货结算价涨幅 /%
1974 年 6 月—1974 年 12 月	7	944	-11	-25.30	-13.60	19.58	—
1980 年 3 月—1980 年 7 月	5	992	-250	14.46	-6.25	16.38	—
1980 年 12 月—1983 年 2 月	27	1350	-212	10.00	31.55	-17.46	—
1984 年 8 月—1986 年 12 月	29	562.5	-561	51.20	-24.04	12.44	-45.58
1989 年 5 月—1994 年 1 月	57	681.25	-311	50.67	-4.30	4.27	-24.96
2000 年 12 月—2004 年 5 月	42	550	-52	-17.14	-19.69	41.28	41.83

续表

美国降息周期	持续时间（月）	降息幅度（Bp）	美国10年期国债收益率涨幅（Bp）	标准普尔500指数涨幅/%	美元指数涨幅/%	伦敦现货黄金价格涨幅/%	WTI原油期货结算价涨幅/%
2007年8月—2015年11月	100	500	-241	43.04	22.36	63.16	-40.69
2019年7月—2022年3月	23	225	-39	40.68	-8.19	32.40	17.46

资料来源：WIND，华西证券研究所。

第五节　美债走势

总体而言，美联储降息直接影响短端利率，同时引导长端利率震荡往下走。降息周期，长端利率的走向大体可以分成以下两种类型。

类型1：倒V形，长端利率先升后降。首次降息时，通胀仍在上升，但是美联储认为通胀压力减弱，预期通胀即将回落，于是开始降息。起先，长端利率受通胀率的推升继续往上走，后面通胀进入下行轨道，长端利率跟随美联储降息操作，也逐渐往下走。典型例子：1974年6月—1974年12月和1980年12月—1983年2月两个时期（图5-5）。

类型2：一路震荡往下。经济基本面边际变差和通胀压力减弱，导致美联储一再降息，长端利率进入下行轨道。

如果其间美联储暂停降息，采取观望态度，长端利率往往会迎来一波反弹。典型例子：1980年3月—1980年7月、1984年8月—1986年12月、1989年5月—1994年1月、2000年12月—2004年5月、2007年8月—2015

年 11 月、2019 年 7 月至今，这六个降息周期（图 5-6、图 5-7）。

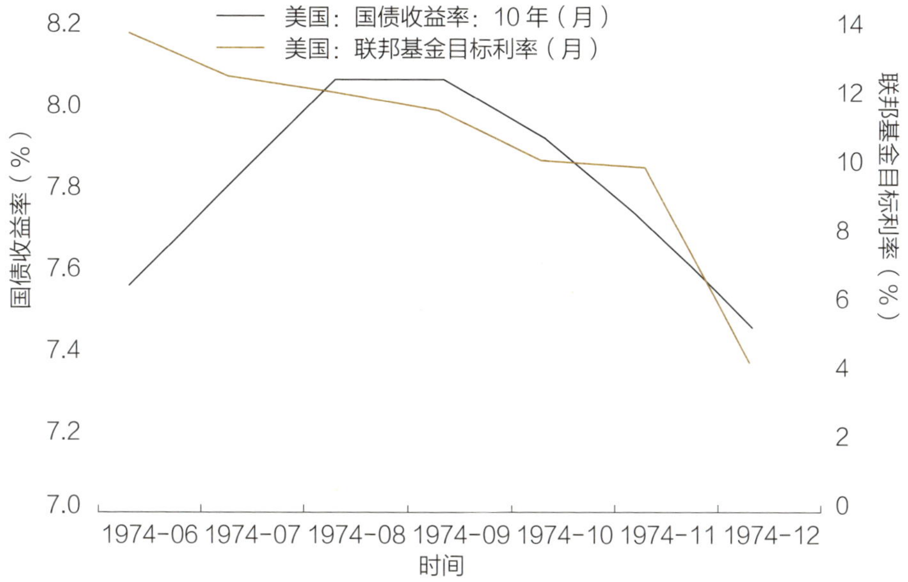

图5-5　美国国债收益率与基准利率

资料来源：WIND，华西证券研究所。

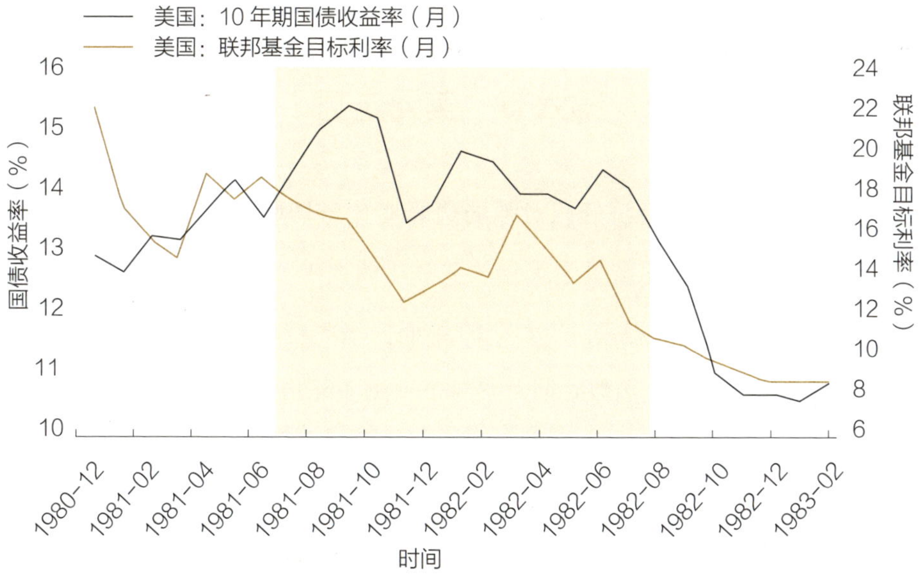

图5-6　美国国债收益率与基准利率

资料来源：WIND，华西证券研究所。

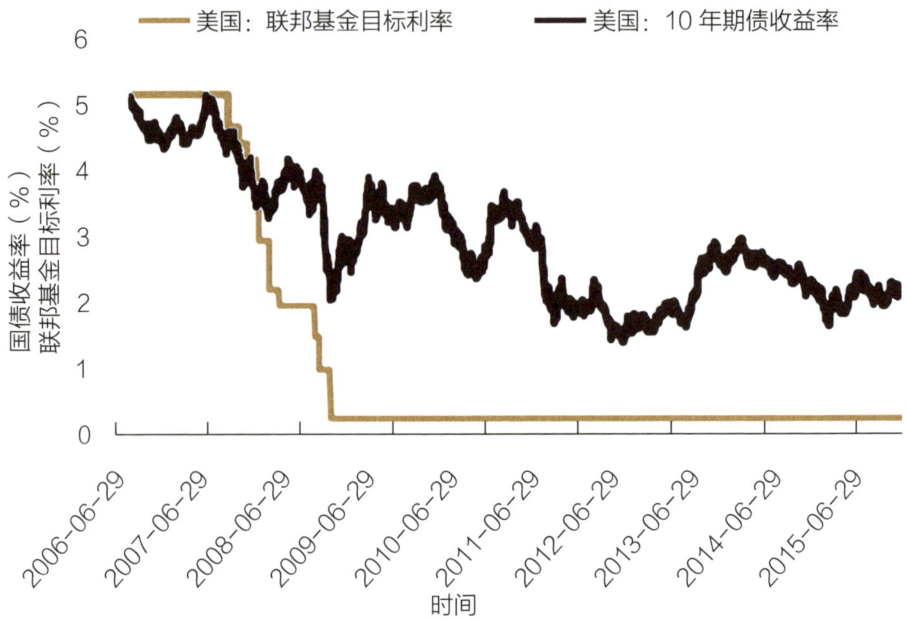

图5-7 美国国债走势图

资料来源：WIND，华西证券研究所。

第六节 美元走势

美元走势与美国经济的相对强弱边际变化密切联系，美元指数与美国在全球经济总量中的比重呈强正相关关系（图 5-8）。此外，虽然欧美利差（= 美国 10 年期国债收益率–欧元区 10 年期公债收益率）并不能完美解释美元指数走向，但在绝大多数时期，它对于预测美元指数的走势仍然具有较高的准确性。

首次降息之后，美元指数走向并无固定规律可循。如果在该降息周期经济衰退出现，在经济衰退前夕美元指数维持强势的概率较高，在进入经济衰退期后，美元指数一般是先升后降（图 5-9）。

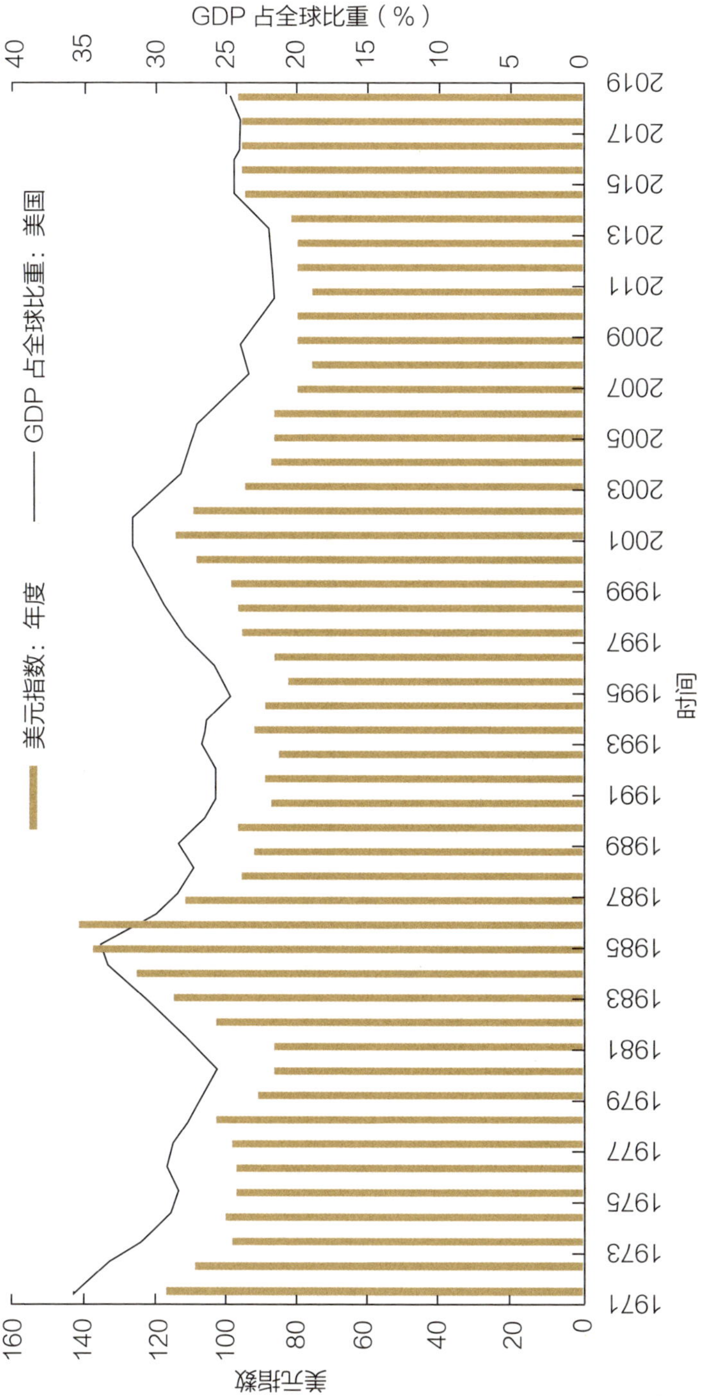

图5-8　美元指数与美国GDP占全球比重

资料来源：WIND，华西证券研究所。

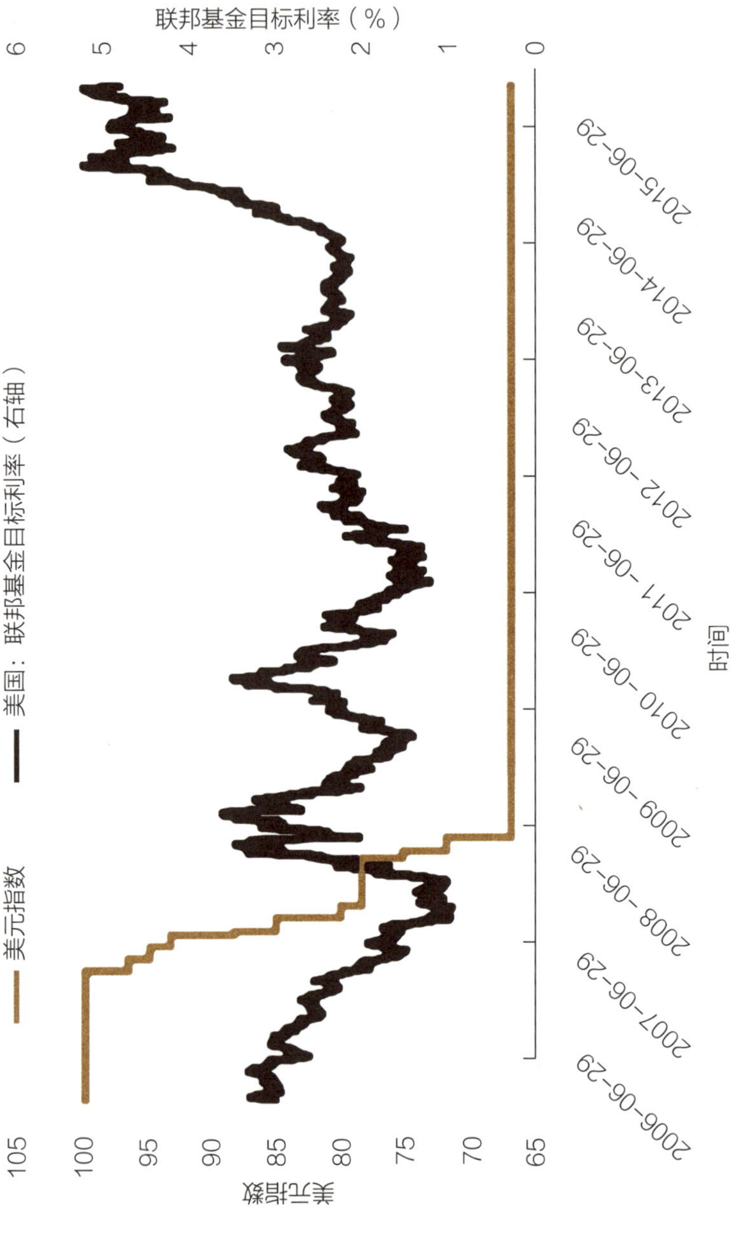

图5-9 美元指数走势

资料来源：WIND，华西证券研究所。

在经济衰退前夕和初始阶段美元指数保持强势的概率较高，我们认为这和美元指数在加息周期末期保持强势的原因类似。由于欧元区和日本都是贸易依存度较高的经济体，受外部需求波动影响较大，所以全球经济增速放缓的时候，外部需求缩减，欧元区和日本经济增速往往下滑得更快，反之亦然。

美国经济衰退前夕和初始阶段，美国经济往往增速放缓，这直接导致美国对欧元区以及日本商品的需求减少，欧元区和日本的经济增长下滑程度往往会超过美国，从而欧元区和日本经济基本面弱于美国的局面形成。因此，美元指数保持强势的概率较高。然而，到了美国经济衰退中后期，随着美国经济逐渐复苏，商品进口需求上升，在外需改善的刺激下，欧元区和日本等外贸依存度较高的经济体的经济增速可能会加速，欧日经济增速相对于美国较强，这使得美元指数逐渐走弱（图 5-10）。

图5-10 美元指数与欧美利差

资料来源：WIND，华西证券研究所。

第七节　美股走势

降息一般是央行为了应对危机或者疲弱的经济表现而做出的政策反应。利率下调，可以降低公司的融资成本、刺激资本开支、提高盈利，从而抬升公司估值。因此，降息预期在短期内是对股票市场的重大利好。

在美联储开启首次降息之前，“坏消息就是好消息”，而“好消息反而是坏消息”的奇怪现象也就出现了。背后的原因是在疲弱的经济数据公布之后，美联储降息的概率将会提高，这会利好权益市场，反之亦然。

当然，这种奇怪的现象是不可持续的。降息往往出现在经济呈现疲弱迹象或者处于明显下行趋势的时候，从拉长的时间维度来看，降息短期的利好并不能遏制股市回调的趋势，特别是在经济面临衰退的时候。因此，在经济衰退或经济大幅下行期间，美股会经历一波较大的调整是一个大概率事件（图 5-11）。

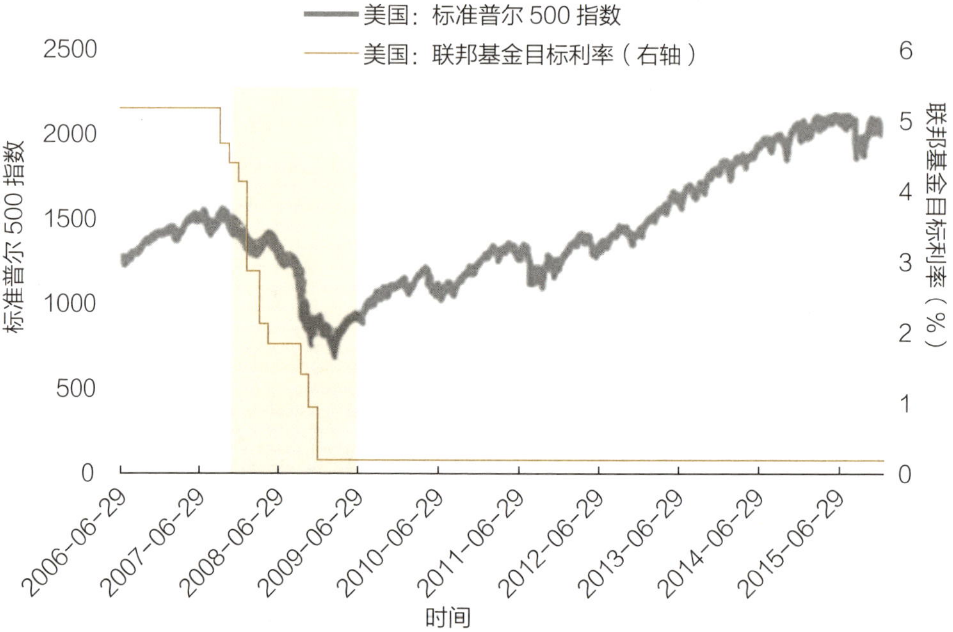

图5-11　美股走势图

资料来源：WIND，华西证券研究所。

第八节　黄金走势

我们梳理了 1982 年以来 11 段美联储降息时期黄金走势情况，发现降息时期黄金价格不一定会走高，在很多降息区间，黄金大体的走势甚至是往下的。然而，当美国经济在该区间内出现了衰退情况时，黄金价格在美国经济衰退前夕和衰退期内往往会有上涨行情（图 5-12）。

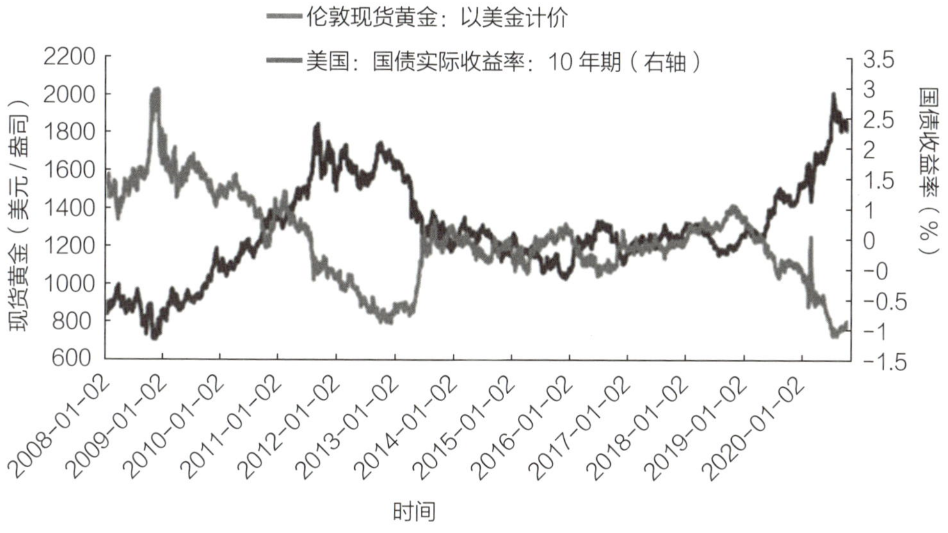

图5-12　黄金价格与美国实际利率强负相关

资料来源：WIND，华西证券研究所。

美国经济衰退前夕，市场避险情绪爆发，这在短时间推动黄金价格快速上涨。黄金价格上涨的行情一般会从美国经济衰退前夕一直延续到衰退期内的某个时刻。可以说，美国经济衰退前夕是投资黄金的一个确定性机会（图 5-13）。

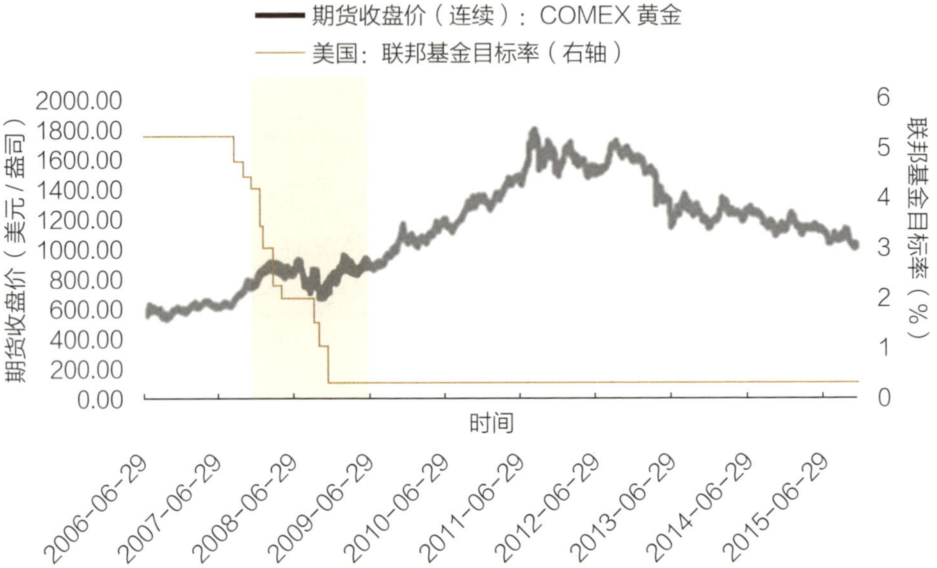

图5-13　黄金价格走势

资料来源：WIND，华西证券研究所。

第九节　新兴市场表现

降息周期，全球经济一般是共振下行，新兴市场经济体的经济增长同样也受到负面影响（图 5-14）。

贸易渠道：中美经济增速放缓—中美对欧盟、日本等贸易伙伴的商品和服务需求减少—日欧等地区经济共振下行—美元指数走强—国际市场美元流动性收紧—国际贸易受到负面影响—世界经济共振下行（形成一个反馈环）（图 5-15）。

美元指数和 VIX 对新兴市场资产价格的影响：美国降息周期内往往出现美股波动率急剧上升的情况，这会对新兴市场的资产价格产生负面影响（图 5-16）。

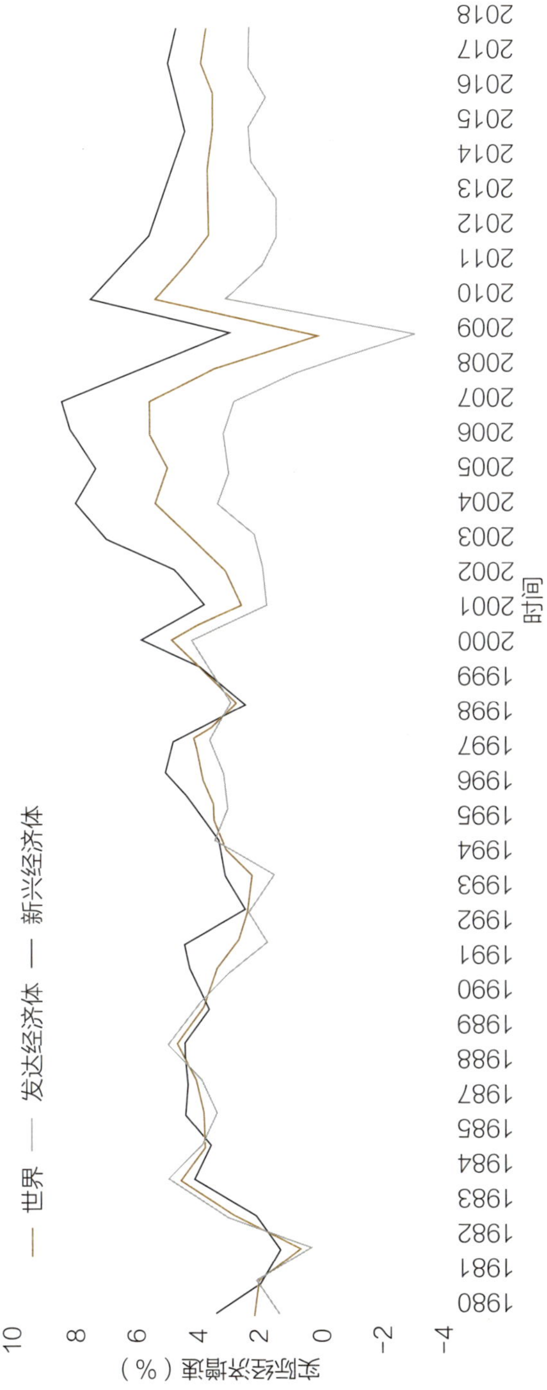

图5-14　美国降息周期世界实际经济增速

资料来源：WIND，华西证券研究所。

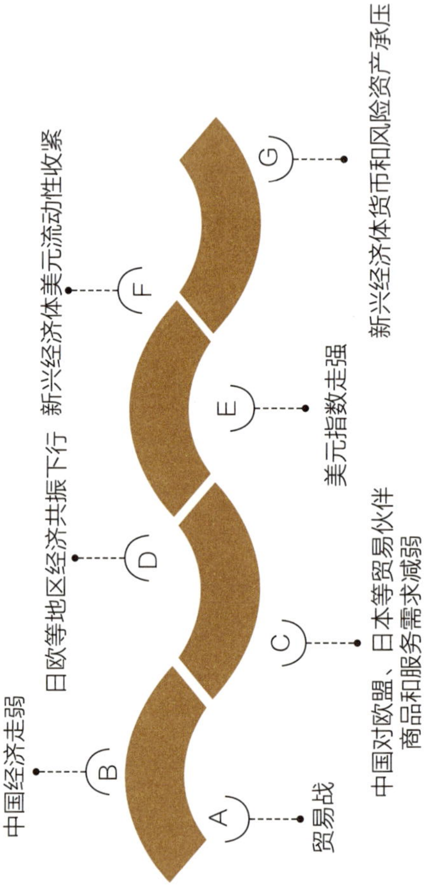
A 贸易战
B 中国经济走弱
C 中国对欧盟、日本等贸易伙伴商品和服务需求减弱
D 日欧等地区经济共振下行
E 美元指数走强
F 新兴经济体美元流动性收紧
G 新兴经济体货币和风险资产承压

图5-15 美国降息周期世界实际经济增速（%）

资料来源：WIND，华西证券研究所。

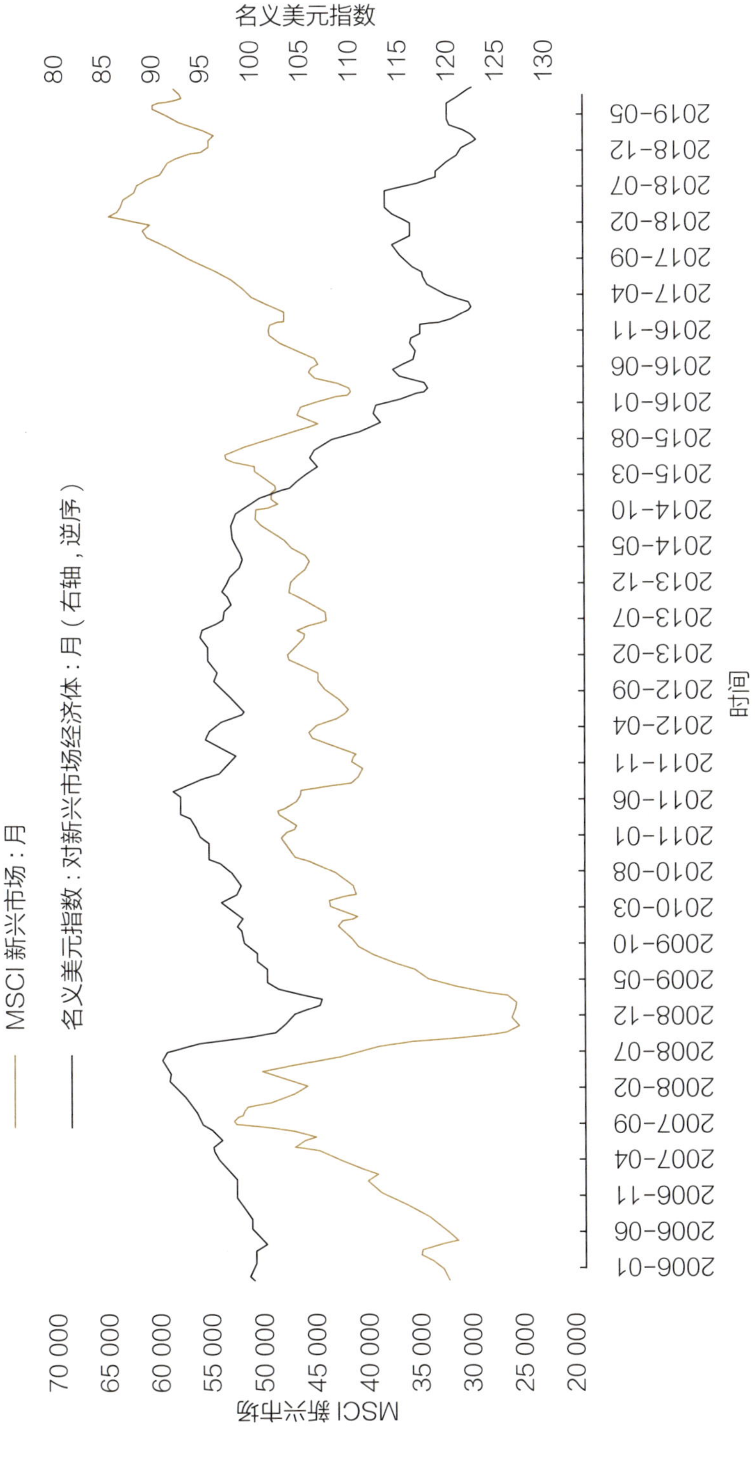

图5-16　美元指数是一个全球风险偏好指标

资料来源：WIND，华西证券研究所。

第六章 美国加息周期与大类资产表现

在美联储的政策目标中，重要的目标是控制通货膨胀。根据货币学派的理论，通货膨胀本质上是货币问题。美联储理想的经济通胀率是 2%，所以，当经济过热，通胀上升，超过 2% 时，美联储就有加息的压力。

自新冠疫情以来，美联储和美国政府为应对危机，开启无限量化宽松政策，美联储大幅扩表，向市场注入天量流动性。这导致美国 CPI 快速升高，最高的时候超过 9%。

为应对高企的 CPI，自 2022 年 3 月以来，美联储已连续加息十次，共加息 500bp，将联邦基金利率的目标区间上调到 5% 至 5.25%（上调 25bp），为 2001 年 3 月以来的最高水平。

回顾历史，我们发现，美联储著名的加息周期共有九轮。

第一节 九轮加息周期

1970 年至今，美国经历了九轮加息周期：1972 年 2 月—1974 年 6 月、1977 年 1 月—1980 年 3 月、1980 年 7 月—1980 年 12 月、1983 年 2 月—1984 年 8 月、1986 年 12 月—1989 年 5 月、1994 年 1 月—1995 年 2 月、1999 年 5 月—

2000 年 3 月、2004 年 5 月—2007 年 8 月、2015 年 11 月—2019 年 6 月（图 6–1）。

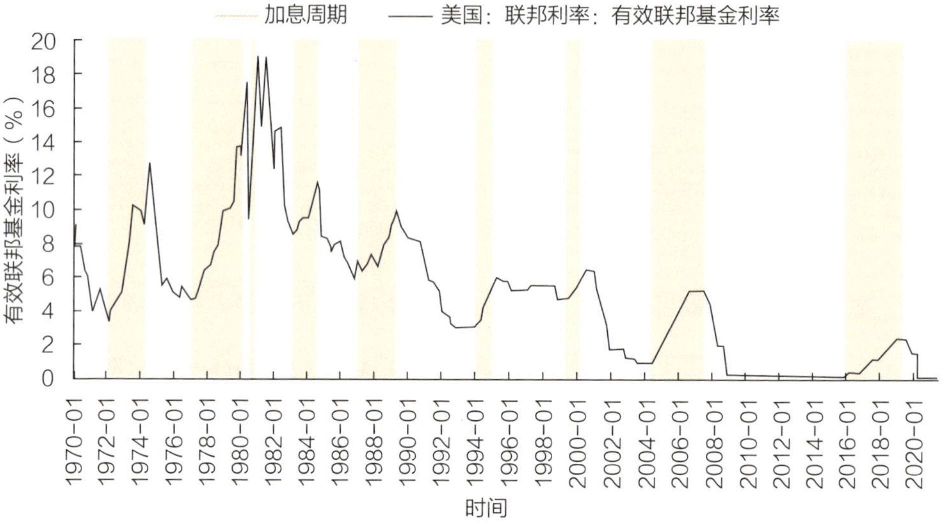

图6–1　美国加息周期与联邦利率

资料来源：WIND，华西证券研究所。

根据加息周期通胀率均值的高低和发生时间的先后，这九轮加息周期又可以被分成三类：大通胀时期的三轮加息周期、大缓和时期的五轮加息周期，以及大危机后的加息周期（表 6–1、图 6–2）。

表 6–1　1970 年以来美国加息周期的经济表现

美国加息周期	持续时间（月）	联邦基金利率低点 /%	联邦基金利率高点 /%	升息幅度（Bp）	升息次数	实际 GDP 平均增速 /%	CPI 均值 /%
1972年2月—1974年7月	30	3.29	12.92	963	25	5.8	6.1
1977年1月—1980年4月	40	4.61	17.61	1300	36	4.2	9.0
1980年7月—1981年6月	12	9.02	19.10	1008	9	0.8	11.6

续表

美国加息周期	持续时间（月）	联邦基金利率低点 /%	联邦基金利率高点 /%	升息幅度（Bp）	升息次数	实际 GDP 平均增速 /%	CPI 均值 /%
1983年2月—1984年8月	19	8.50	11.5	300	8	6.7	3.7
1986年12月—1989年5月	30	5.88	9.81	393	16	3.8	3.9
1994年1月—1995年2月	14	3.00	6.00	300	7	3.9	2.7
1999年5月—2000年5月	13	4.75	6.50	175	6	4.7	2.7
2004年5月—2006年6月	26	1.00	5.25	425	17	3.4	3.4
2015年11月—2019年6月	43	0.25	2.50	225	9	2.3	1.9

资料来源：WIND，华西证券研究所。

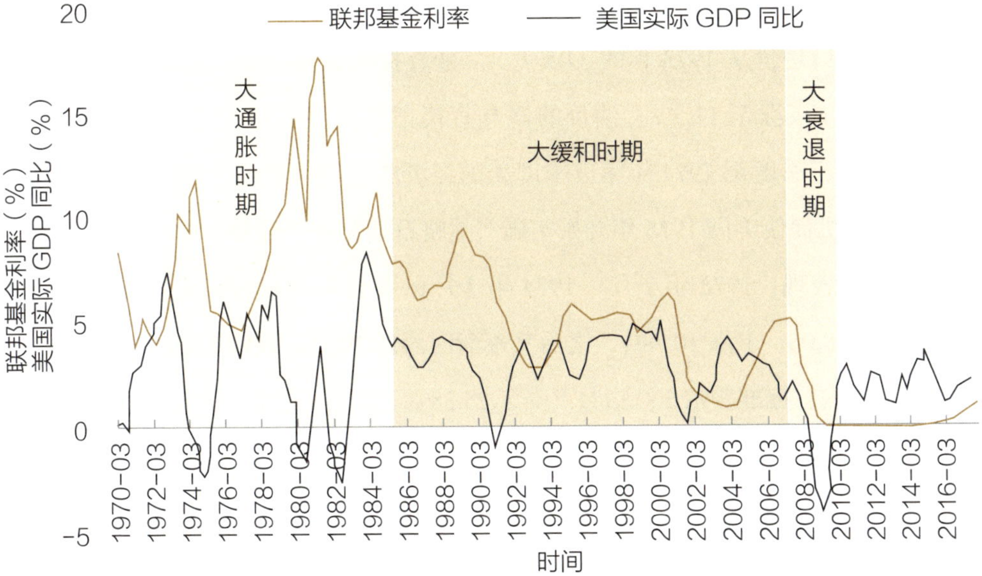

图6-2　美国联邦利率与GDP增长

资料来源：WIND，华西证券研究所。

第二节　大通胀时期被迫加息

第一个大通胀时期：1972 年 2 月—1974 年 7 月

20 世纪 60 年代末 70 年代初，当时的美联储主席 Arthur Burns（1970 年 2 月—1978 年 3 月在任）等政策制定者弃用传统的货币政策来抗击通胀，而倾向于使用行政命令（所谓的“收入政策”）来直接控制薪资和物价的上涨速度。结果，美联储货币政策的太过宽松导致了通胀的快速上升，CPI 从 1961 年的 1.0% 直接上升到 1970 年的 5.7%。

1971 年 8 月美国 CPI 和失业率分别达到 4.4% 和 6.1%。为了应付国际货币危机和抗击通胀及高企的失业率，1971 年 8 月 15 日，尼克松政府宣布：发布行政命令冻结薪资和价格水平；对进口品征收 10% 的额外税率，以维护美国产品的价格竞争力。同年 12 月美国政府终止了对进口品征收额外税率的政策。1973 年 3 月，美国固定汇率制度变成浮动汇率制度，汇率不再是美国实施货币政策的一种主要工具。

1973 年 10 月第四次中东战争导致第一次石油危机的爆发，1974 年美国原油的进口均价从 1973 年的 3.05 美元 / 桶直接飙升到 12.52 美元 / 桶，1975 年 7 月 CPI 飞涨至 11.5%。油价的飙升直接把美国经济推向了衰退的境地，1973 年第三季度至 1974 年第三季度美国经济增速均为负值。1973 年和 1974 年石油危机促使美国 1975 年开始实施“战略石油储备”计划。

资产表现：1972 年 2 月—1974 年 7 月标准普尔 500 指数先是从 104.01 上涨到 118.05，上涨 10.78%，之后又逐渐回落到 79.31，跌幅 32.82%。在这个加息周期内，标准普尔 500 指数下降了 25.58%。而美元指数先是略有上涨，之后跌幅较大，从高点 110.14 跌落到 92.91，之后又有所回升，总共跌幅为 7.49%。

第二个大通胀：1977 年 1 月—1980 年 4 月

1979 年第二次石油危机爆发，1978—1980 年美国进口原油均价从 14.57 美元 / 桶上涨到 33.86 美元 / 桶。1977 年 1 月—1980 年 3 月美国 CPI 从 5.2%

飙升至 14.7%，GDP 增速也从 1977 年第一季度的 6.16% 逐渐滑落到 1980 年第一季度的 1.43%。Arthur Burns 的继任者 George Miller（1978 年 3 月—1979 年 8 月在任）依旧质疑货币政策抗击通胀的有效性，将实际利率维持在一个较低的水平，美国的通胀率居高不下。

1977 年美联储首次明确了实施货币政策的两大目标：价格稳定和充分就业。1979 年 8 月沃尔克上任（1979 年 8 月—1987 年 8 月在任）。在沃尔克的带领下，美联储 1979 年 10 月开始实施紧盯货币供应的策略，试图建立起央行执行政策的信誉度，以此来影响和管理市场的通胀预期。美联储逐渐成功控制住了货币增速，M1 年增速逐年递减，1978 年、1979 年、1980 年和 1981 年的 M1 增速分别为 8.2%、7.9%、7.3% 和 5.1%。该项策略的实施实际上大幅提高了基准利率，基准利率从 1979 年 8 月的 10.94% 升到 1981 年 6 月的 19.10%，通胀率终于从 1980 年 3 月的高点 14.8% 逐渐回落。

资产表现：在 1977 年 1 月—1980 年 4 月这个加息周期里，标准普尔 500 指数先是略有下滑，之后在反复震荡中上涨了 4.18%。美元指数在此加息周期内先是大幅下滑，之后慢慢回升，最终跌幅为 16.52%。

第三个大通胀：1980 年 7 月—1981 年 6 月

紧缩的货币政策和信贷控制政策使得美国经济在 1980 年第二季度至第四季度陷入衰退，美联储不得不暂时放松了货币政策，基准利率从 1980 年 4 月的 19.79% 降至 1980 年 7 月的 9.47%。1981 年美国经济开始复苏，全年的实际 GDP 增速和 CPI 分别为 2.6% 和 10.3%。与 1980 年的 13.5% 通胀率相比，其已出现回落，但仍处历史高位。美联储继续收紧货币政策，1981 年 6 月将联邦基金利率推至 19.1% 的高位，之后通胀现象逐渐得到有效控制。过紧的货币政策造成的经济成本是巨大的，1981 年美国陷入了自 20 世纪二三十年代经济大萧条以来最严重的经济衰退。在这个将近一年的加息周期里，标准普尔 500 指数和美元指数均获得了增长，涨幅分别达到 7.84% 和 25.13%。

1981 年 1 月里根总统上台，开始对美国进行供给侧改革。里根经济学主要包括四个方面，分别是：第一，控制政府开支的增速；第二，降低联邦收入所得税和资本所得税税率；第三，减少政府管制；第四，收紧货币供给以抗击通胀。

除了第一方面里根政府在其余三个方面都获得了不小的成功。由于财政压力过大，里根政府在 1982—1988 年不得不先后提高税率 11 次，据估计，1981 年减税项目中有一半在里根就任期间逐渐被废除。里根经济学大获成功，美国在 20 世纪 80 年代进入了历史上第二长的经济扩张期。

两次石油危机对美国制造业打击很大，1974 年、1975 年、1980 年和 1982 年制造业增加值对美国 GDP 的贡献率均为负值，分别为–1.45%、–1.49%、–1.55%和–1.03%，在这 4 个年份中对美国经济增长贡献最大的行业分别为金融、保险、房地产和租赁行业。

第三节　加息周期的经济表现

前三轮加息周期正处于美国的大通胀时期，1973—1974 年和 1979—1981 年分别爆发了两次石油危机，同时这三轮加息周期也处于美联储没有科学的货币政策理论指导的摸索和试验时期，美国通胀率居高不下。1979 年 8 月沃尔克就任美联储主席之后，紧盯货币增速和大幅提高基准利率的试验获得成功，通胀现象逐渐得到控制。美国经济于 20 世纪 80 年代中期进入长达 20 多年的大缓和时期（图 6–3）。

1982 年以来美国又经历六轮加息周期，这段时间自然利率中枢总体趋势是一直往下走，美国经济在进入新千年之后进入了“低增速低利率”的新常态（图 6–4）。Laubach-Williams（2015）认为自然利率不断走低的主要原因是美国潜在 GDP 增速的趋势部分在不断降低。

美国潜在 GDP 增速不断走低的一种解释是人口结构变化的结果。人口结

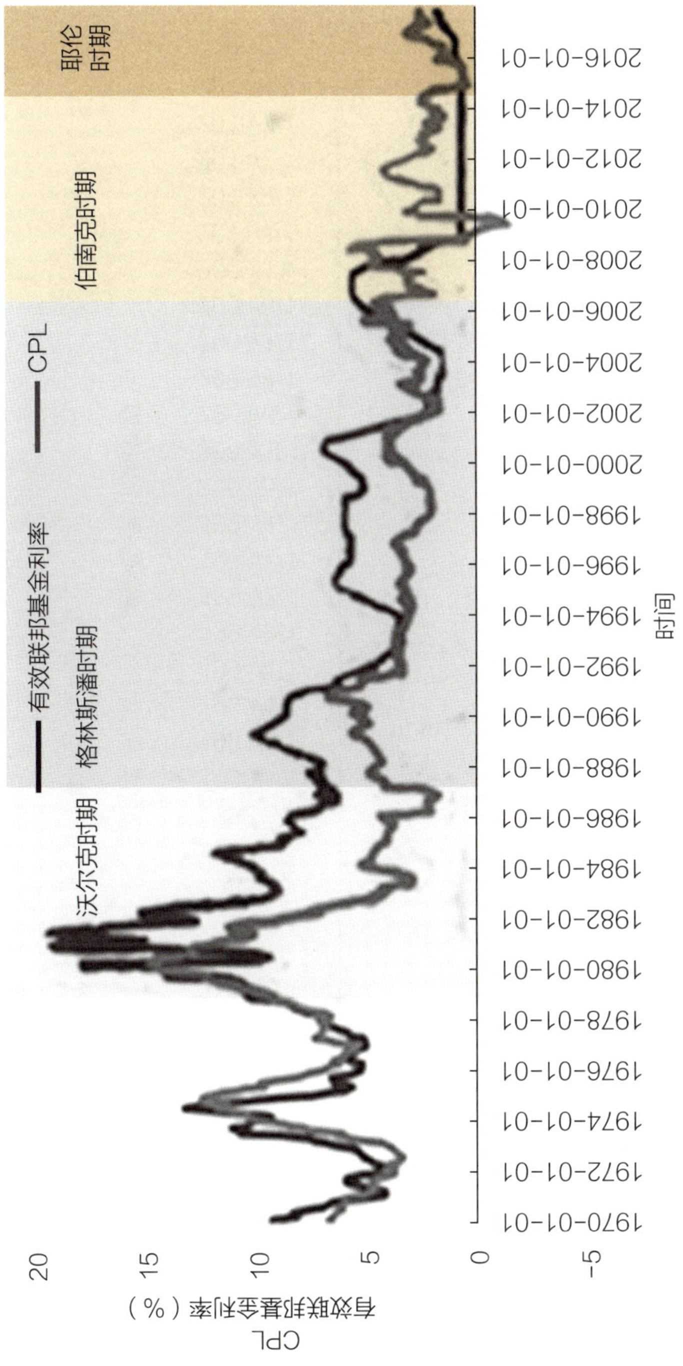

图6-3　沃尔克执掌美联储之后通胀得到有效控制

资料来源：FED St. Louis，华西证券研究所。

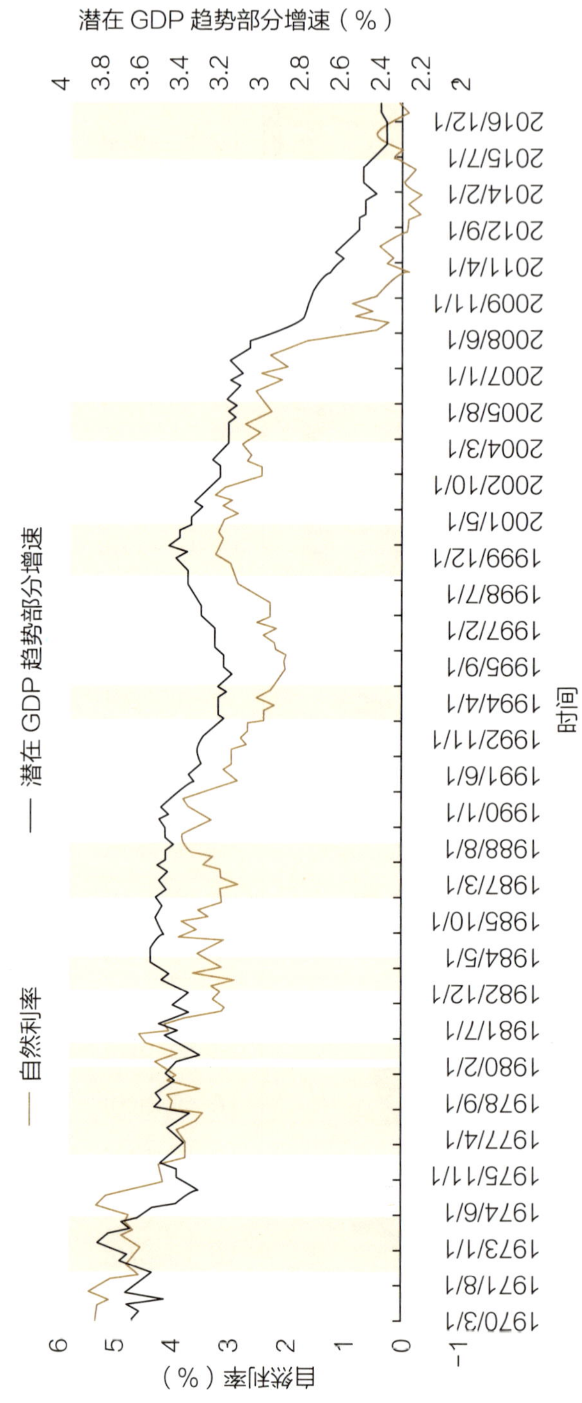

图6-4　估算的美国自然利率（阴影部分为加息周期）

资料来源：美联储旧金山分行，华西证券研究所。

构主要通过三条途径影响自然利率，如图 6-5 所示。

预期寿命上升→为退休做准备的储蓄增加→利率下降；

人口增速下降→人均资本上升→资本边际产品下降→资本需求下降→利率下降；

人口增速下降→老龄化加剧→抚养比上升→利率上升（老年人的边际储蓄倾向较低）。

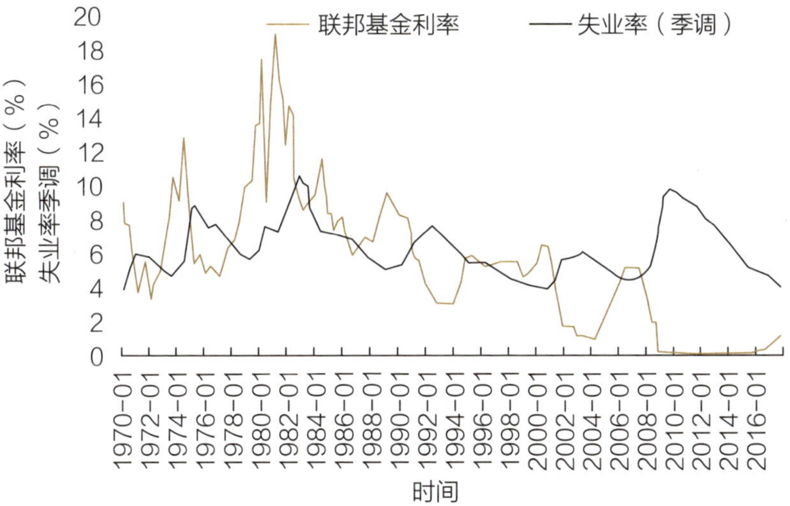

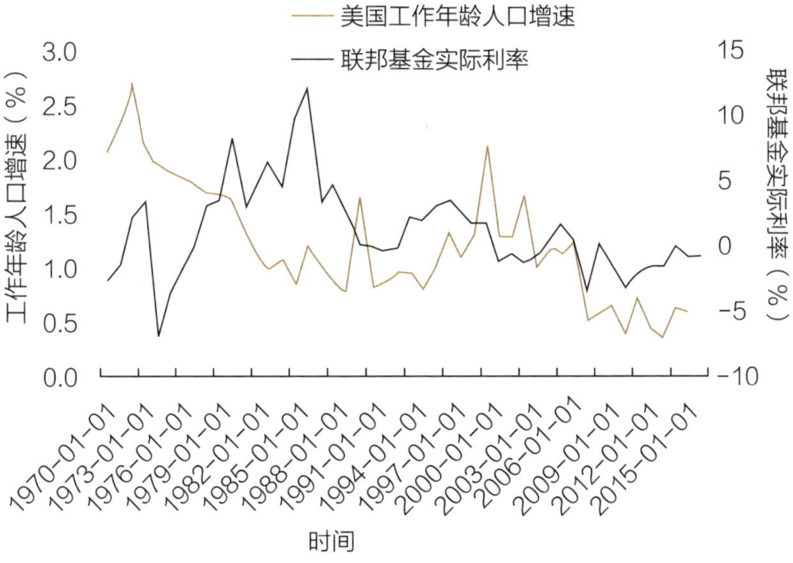

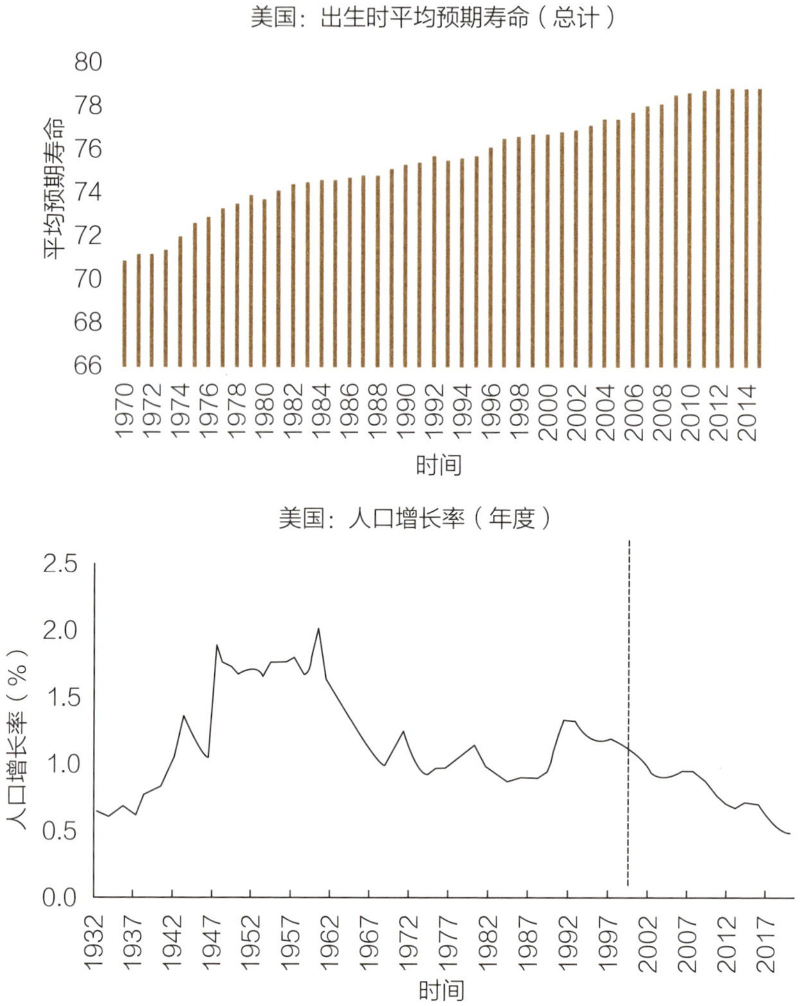

图6-5　美国人口与利率

资料来源：WIND，华西证券研究所。

20 世纪 80 年代以来，第一条和第二条途径占据主导地位，第三条途径占次要地位。第二次世界大战后美国婴儿潮（1946—1964 年出生的人）产生的人口红利在 80 年代到达顶点，之后逐渐消退。2000 年以来，美国人口增速明显下降，这带来美国自然利率中枢显著下移，并保持在低位水平。

美国潜在 GDP 增速不断走低的另一种解释是美国全要素生产率增速正在

不断下滑。

主要逻辑为：全要素生产率增速下滑→资本边际产品下降→资本需求下降→利率下降。

政策利率的调整，一方面要顺应自然利率的趋势变化；另一方面要考虑经济运行的周期特征，如通胀水平和失业率；进行逆周期调节。

当然，大危机中货币政策的危机应对致使政策利率过低。危机过后，货币政策也需要正常化。

加息周期经济走势一般呈现一种先升后降的“驼峰”形状。

加息周期的开始阶段，经济往往处于复苏或者上升时期，市场通胀预期不断加强。为了抗击通胀，央行开始进行加息操作，此时央行收紧货币政策的动作还不会影响经济扩张的步伐，经济增速稳健提升，通胀率也继续上行。

当升息操作达到一个临界点时，经济达到最繁荣的阶段，进一步的加息操作开始对经济增长产生负面影响，由于通胀率还在高位徘徊，此时央行并不会停止加息操作。待到通胀率逐渐回落到目标值之后，央行才会停止加息。经济的持续增长带动劳动力市场的不断改善，失业率往往逐渐下降。

在正常时期，加息政策主要是为了抗击通胀，防止经济过热。2015 年 11 月—2019 年 6 月加息周期与过往不同之处在于其还需要修正危机管理中的货币政策超宽松状态，为未来提供政策操作空间。

下面我们将分析美国历次加息周期主要大类资产表现，如表 6–2 所示。

表 6–2　1970 年以来美国加息周期主要大类资产表现

美国加息周期	持续时间（月）	升息幅度（Bp）	美国 10 年期国债收益率涨幅（Bp）	标准普尔 500 指数涨幅 /%	美元指数涨幅 /%	COMEX 黄金价格涨幅 /%	WTI 原油期货结算价涨幅 /%
1972年2月—1974年7月	30	963	185	−25.58	−7.49	—	—

续表

美国加息周期	持续时间（月）	升息幅度（Bp）	美国10年期国债收益率涨幅（Bp）	标准普尔500指数涨幅/%	美元指数涨幅/%	COMEX黄金价格涨幅/%	WTI原油期货结算价涨幅/%
1977年1月—1980年4月	40	1300	336	4.18	16.52	287.91	—
1980年7月—1981年6月	12	1008	310	7.84	25.13	-28.93	—
1983年2月—1984年8月	19	300	252	12.58	16.6	-28.91	3.41
1986年12月—1989年5月	30	393	137	32.35	0.61	-4.73	25.49
1994年1月—1995年2月	14	300	152	2.20	-10.10	-2.60	23.33
1999年5月—2000年5月	13	175	65	9.12	6.12	-0.66	62.10
2004年5月—2006年6月	26	425	49	13.34	-4.26	55.15	76.19
2015年11月—2019年6月	43	225	-13	30.44	0.34	16.86	15.38

资料来源：WIND，华西证券研究所。

第四节　美债走势

基准利率的提高直接推高国债短端收益率，然后逐渐传导至长端收益率。加息周期债市往往处于熊市（图 6-6）。

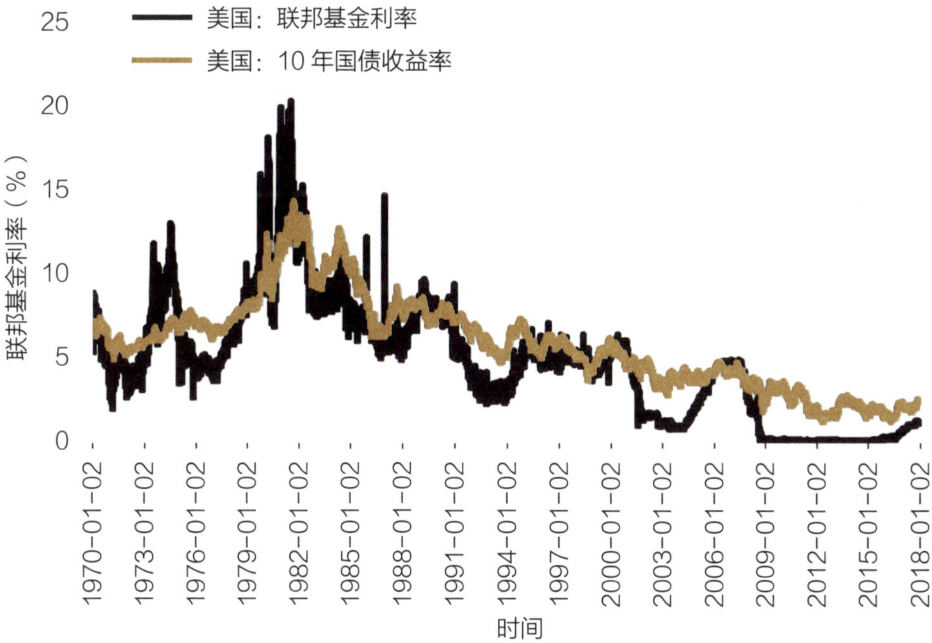

图6-6 美国国债收益率和联邦基金利率

资料来源：WIND，华西证券研究所。

各国进行货币政策调整，主要参照自身的经济运行状况，而不会盲目跟随美联储的步伐。在欧元区主要经济体、英国、美国和日本中，英国央行和美国央行的升息节奏最为接近，英美两国 10 年期国债收益率的相关系数也最高（表 6-3）。

表 6-3 各国 10 年期国债收益率之间的相关系数（1998.1.5—2018.2.18）

	美国	日本	英国	法国	德国	意大利	西班牙
美国	1						
日本	0.6555	1					
英国	0.7948	0.7300	1				
法国	0.7513	0.7584	0.8771	1			
德国	0.7808	0.7624	0.9025	0.9631	1		

续表

	美国	日本	英国	法国	德国	意大利	西班牙
意大利	0.4982	0.6003	0.6354	0.8028	0.7559	1	
西班牙	0.4633	0.5624	0.5960	0.7496	0.7074	0.9309	1

资料来源：WIND，华西证券研究所。

第五节　美元走势

加息周期美元指数不一定走高。由于欧元在美元指数构成中占比57.6%，美元指数的走向，首先主要取决于美国和欧元区两个经济体经济增速强弱的边际变化及美联储和欧洲央行货币政策调整的预期差异。此外，两个经济体的利差对欧元兑美元汇率也有很大的影响，但是近两年以来利率平价对美元指数走势的解释力变差（图6–7）。

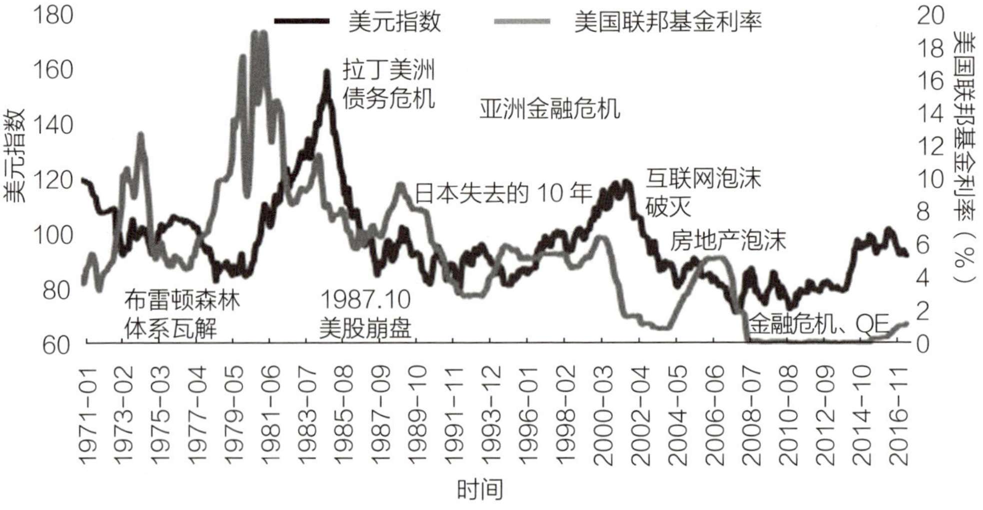

图6–7　美元走势和联邦基金利率

资料来源：WIND，华西证券研究所。

第六节　美股走势

货币政策是美联储平滑经济波动的重要工具，因此加息周期往往与商业周期的上升期或者繁荣期重叠。在良好经济基本面的支撑下，股市一般表现良好，企业盈利的增长往往能抵消升息对股价的负面影响。除 1972 年 2 月—1974 年 7 月这轮加息周期（通胀上升过快扰乱股票市场）外，其余八轮加息周期美股均实现了不同程度的涨幅。在加息周期，标准普尔 500 指数市盈率往往逐渐下滑或者先升后降。虽然美股在加息周期一般最终都实现了上涨，但是上涨途径可能大不相同（图 6–8）。

图6–8　标准普尔500指数市盈率

资料来源：WIND，华西证券研究所。

场景一：加息周期开始阶段，在外部需求持续改善的刺激下，企业赢利能力逐步增强，公司股价节节攀升。但是经济的持续扩张带动通胀进入快速上升的轨道，高涨的通胀预期首先会体现在国债长端收益率上，国债长端收益率会领先 CPI 进入快速上升的轨道。这时，股票市场由于担心通胀的快速上升会加速央行加息的步伐，恐慌情绪集中爆发，股市大幅回调。待市场恢复信心，股市行情重新逐渐走高。

典型例子：在 1986 年 12 月—1989 年 5 月这个加息周期中，1987 年 10 月美股崩盘，但在加息周期后期又逐渐收复失地（图 6-9）。

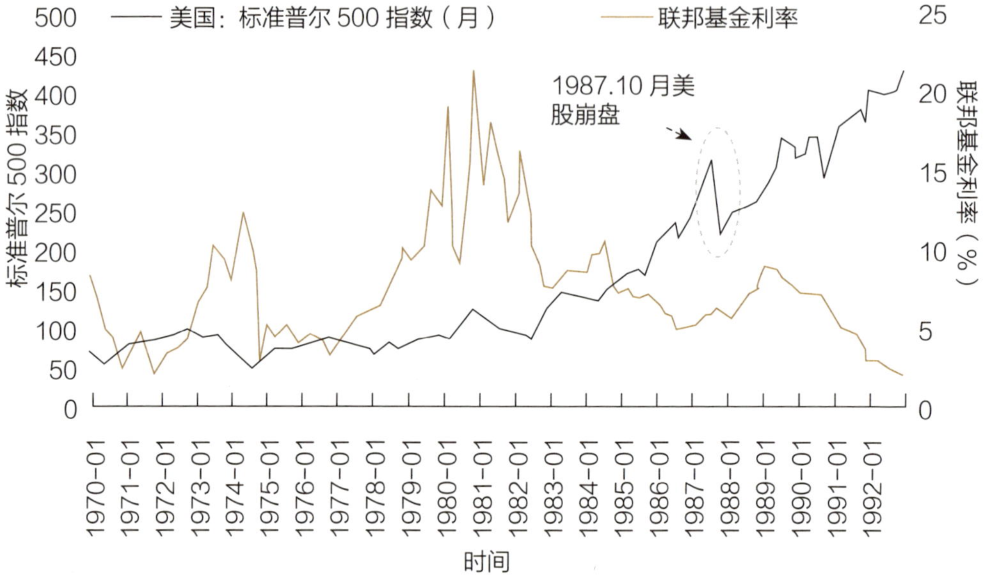

图6-9 标准普尔500指数与美国联邦基金利率（1970—1992年）

资料来源：WIND，华西证券研究所。

场景二：计算机、信息技术、生物科技等新兴产业蓬勃发展，带动劳动生产率不断提高，经济稳步发展。市场对经济的信心和乐观情绪持续整个加息周期，股市进入慢牛模式，股市指数持续上涨（图 6-10）。

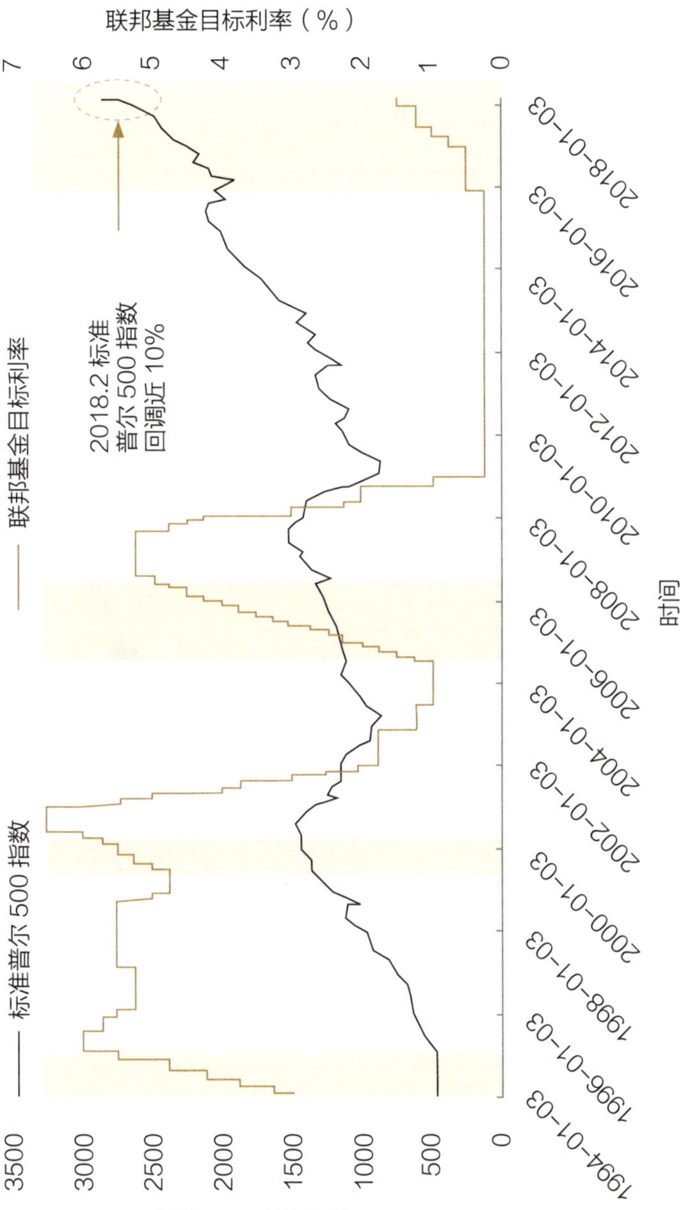

图6-10　标准普尔500指数与美国联邦基金利率（1994—2018年）

资料来源：WIND，华西证券研究所。

第七节 大宗商品走势

黄金、铜等大宗商品都是以美元计价，所以黄金价格、铜价格和 CRB 指数一般都与美元指数呈现显著的负相关关系。

因为加息周期往往是商业周期的上升或者繁荣阶段，对石油和铜等大宗商品需求较强，石油和铜等大宗商品价格也往往节节攀升（图 6-11、图 6-12）。

图6-11 黄金期货与联邦基金利率

资料来源：WIND，华西证券研究所。

一般而言，利率升高，意味着美元资产的资本回报率升高，这将吸引外来资金流入美国，推动美元升值。黄金和美元一样同属避险资产，两者存在一定的替代性。

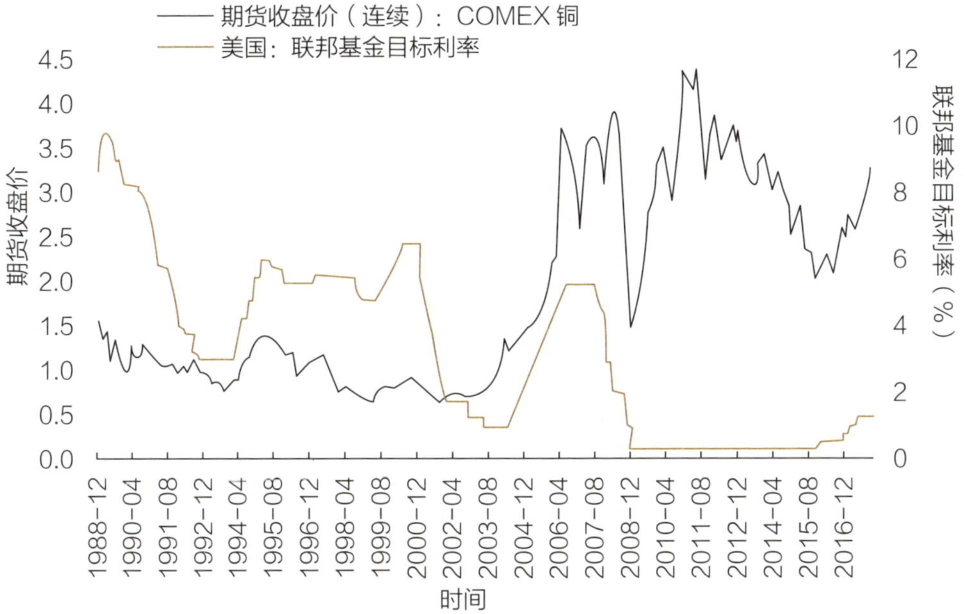

图6-12　铜期货与联邦基金利率

资料来源：WIND，华西证券研究所。

利率上升，意味着投资黄金的机会成本增加，因此加息周期一般不是投资黄金的好时机。

石油价格主要受石油供求关系决定，受美联储加息影响较小。这是因为国际石油价格主要以美元计价，故石油价格通常与美元指数呈弱负相关（图6-13）。

在商业周期的上升阶段，非金融部门融资需求旺盛，对利率缓慢向上调整不是很敏感，利率上升只能抑制对非金融部门信贷投放的上涨速度，但是对抑制上涨趋势作用不明显。升息直接关系购房者的按揭成本，对房价有显著的抑制作用。

图6-13　原油期货与美元指数

资料来源：WIND，华西证券研究所。

第七章
美联储加息末期信号及大类资产表现

美联储货币政策是过去三年来影响资本市场最重要的变量之一。自 2022 年 3 月至 2023 年 9 月，美联储已连续加息 11 次，联邦基金目标利率区间已升至 5.25%~5.5%。通胀的回落以及银行流动性风险的出现意味着当前或已经进入加息末期阶段。我们详细梳理了 1990 年以来美联储加息末期经济特征。

第一节　1990 年后的加息周期更具参考意义

类比的重点应放在 1990 年后，而不是 20 世纪七八十年代。不少研究者将当前美联储的操作与 20 世纪七八十年代进行类比，不过这种类比存在一个较大的问题，就是忽略了美联储货币政策框架的演变。

20 世纪七八十年代沃尔克任联储主席时期，货币供应量（M1、M2）是货币政策最主要的中介目标。沃尔克上任初期，将 M1 作为货币政策的中介目标，FOMC 每年会设定一个 M1 增速目标，美联储通过控制货币供应增速来实现控制通胀的最终目标。不过 1987 年之后，由于 M1 增速波动加大，美联储转而以 M2 增速为中介目标。

而格林斯潘上任后将货币政策操作目标从货币供应量转向利率。格林斯潘认为，随着美国金融创新和投资多样化的发展，M2 与经济增长及通胀之间的关系逐步减弱，再将货币供应量作为中介目标已经不合时宜，并在 1993 年正式宣布将利率作为中介目标，并延续至今。

因此，我们认为从货币政策操作目标的连贯性来看，1990 年后的加息周期对当前的参考意义或许更大（表 7-1、图 7-1）。

表 7-1　1990 年以来美联储历次加息情况梳理

初次加息	末次加息	加息次数（次）	加息幅度（bp）	持续时间（月）	利率峰值（%）	间隔时间（月）	初次降息
1994-02	1995-02	7	300	12	6.00	5	1995-07
1999-06	2000-05	6	175bp	11	6.50	8	2001-01
2004-06	2006-06	17	425bp	24	5.25	15	2007-09
2015-12	2018-12	9	225bp	36	2.50	8	2019-08
2022-03	—	—	475bp	—	—	—	—

资料来源：WIND，华西证券研究所。

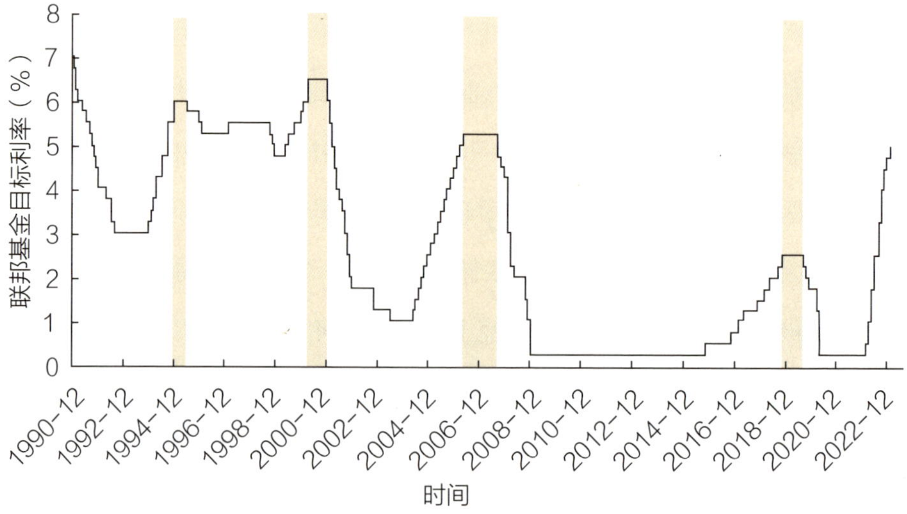

图7-1　1990年以来美国联邦基金目标利率变动情况

资料来源：WIND，华西证券研究所。

第二节　加息末期经济及政策信号

加息末期，通胀已无上行动力，失业率从低位略有回升。观察美联储的两大政策目标（通胀和失业）我们可以发现以下两条规律。

一是并非通胀降至2%加息才会停止，而是只要通胀没有明显的上升动力时加息便会停止。

二是并非等到失业率明显上行时加息才会停止，而是劳动力市场仍然较为强劲，失业率维持低位略有回升时，加息便会停止（图7-2）。

加息末期，从经济指标来看，加息末期，PMI往往回落至枯荣线以下，GDP同比折年数出现加速下行，新增非农就业12个月移动平均趋势性跌破20万人。

加息末期，美联储FOMC会议通常会提到经济增速开始放缓，并且预计在一段时间后可能低于潜在增速的问题。

第一轮（1994年1月—1995年2月），在最后一次加息FOMC会议上，美联储表示，预计经济活动的增长将在未来几个季度大幅放缓，并且在此后的一段时间内经济增速平均低于经济潜在产出的增长率。

第二轮（1999年5月—2000年5月），在最后一次加息FOMC会议上，美联储表示，消费者支出在第二季度初明显放缓，经济扩张将从目前的高速步伐逐渐放缓至略低于经济潜在增长的速度。与早前股票价格大幅上涨相关的对积极财富效应的预期减弱，更高的利率将越来越多地阻碍国内最终需求的扩张。

第三轮（2004年6月—2006年6月），在最后一次加息FOMC会议上，美联储表示，第二季度经济活动的增长较第一季度的快速增长大幅放缓，到2007年年底的增长速度将略低于经济的潜在增长率。

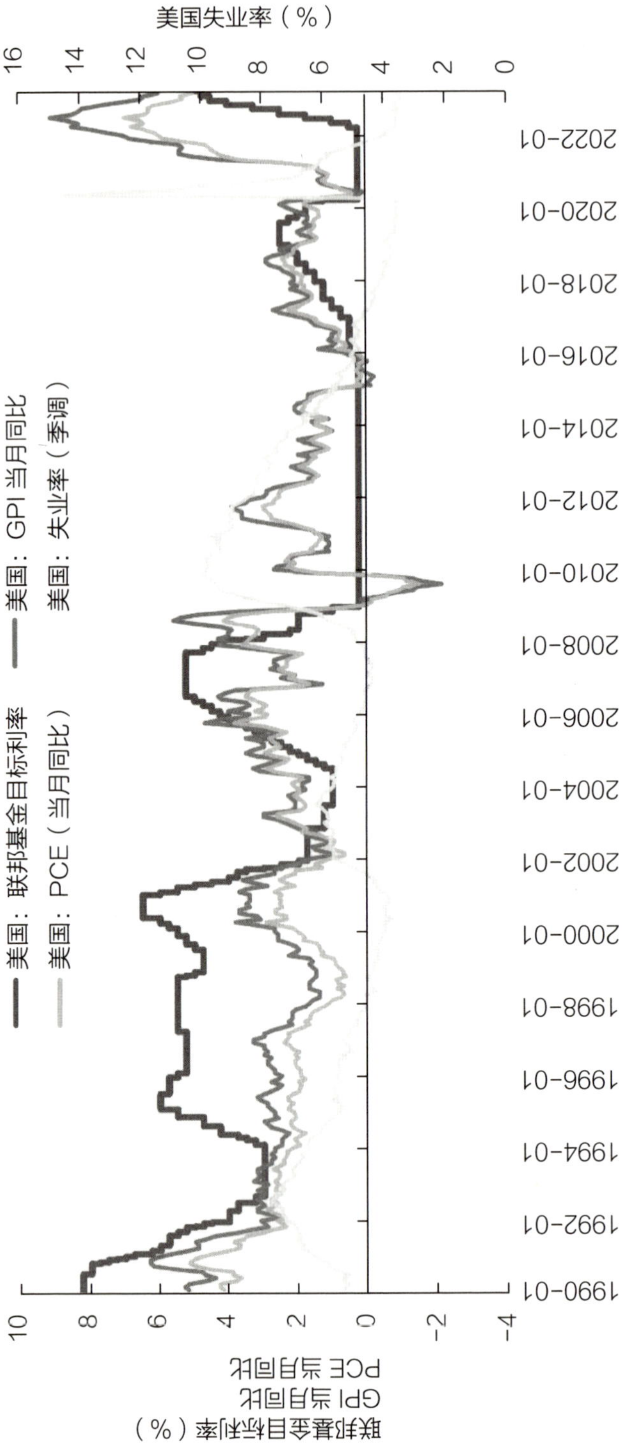

图7-2 美国联邦基金目标利率、通胀和失业率

资料来源：WIND，华西证券研究所。

第四轮（2015 年 12 月—2018 年 12 月），在最后一次加息 FOMC 会议上，美联储表示，2019 年经济增长将保持高于趋势水平，然后在中期内放缓至接近趋势水平的速度。

第三节 美股胜率较高

美联储末次加息后，除 2000 年美国互联网泡沫破裂时期之外，美股在半年内均有不俗表现，并且纳指弹性更高。

第一轮：1995 年 2 月 1 日美联储最后一次加息后，美国三大股指均出现了较大幅度上涨，加息停止 6 个月后，道琼斯工业指数、标准普尔 500 指数、纳斯达克综合指数分别上涨 22.3%、19%、31.2%。

第二轮：2000 年 3 月，美国互联网泡沫破裂，纳斯达克综合指数从 3 月 10 日的 5048 点迅速下降到 5 月 10 日的 3384 点，下跌幅度高达 33%。在此背景下，美联储于 2020 年 5 月 16 日进行了本轮最后一次加息，并于 2001 年 1 月 3 日开始降息，其间纳斯达克综合指数累计下跌 30%，而标准普尔 500 指数和道琼斯工业指数下降幅度较小，分别下降 8% 和 0.1%。

第三轮：2006 年 6 月 29 日，美联储末次加息 6 个月内，道指、标准普尔 500 和纳指分别上涨 13.6%、13.8%、14.4%。

第四轮：2015 年 12 月，美联储加息 25 个基点后，开启货币政策正常化，其间美股保持上行趋势。2018 年 12 月 20 日，美联储末次加息 25 个基点后，三大股指均出现较大幅度上行。末次加息 6 个月后，道指、标准普尔 500 和纳指分别上涨 14.7%、17.8%、21.3%（图 7-3）。

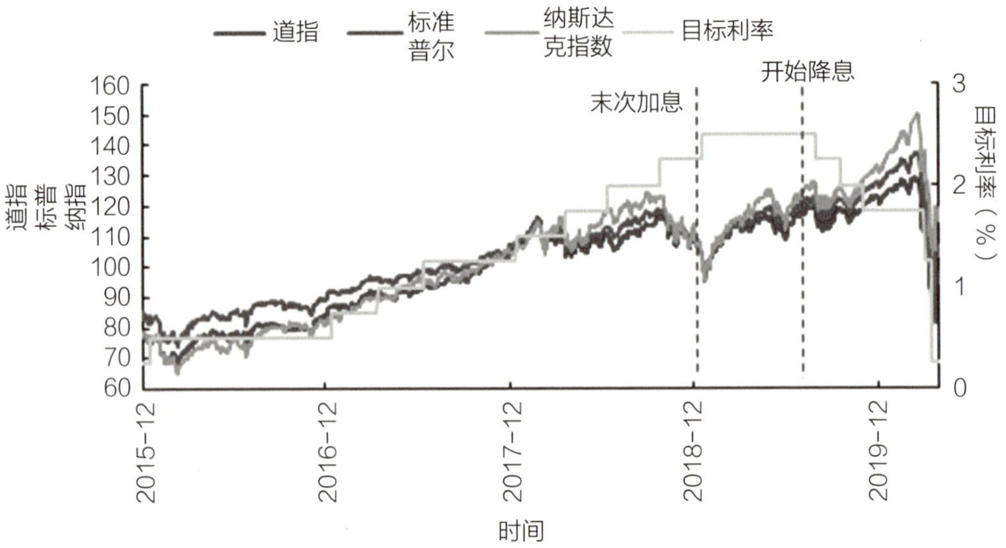

图7-3 美股走势（2018.12.19末次加息=100）

资料来源：WIND，华西证券研究所。

第四节 美债收益率整体下行

美联储末次加息后，美债收益率多表现为下行趋势，但长短利差或扩大。加息周期末期，紧缩政策对利率牵引作用减弱，叠加经济衰退预期，国债收益多呈现下降趋势。

第一轮：1995 年 2 月 1 日美联储末次加息 3 个月后，美国 10 年期国债收益率下降 57bp，而 10Y-1Y 期限利差相较加息期间已明显下降。

第二轮：2000 年 5 月 16 日美联储末次加息 3 个月后，美国 10 年期国债收益率下降 60bp。受加息政策和经济衰退预期影响，短端利率下降幅度小于长端利率下降幅度，10Y-1Y 期限利差在末次加息半个月后出现倒挂。

第三轮：2006 年 6 月 29 日美联储末次加息 3 个月后，美国 10 年期国债收益率下降 58bp，10Y–1Y 期限利差出现倒挂，最高倒挂 48bp。

第四轮：2018 年 12 月 19 日美联储末次加息 3 个月后，美国 10 年期国债收益率下降 25bp，10Y–1Y 期限利差呈现下降趋势，部分时点出现利差倒挂（图 7–4）。

图7–4　美债走势（2018.12.19末次加息）

资料来源：WIND，华西证券研究所。

第五节　美元大概率走弱

美联储加息结束后，短期内美元指数下降，而人民币相应走强。

第一轮：1995 年 2 月 1 日美联储末次加息后，美元指数下跌幅度为 8%。

第二轮：2000 年 5 月 16 日美联储末次加息 1 个月后，受互联网泡沫破裂影响，美元指数从 111 下跌到 106，下跌 4.5%，之后随着经济逐渐复苏，美元开始走强。

第三轮：由于市场并未预期到本次是末次加息，当美联储宣布加息后，美元短期走强，之后随着加息停止成为共识，美元开始走弱，末次加息 6 个月后，美元指数下跌 3.4%。受美元走弱和中国净出口增加影响，人民币同期呈现升值态势。

第四轮：2018 年 12 月 19 日美联储末次加息后，美元指数短期小幅走弱，后平稳波动。人民币短期走强，后受中美贸易摩擦影响，人民币逐渐走弱（图 7–5）。

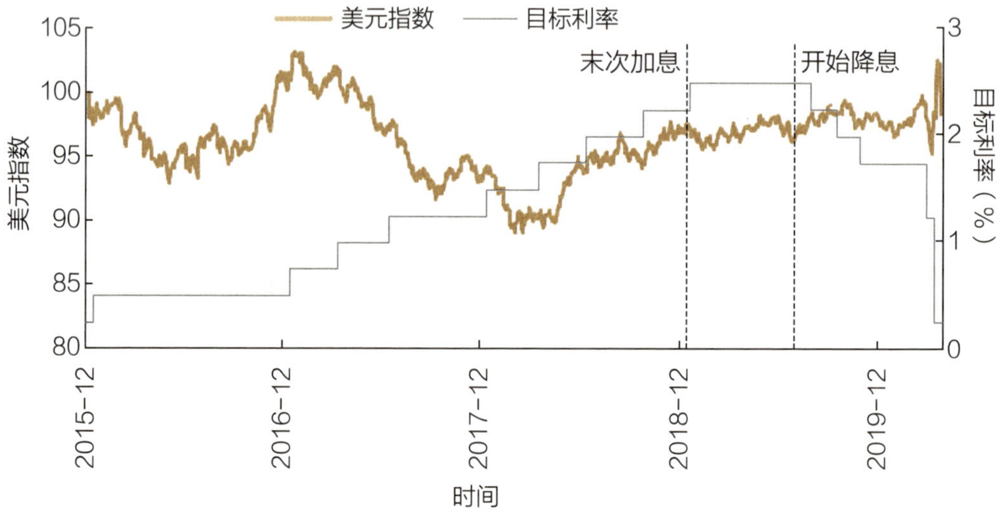

图7–5 美元指数走势（2018.12.19末次加息）

资料来源：WIND，华西证券研究所。

第六节 黄金整体震荡上行

美联储末次加息后，受美元走弱影响，黄金价格整体呈现震荡上升趋势。

第一轮：1995 年 2 月 1 日美联储末次加息后，COMEX 黄金价格震荡上行，3 个月内上涨 3.2%，且走势与美元指数相反。

第二轮：2000 年 5 月 16 日美联储末次加息后，受美元走势影响，COMEX 黄金价格 1 个月内先上行 5.4%，随后开始下跌。

第三轮：2006 年 6 月 29 日美联储末次加息后，COMEX 黄金价格 1 个月内上涨 9.3%，6 个月内上涨 9.8%，走势与美元指数相反。

第四轮：受美元走弱和中美贸易摩擦带来的不确定因素影响，2018 年 12 月 19 日美联储末次加息后，COMEX 黄金价格呈现上涨趋势（图 7-6）。

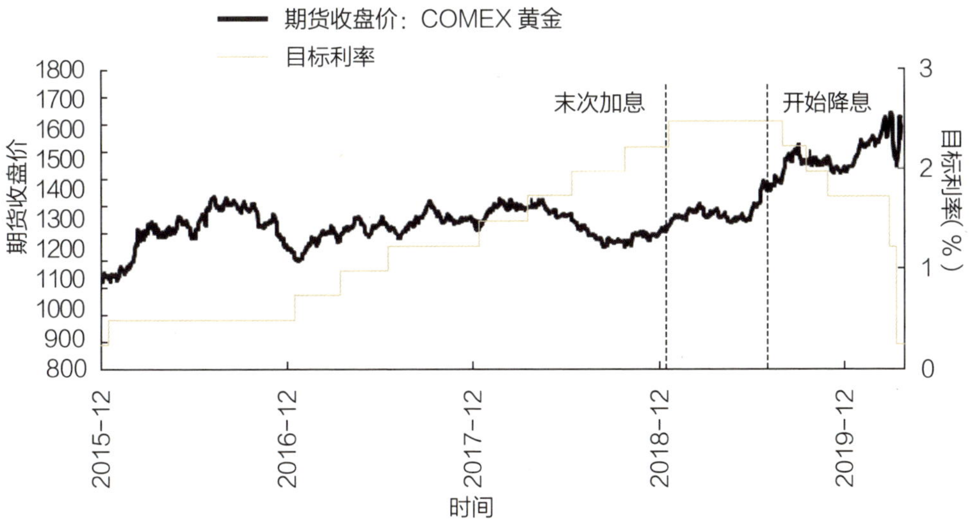

图7-6　黄金走势（2018.12.19末次加息）

资料来源：WIND，华西证券研究所。

第七节　大宗商品表现震荡

美联储末次加息后，不同时期下 LME 铜和布伦特原油价格涨跌不一，以震荡行情为主。大宗商品价格多受经济形势影响，经济繁荣时，企业对大宗商品的需求增加，大宗商品价格上升；反之，价格则下降。

第三轮：2006 年 6 月 29 日美联储末次加息后，LME 铜 1 个月内上涨 10.8%，3 个月内上涨 9.2%，而 6 个月内下跌 9.8%；布伦特原油 1 个月内上涨 2.8%，3 个月内下跌 12.5%，6 个月内下跌 14.8%。

第四轮：2018 年 12 月 19 日美联储末次加息后，LME 铜 1 个月内上涨 0.68%，3 个月内上涨 8%，而 6 个月内下跌 0.7%；布伦特原油 1 个月内上涨 8.9%，3 个月内上涨 18.5%，6 个月内上涨 11.5%（图 7–7）。

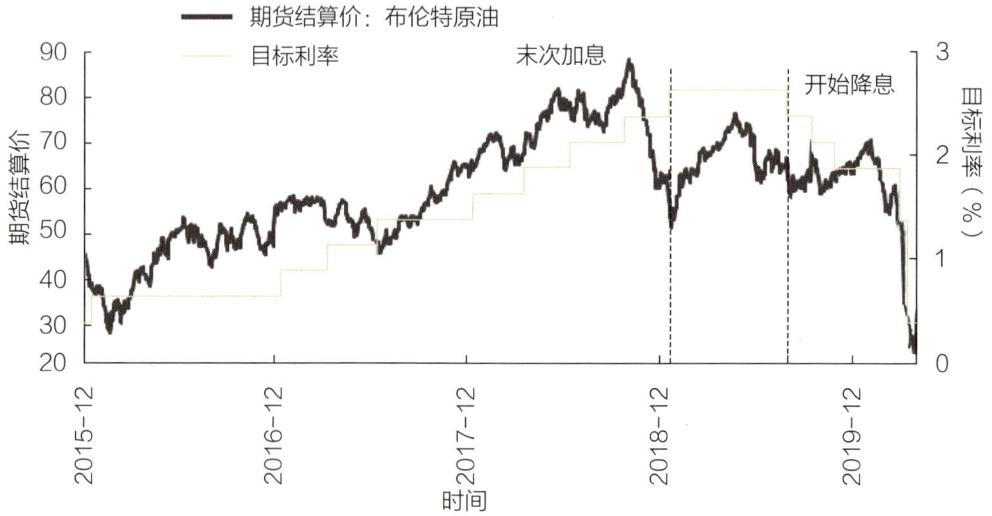

图7–7　布伦特原油价格走势（2018.12.19末次加息）

资料来源：WIND，华西证券研究所。

降息可能要等到 2024 年。鲍威尔在 2023 年 3 月的 FOMC 会议上表示，更紧的信贷条件可以替代加息，这可能意味着在利率政策方面的工作可以减少。但是对于何时降息，鲍威尔表示，与会者认为 2023 年不会降息。

从 2023 年 3 月美联储给的经济预测以及利率中位数来看，美联储 2023 年不会降息，预计降息时点位于 2024 年。从对 2024 年经济的预测来看，美联储认为的降息门槛值分别为 GDP 增速 0.4%、失业率 4.5%、PCE 同比 3.3%、核心 PCE 同比 3.6%。当前数据距离上述门槛仍有不小距离（表 7–2）。

表 7-2　美联储对于美国经济指标的预测

经济指标	预测	2023 年	2024 年	2025 年	长期
GDP	2023 年 3 月预期	0.4	1.2	1.9	1.8
	2022 年 12 月预期	0.5	1.6	1.8	1.8
失业率	2023 年 3 月预期	4.5	4.6	4.6	4.0
	2022 年 12 月预期	4.6	4.6	4.5	4.0
PCE 通胀	2023 年 3 月预期	3.3	2.5	2.1	2.0
	2022 年 12 月预期	3.1	2.5	2.1	2.0
核心 PCE 通胀	2023 年 3 月预期	3.6	2.6	2.1	—
	2022 年 12 月预期	3.5	2.5	2.1	—
利率中位数	2023 年 3 月预期	5.1	4.3	3.1	2.5
	2022 年 12 月预期	5.1	4.1	3.0	2.5

资料来源：WIND，华西证券研究所。

第八节　未来大类资产走势展望

美股：根据历史经验，美联储末次加息后，由于利率压制缓解，实质性衰退还未出现，美股半年内或将回暖，其中纳指弹性可能更高。

美债：根据历史经验，美联储加息末期，美债收益率通常呈现下行趋势，我们预计下半年 10 年期美债收益率或将向 3% 靠拢。

美元：受停止加息预期和美国经济放缓预期影响，美元或将走弱。

黄金：美联储加息末期，美国实际利率回落及美元承压或将助推黄金走强。

大宗商品：美元有所走弱；供需方面，石油输出国组织（OPEC）减产计划以及世界经济复苏或将带动原油、铜、铝等大宗商品价格震荡上行。

第三篇

金融危机中的财富保卫战

第八章 政府对金融危机的干预

第一节 美国政府干预金融危机的思想转变

针对金融危机，美国政府的应对思想经历了两次大转型。

第一次是 1929 年的大萧条，胡佛总统坚持自由主义不干涉政策，这种思想导致危机蔓延，经济社会长期无法回归正轨。1933 年罗斯福总统强势干预经济，推出一系列财政政策和货币政策，应对危机。自此，美国和西方普遍接受了倡导积极有为政府干预的凯恩斯主义。然而 20 世纪 70 年代西方经济的滞胀和 80 年代里根、撒切尔夫人等人的私有化、自由化改革，又将传统的自由市场思想推向新高度。

第二次是 2008 年的次贷危机，危机爆发后，坚守自由市场经济理念的美国政府，慌乱地发现手头几乎没有多少可以用来灭火的“武器”。伯南克、鲍尔森等人在奥巴马政府的支持下，通过多项法案，推出一系列财政政策和货币政策，应对危机。边灭火边建制度的痛苦过程开始了。美联储和财政部积极向国会和政府寻求帮助，为市场注入流动性，挽救房利美房地美，以及贝尔斯登等银行，同时奥巴马政府推出大量财政刺激政策，应对危机。危机后期，美国国会通过了著名的《多德–弗兰克法案》，其成为稳定美国金融业的“定海神针”。该法案建立了一个由财政部部长领导的金融稳定委员会，并设置了消费者金融保护局。该法案要求大多数衍生品必须在公共交易所公开交易，而不是私下交易，提高了对衍生品交易、回购贷款、证券贷款的保证金要求。根据美国达维律师事务所统计，截至 2016 年 7 月 19 日，在《多德–弗兰克法案》要求的 390 条具体监管规则中，已有 274 条（占比 70.3%）监管规则落地，36 条（占比 9.2%）监管规则尚在修订过程中，法案整体已基本落地。

然而，物极必反，对金融业的严格监管，在一定程度上限制了金融业的发展，不符合一些人的利益。2018 年 5 月特朗普正式签署实施《经济增长、放松监管和消费者保护法案》，该法案第 401 条款放松了《多德–弗兰克法案》规定的特定银行控股公司和受美联储监管的非银行金融机构的审慎监管标准，对系统重要性金融机构的认定门槛从合并资产 500 亿美元以上大幅提高至 2500 亿美元以上。2018 年 11 月，美国金融稳定监督委员会宣布取消对美国保险行业巨头保德信金融集团的系统重要性金融机构的认定，至此监管机构解除了对所有非银金融机构的系统重要性监管。

特朗普时期对金融业的监管放松，在一定程度上为今天美国硅谷银行等银行的倒闭和美国金融系统的风险埋下了伏笔。

第二节　美国政府干预金融危机的两大策略

面对来势汹汹的金融危机，美国政府的基本应对思路主要有两个：提早介入，重拳出击。

提早介入：只要判断危机有蔓延的趋势，美国政府就提早介入。如美国硅谷银行 2023 年 3 月 9 日出现挤兑风险，股票暴跌。3 月 10 日，美国加利福尼亚州金融保护和创新部（DFPI）宣布接管了硅谷银行，并控制了银行存款。同日，美国财政部部长耶伦率先出面，首次就硅谷银行事件表态，称美国银行系统“坚韧”，并表示正与鲍威尔和 FDIC 主席马丁 · 格伦伯格连夜开会讨论围绕硅谷银行的事态发展采取措施确保硅谷银行问题不会传导到其他银行。3 月 11 日，FDIC 便启动了对硅谷银行的拍卖程序。可见，美国政府对应对金融危机的反应之迅速，实属高效。

重拳出击：通过 2008 年次贷危机，美国政府发现以前那种应对危机缓慢出招的方式只能延缓痛苦。所以，次贷危机以后的美国政府，应对金融危机奉行重拳出击，如 2008 年秋天美联储将联邦基准利率降至 0，并维持了 7 年之久；再如 2020 年 3 月，美联储直接将利率降至 0，并推出无限量化宽松政策。重拳出击传递的市场信号非常明确：能极大地稳定市场的恐慌情绪。

第三节　美国政府干预金融危机的两大手段

对付危机，无论是金融危机还是实体经济危机，政府都需要金融措施和刺激经济的措施双管齐下，单纯的救经济或者救金融，都无法有效扭转危机。

美国已经形成成熟的应对金融危机的体系和手段。主要手段就是货币政策和财政政策通力合作，共同应对危机。危机来临，美联储和财政部往往能联手合作：美联储会迅速向市场注入流动性，挽救即将倒闭的银行和金融机构，迅速降低利率；美国财政部往往会推出减税、增加政府支出、直接发放补贴等措施，推出经济复兴法案。

2020 年 3 月，美联储开启资产负债表扩张计划。在整个疫情期间，美联储资产负债表从 4 万多亿美元扩张到近 9 万亿美元，美联储向市场注入 5 万亿美元的流动性，将货币政策发挥到了极致。2008 年美国政府推出 1500 亿美元减税计划，8000 亿美元经济复苏法案。虽然危机爆发后税收会减少，财政赤字会增大，但只要长期经济预算没遭到破坏，通过短期的赤字来刺激经济增长，方案是可行的。

第四节　金融危机下的干预手段分析

美国应对金融危机的政府干预政策简单举例如下（表 8–1、表8–2）。

表 8–1　新冠疫情期间美国政府采取的财政干预政策

日期	干预政策
2020 年 3 月 3 日	降息 50 个基点，将联邦基金目标利率范围降至 1%~1.25%
2020 年 3 月 15 日	降息 100 个基点，将联邦基金目标利率范围降至 0%~0.25%，宣布未来几个月增加至少 5000 亿美元国库券购买，增加至少 2000 亿美元机构抵押贷款支持证券
2020 年 3 月 23 日	美联储宣布将无限量购买国债和抵押贷款支持证券
2020 年 4 月 9 日	美联储推出 2.3 万亿美元信贷计划，为中小企业、地方政府和消费者提供贷款支持

资料来源：美联储，华西证券研究所。

表 8–2　1933 年美国政府干预政策分析

日期	干预政策
1929 年	1929 年胡佛签署了《农产品销售法》，成立联邦农业局，发放 5 亿美元周转金贷款用于控制产能过剩、稳定价格，最终以联邦农业局资金不足而告终
1930 年 2 月	成立了谷类稳定公司，试图通过收购过剩粮食来抑制价格下跌
1930 年 6 月 17 日	胡佛政府签署《斯姆特 – 霍利关税法案》，导致各国施加报复性关税，国际贸易崩溃
1930 年	胡佛政府组织设立了紧急就业委员会，呼吁各私人机构和地方政府根据自愿原则实施救助

续表

日期	干预政策
1930 年年末	胡佛政府降低联邦储备银行贴现率
1931 年 6 月	胡佛政府建议停止支付所有国际债务 1 年，签署《霍莱 - 斯姆特法案》提高关税，降低企业及个人所得税
1931年年末	胡佛政府召集各知名银行家商议建立 5 亿美元的经济信贷备用金，建立复兴金融公司，为银行、铁路、保险公司提供贷款
1932 年	胡佛政府为平衡预算，重新提高税收
1933 年 3 月 9 日	通过《紧急银行法案》，允许政府关闭破产银行并重组银行系统。这有助于恢复对银行体系的信心，并防止了一波银行倒闭
1933 年 5 月 12 日	罗斯福政府通过了《农业调整法》，旨在通过减少农产品盈余来提高农产品价格。政府购买家畜进行屠宰，并向农民支付补贴，使农民减少种植农作物。美国农业部根据农业调整法设立了农业调整管理局，负责监督补贴的分发
1933 年 5 月 27 日	通过《1933 证券法》，为应对 1929 年股市崩盘而通过，旨在提高证券市场的透明度和问责制。该法案要求公司向投资者提供有关其业务和财务状况的信息
1933 年 6 月 16 日	罗斯福政府制定了《全国工业复兴法》授权成立公共工程管理局，以规划全国公共工程建设，以此降低失业率，提高购买力。国家复兴管理局（NRA）亦依此成立，负责指导订立行业公平竞争法规
1933 年 6 月 16 日	通过了 1933 年银行法《格拉斯 - 斯蒂格尔法案》，设立了美国联邦存款保险公司，对 5000 美元以下的存款担保，鼓励存款，防止挤兑。为解决货币荒，罗斯福委托美联储根据银行资产发行货币，授权复兴金融公司为银行提供资金款。为刺激出口，放弃金本位制，使货币与黄金脱钩，使美元贬值
1933 年 5 月	国会通过了《联邦紧急救济法》，成立了联邦紧急救济署，直接将各救济款项和物品拨向各州，并鼓励各地方政府拨款救助。次年又将救济重点转向“以工代赈”，为被救助对象提供就业机会，间接提供救助的同时，也发展了公共事业。罗斯福敦促国会设立了民间资源保护队，招收 18~25 岁青年人，从事植树造林、防止水患、水土保持、道路建筑和辟森林防火线等工程建设
1934 年 1 月 30 日	通过黄金储备法案，设立汇率稳定基金
1934 年 6 月 12 日	通过《互惠税则法》，旨在降低关税和促进国际贸易
1935 年	设立公共事业振兴署，雇用数百万人进行公共工程项目，包括道路、学校和机场的建设
1935 年 8 月 14 日	通过《社会保障法》，并创建了一个社会保险计划，为工人提供退休福利。这是新政时代通过的最重要的立法之一，对美国社会产生了持久的影响

续表

日期	干预政策
1938 年 6 月 25 日	通过《公平劳动标准法》，确立了联邦最低工资、加班费和童工标准。这是旨在改善工作条件和保护工人权利的新政立法的另一项重要内容

资料来源：美联储，华西证券研究所。

第五节　2020 年美国刺激政策所产生的副作用

通货膨胀高企：美国政府的一系列刺激政策使得美国通胀率从 2020 年 5 月的 0.1% 攀升到 2022 年 6 月的 9.1%，短期上升幅度可谓不小（图 8-1）。

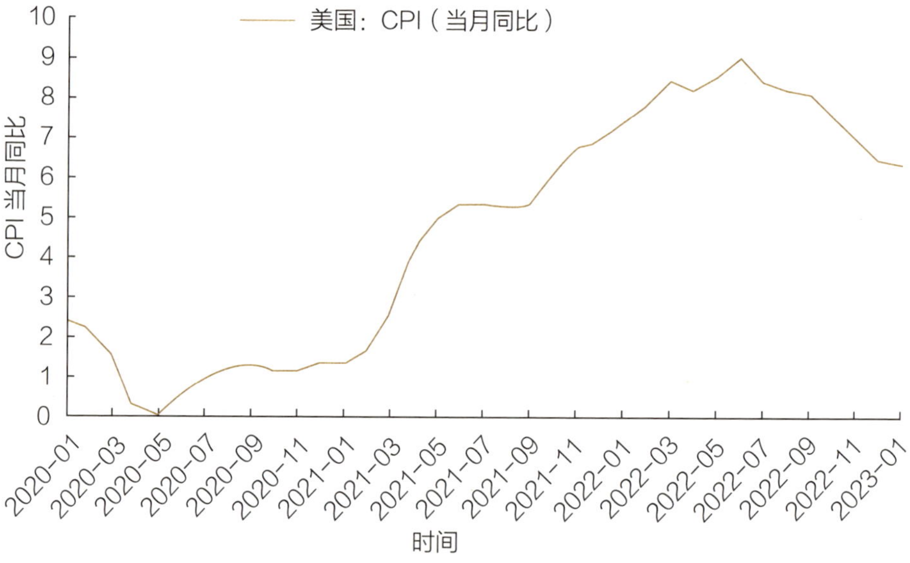

图8-1　美国通胀率大幅上升

资料来源：WIND，华西证券研究所。

财政赤字率攀升：美国政府财政赤字率从 2019 年的 4.65% 上升到 2020 年的 14.95%。与此同时，美国政府赤字规模从 2019 年的 9836 亿美元上升到

2020 年的 31 324 亿美元，上升幅度高达 218%（图 8-2）。

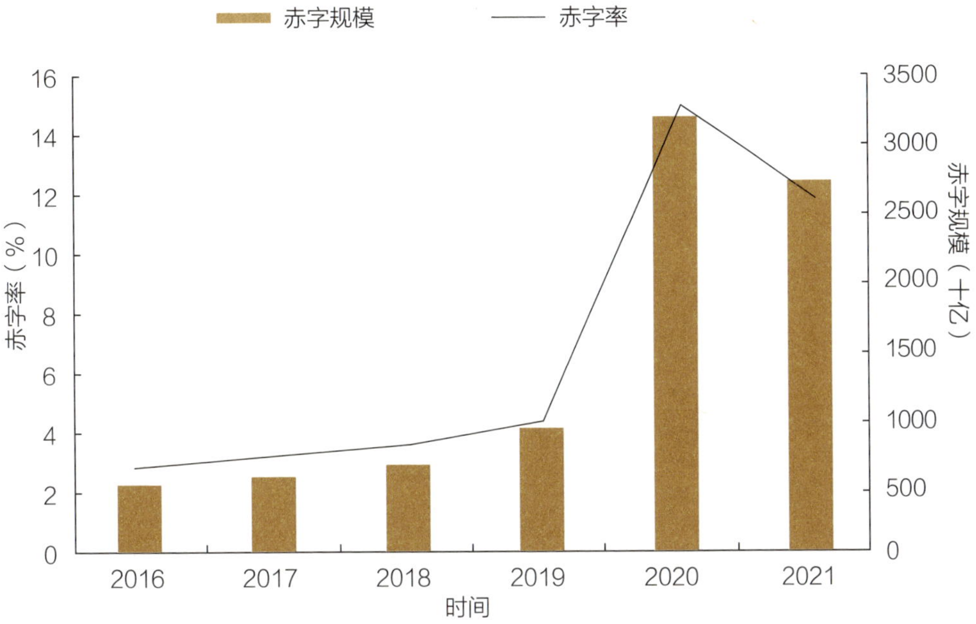

图8-2　美国政府财政赤字大幅攀升

资料来源：WIND，华西证券研究所。

美联储资产负债表膨胀：美联储总资产从 2020 年 1 月的 41 736 亿美元迅速上升到 2022 年 6 月的 89 136 亿美元，上升幅度达 113.6%；美联储持有的国债规模从 2020 年 1 月的 23 477 亿美元上升到 2022 年 6 月的 57 639 亿美元，上升幅度达 145.5%；美联储持有的抵押贷款支持证券从 2020 年 1 月的 14 087 亿美元上升到 2022 年 6 月的 27 288 亿美元，上升幅度达 93.7%（图8-3）。

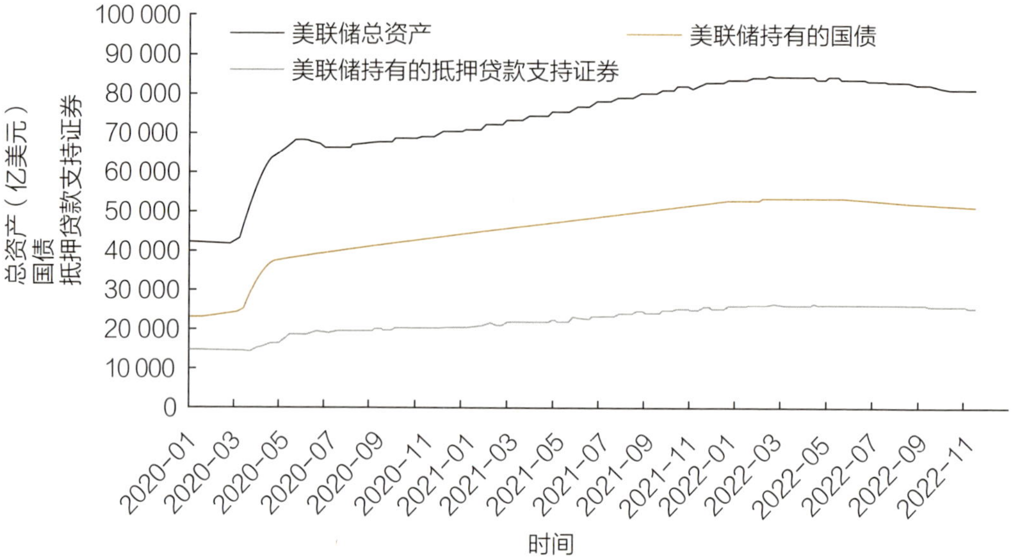

图8-3 美联储资产负债表迅速膨胀

资料来源：WIND，华西证券研究所。

第九章 危机不同阶段的大类资产走势

受内外部因素冲击，金融危机会在某个时间点集中爆发。我们从金融危机与政府干预政策的角度，将金融危机划分为危机爆发初期、政府干预期、政府政策退出期三阶段，详细分析在每个阶段各种大类资产的表现，从而得出在每个阶段个人如何捍卫财富果实不受危机侵蚀，甚至能抓住危机的机遇实现财富增长的方法。毕竟，危中有机。

下面我们详细分析每大类资产在危机不同阶段的表现和走势，来为或许会即将到来的下一次金融危机提供数据参考。

第一节 危机不同阶段的股市走势

回顾历次危机，危机初期的股市成为最先反映危机恐慌情绪的指向标，因为股市的流动性高，各种信息交互融合，股市波动成为反映经济走向的先行指标。然而，随着政府强力救市，股市会呈现大幅度反弹。在后期随着政府干预政策的副作用的显现和政府救市政策的陆续退出，股市也呈现出冲高回落的走势。

2020 年 3 月，受新冠疫情影响，美国金融市场风声鹤唳，迅速出现显著的流动性危机。在疫情冲击下，全球经济面临衰退。从供给端看，企业面临经营受阻、停工停产、产业链断裂。从需求端看，受疫情防控影响，需求大幅下挫。经济停摆使得企业短期流动性需求增加，在信贷受阻情况下，企业抛售股票、债券、黄金获取资金，从而使得资产价格普遍下跌。股票、债券、黄金等资产的大幅下跌，市场恐慌性追逐流动性，美元指数快速上涨，流动性危机爆发。

2020年3月的美国股市，开启了暴跌模式。3月9日、12日、16日、18日，美股四次熔断，创历史纪录。标准普尔500指数从2020年2月19日的3386点迅速下跌到3月23日的2237点，下降幅度为34%；道琼斯工业平均指数从2020年2月12日的29 551点迅速下跌到3月23日的18 592点，下降幅度为37%。

2020年3月15日，美联储开始干预危机，降息100个基点，将联邦基金目标利率范围降至0~0.25%；3月23日，美联储宣布未来几个月增加至少5000亿美元国库券购买，增持至少2000亿美元机构抵押贷款支持证券。在美联储采取刺激措施之后，股市开始逐渐回升。标准普尔500指数从2020年3月23日的2237点上升到2021年年底的4793点，上升幅度高达114%；道琼斯工业平均指数从2020年3月23日的18 592点逐渐上升到2021年年底的36 488点，上升幅度为96%。

危机后期，随着美国政府刺激政策的退出，美股呈现震荡走低趋势。受益于经济复苏和企业盈利增长的支撑，股市在2021年和2022年的前半段表现不俗，但受美联储加速加息的影响，2022年下半年美股总体呈现下降趋势（图9–1）。

再来看2007年美国次贷危机爆发初期的美股走势。虽然时势都不同，但上演的都是类似的趋势和场景。在2004—2006年两年时间里，美联储连续

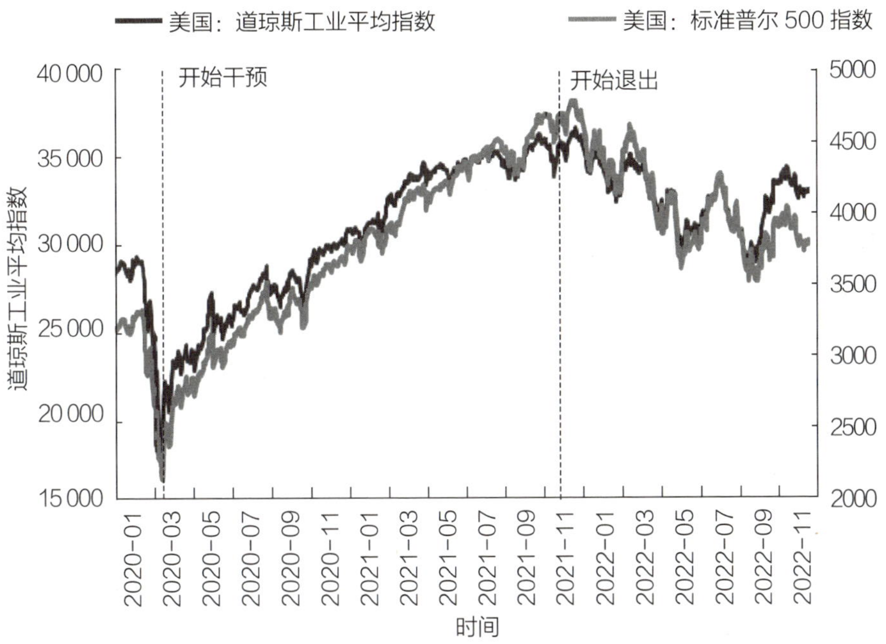

图9-1　2020—2022年美股走势

资料来源：WIND，华西证券研究所。

17 次加息，将联邦基金利率从 1% 提升至 5.25%。伴随着利率大幅攀升、购房者还贷负担加大，以及美国住房市场降温导致住房价格下跌，购房者无法将房屋出售或通过抵押获得融资。许多抵押市场的借款人无法按期偿还借款，导致次级抵押贷款市场危机开始愈演愈烈，次级抵押贷款机构破产、投资基金被迫关闭、股市剧烈震荡等。

2007 年 8 月危机大爆发后，美联储于同年 9 月果断采取措施，降息 50 个基点。而在美联储采取措施之前，美股仍然保持上升趋势，并未出现大暴跌现象。美股于 2007 年 10 月达到高点后迅速下跌，截至 2008 年年底，道琼斯工业平均指数下跌 47%，标准普尔指数下跌 52%。但随着美联储和美国财政部政策的强势推出，美股在 2009 年上半年就实现了触底反弹，逐渐回暖，慢牛行情出现。

在美国政府强势救市政策退出后，股市也呈现出了冲高回落的走势。虽然美联储从2014年1月开始退出QE，并于2015年年底开始加息，美股虽出现短期震荡，但长期上涨趋势依然明显。自2009年3月市场触底以来，美国股市开始了一段长达11年的牛市，标准普尔500指数在此期间上涨了近400%，这主要源于美国经济的强劲复苏（图9–2）。

回首1997年亚洲金融危机，国际投资者在泰国大量借入泰铢，并抛售换取美元，对固定汇率制度展开大肆攻击。泰国外汇储备大幅下降，泰国央行无力干预，于1997年7月2日宣布放弃固定汇率，泰铢7个月内大幅贬值52%，这引爆了金融危机，并将其传导至马来西亚、印度尼西亚、韩国等多个国家。通过图9–3、图9–4我们可以发现，危机暴发初期，东南亚各国股市都存在持续性暴跌。

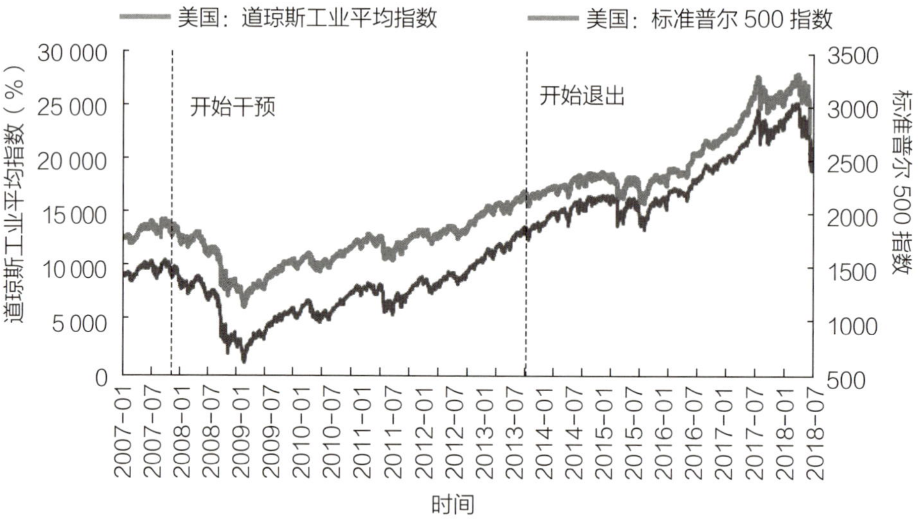

图9–2　2008年次贷危机期间美股走势

资料来源：WIND，华西证券研究所。

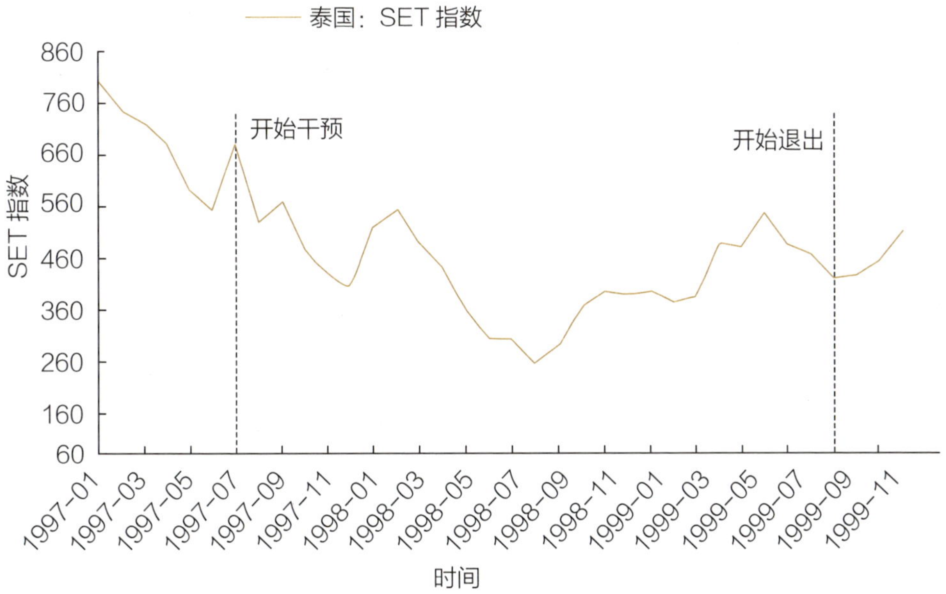

图9-3　1997年亚洲金融危机期间泰国股票指数走势

资料来源：WIND，华西证券研究所。

图9-4　1997年亚洲金融危机期间马来西亚股票指数走势

资料来源：WIND，华西证券研究所。

东南亚股市在 1997 年 7 月泰铢暴跌前就已经普遍表现出颓势，泰国和马来西亚股市甚至在 1997 年年初便已开启下跌。可见，在亚洲金融危机前期，股市是危机的先行指标。在泰铢暴跌的半年前，泰国股市已经下跌了超过 40%。马来西亚股市也在危机爆发半年前就开始呈现下跌趋势，危机爆发时，股市也已跌了超过 40%。

东南亚各国政府强势救市后，股市仍然走势低迷，但呈现出了不断筑底反弹的趋势。泰国 SET 指数从 1997 年 1 月的 788 点下降到 1998 年 8 月的 215 点，下降幅度高达 73%；马来西亚富时指数从 1997 年 1 月的 1216 点下降到 1998 年 8 月的 303 点，下降幅度高达 75%。类似地，印度尼西亚和韩国股票指数下跌幅度均超 50%。

随着危机国逐渐走出危机，经济逐渐复苏，股票指数也逐渐上升。

最后，我们看 1929 年美国大萧条初期的美股走势。1922 年至 1929 年，是美国历史上繁荣的七年，这种繁荣也过度地表现在股价上。股票的价格远远高于其内在价值，1929 年大多数股票的市盈率在 20%~30% 之间，有些股票市盈率甚至达到 50%。另外，缺乏监管的大量投资导致了生产能力的相对过剩。过大的生产能力和预期销售不断拉开距离，最终导致了 1929 年经济的大萧条。

通过分析大萧条期间美股走势我们可以发现，在 1929 年危机爆发的初期，美股出现第一波暴跌，但由于 1929—1932 年政府的不干预政策，股市持续走低，由此至 1932 年 7 月 8 日长达近 3 年的熊市之路被开启。从 381.17 下跌至 41.22，下跌幅度达到 78.9%，股市总市值的五分之四几乎被跌没了。在实施一系列刺激政策后，美国经济开始复苏，美国股市也随之回暖（图 9-5）。

图9-5　1929年大萧条期间美股走势

资料来源：WIND，华西证券研究所。

一个有趣的现象是，2008 年次贷危机时期，美国政府 2008 年 9 月接管房利美、房地美，这被视为救市的核心举措，但直至 2009 年 3 月 6 日，美股道琼斯指数触底 6469 点，才开启反弹之路，并用两年多时间才达到前期高点附近。核心救市政策推出到股市触底反弹大约有半年时间的滞后期。不过 2020 年的场景则大为不同：2020 年 3 月 3 日美联储开始降息，3 月 6 日美国政府拨款 83 亿美元用于抗击疫情，3 月 23 日美股道琼斯指数跌至谷底的 18 213 点，随后开启反弹行情，从救市政策推出到触底反弹仅用了不到 1 个月，并仅用半年时间，于 9 月 2 日就已达到前期高点。可见，随着现代政府救市政策的重拳出击，美股触底反弹的响应时间越来越短，延后核心刺激政策 1 个月左右，并能在半年左右追高前期高点。

因此，我们得出的结论如下。

第一，股市是危机的先行指标，在危机爆发初期甚至危机爆发前期，股市就开始陷入低迷和下跌。

第二，危机爆发后，在政府政策干预前，股市会陷入大跌状态。

第三，金融危机爆发后，在政府推出强有力的货币政策和财政政策后，股市会逐渐触底回升。

第四，随着政府救市政策的陆续退出，经济好转，股市也会呈现冲高回落走势。

第二节　危机不同阶段的债券市场走势

债券市场是一个高度受流动性影响的市场，在危机初期流动性危机显现的时候，短期内恐慌性抛售债券会出现，这将会导致债券价格下跌，债券市场收益率暴涨。在政府推出核心干预政策后，长端和短端国债收益率均迅速下降，之后保持低位波动。最后随着刺激政策的陆续退出，国债收益率也呈现出震荡走低的趋势。

如图 9–6 所示，2020 年 3 月，美国投资者抛售国债，10 年期国债收益率迅速上升，10 天内上升 0.64 个百分点。在美国政府 2020 年 3 月 23 日推出核心干预政策后，长端和短端国债收益率均迅速下降，之后保持低位波动。受零利率政策影响，3 月期国债收益率在 2020 年 3 月至 2021 年年底维持在 0.01%~0.08%。受美国政府大规模财政赤字政策影响，10 年期国债收益率同期略有上升，但仍低于 2%。在 2021 年年底刺激政策陆续退出后，美国国债呈现出冲高回落的走势。

但 2008 年次贷危机的国债场景稍有不同。通过图 9–7 我们发现，次贷危机爆发后，美国 10 年期和 3 月期国债收益率均呈现震荡下行走势。主要原因是美国国债当时充当了避险工具。作为避险资产，其需求上升，国债价格必然上涨，收益率下降。2008 年下半年美国政府强势干预后，随着美联储量化

图9-6 疫情期间美国国债收益率走势

资料来源：WIND，华西证券研究所。

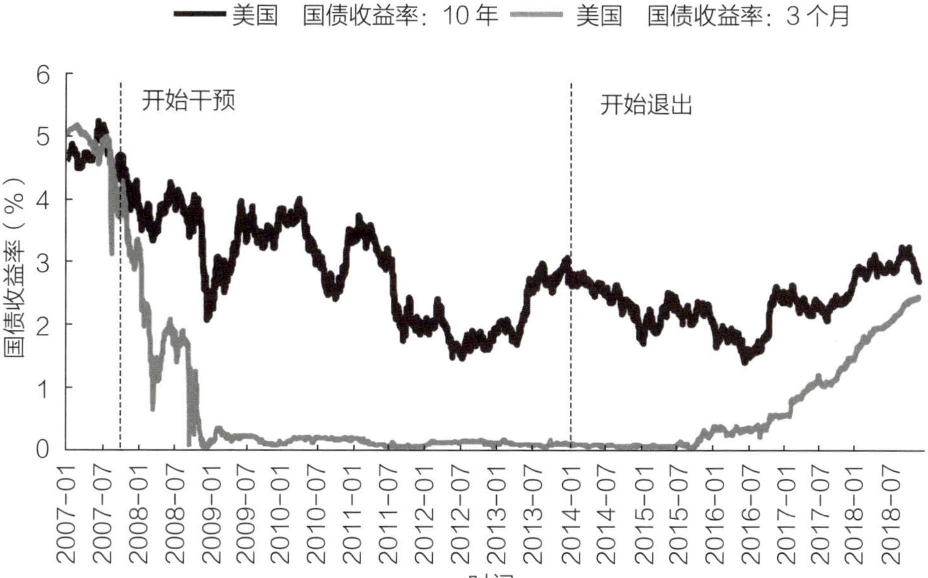

图9-7 2008年次贷危机期间国债收益率走势

资料来源：WIND，华西证券研究所。

宽松政策开启，联邦基金利率一路下行，于 2018 年年底跌至 0 附近。受此影响，3 月期国债收益率相应下行，并维持在 0 利率附近，10 年期国债收益率也呈现震荡下行趋势。在 2014 年美国政府退出 QE 刺激政策后，美国国债收益率呈现出震荡下行的走势。

再来看 1997 年亚洲金融危机爆发初期的国债收益率，我们以马来西亚 10 年期国债收益率为例。危机爆发后，恐慌情绪迅速蔓延，加之资本外流，马来西亚国债收益率迅速攀升，从 1997 年 8 月的 6.7% 上升到 11 月的 7.9%。马来西亚政府强力干预危机后，国债收益率先小幅下降，但随即又开始上升，一直持续到 1998 年 7 月。随着 1998 年 9 月马来西亚宣布实施资本管制政策及固定汇率制度，将林吉特与美元挂钩，10 年期国债收益率迅速下降，至 1998 年 11 月其已恢复至危机前水平。在 1999 年政府退出刺激政策后，国债收益率触底反弹（图 9–8）。

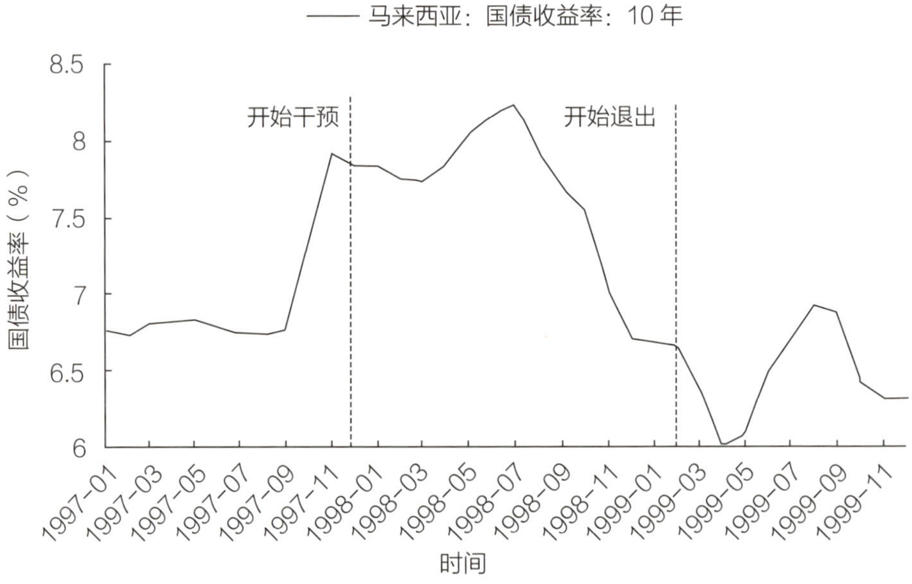

图9–8　1997年亚洲金融危机期间马来西亚10年期国债收益率走势

资料来源：WIND，华西证券研究所。

最后我们看看 1929 年大萧条初期，美国国债作为避险资产受到追捧，其收益率也一路下跌。但随着财政赤字率的上升，美国国债收益率出现短暂上升，随后又开始下跌，到 1932 年年底，美国 3 个月期国债收益率已逼近 0。此时，经济陷入流动性陷阱，货币政策失效。在罗斯福新政后，国债收益率有短暂回升，但随后仍然在 0 附近徘徊（图 9-9）。

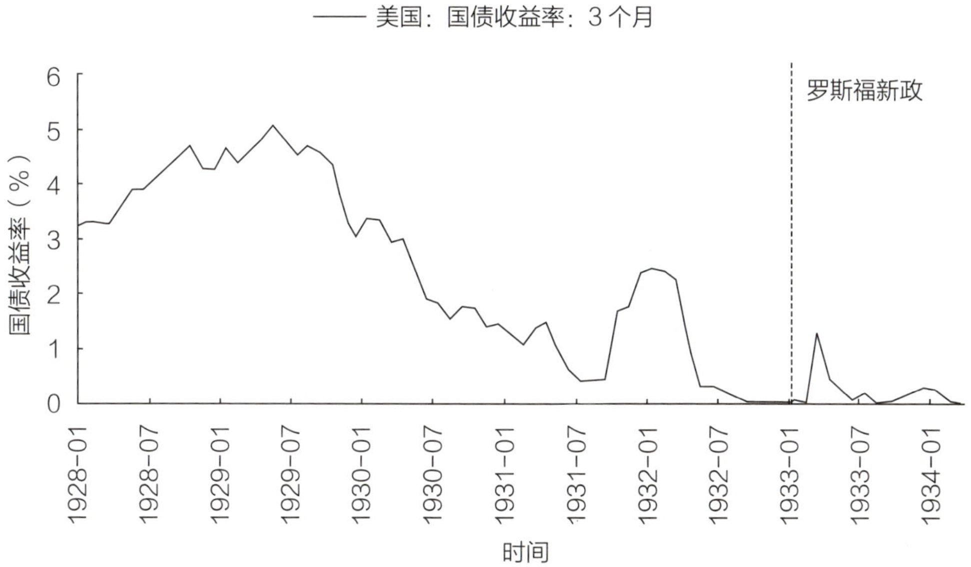

图9-9　1929年大萧条期间美国国债收益率走势

资料来源：WIND，华西证券研究所。

因此，我们得出如下结论。

第一，危机初期受流动性影响，债券价格下跌，债券收益率上升。

第二，在政府干预危机后，本国国债会出现债券价格下跌，收益率上升的问题。国债代表投资者对一国信用的认可度，如果国家爆发大的金融危机，投资者会认为该国信用出现问题，债券本息可能无法得到偿付。这会导致债券抛售潮的出现，继而债券价格下跌，收益率提升。在亚洲金融危机过程中，东南亚各国大多经历了 1 年以上的时间，国债收益率才陆续回到危机前的水平。

第三，美债有一定特殊性，如果危机爆发在别国，美债由于其信用良好，往往会成为避险工具，即使危机国推出了危机挽救措施，美债也依然是资金避险的港湾。之后，美债会出现价格上涨，收益率下降的走势。如果危机爆发在美国，美联储应对危机的标准动作往往就是快速降息，注入流动性，这会导致美债价格上涨，收益率会走低。

第三节　危机不同阶段的美元和危机国货币表现

按照基本经济学原理，美元走势与美联储利率政策有直接线性相关关系。美联储降息，货币宽松，流动性充裕，美元走弱；美联储加息，全球美元回流美国，美元指数走强。

通过分析半个多世纪以来美元指数走势，我们可以发现，从石油危机开始，历经 1987 年股灾、海湾战争、英镑危机、2008 年次贷危机，新冠疫情、俄乌冲突等，在危机到来前美元一般呈现走弱趋势，美联储为应对危机开启强势干预措施后，美元会迎来走强行情（图 9–10）。

在 2008 年次贷危机后，美联储开始扩表向市场注入大量流动性，特别是 2020 年，美联储将利率降至 0，将资产负债表从 4 万多亿美元扩张到接近 9 万亿美元，但美元却呈现继续走强的走势。这一违背经济学常理的解释是：在全球遇到危机的时刻，即使美联储降息、印钞、大放水，美元也仍然是全球各国投资者争相投资的最佳避险品种之一。特别是俄乌冲突，促使全球资本回流美国，美元指数走强。外面越是战火纷飞，美国越是良好的避险和投资之地。

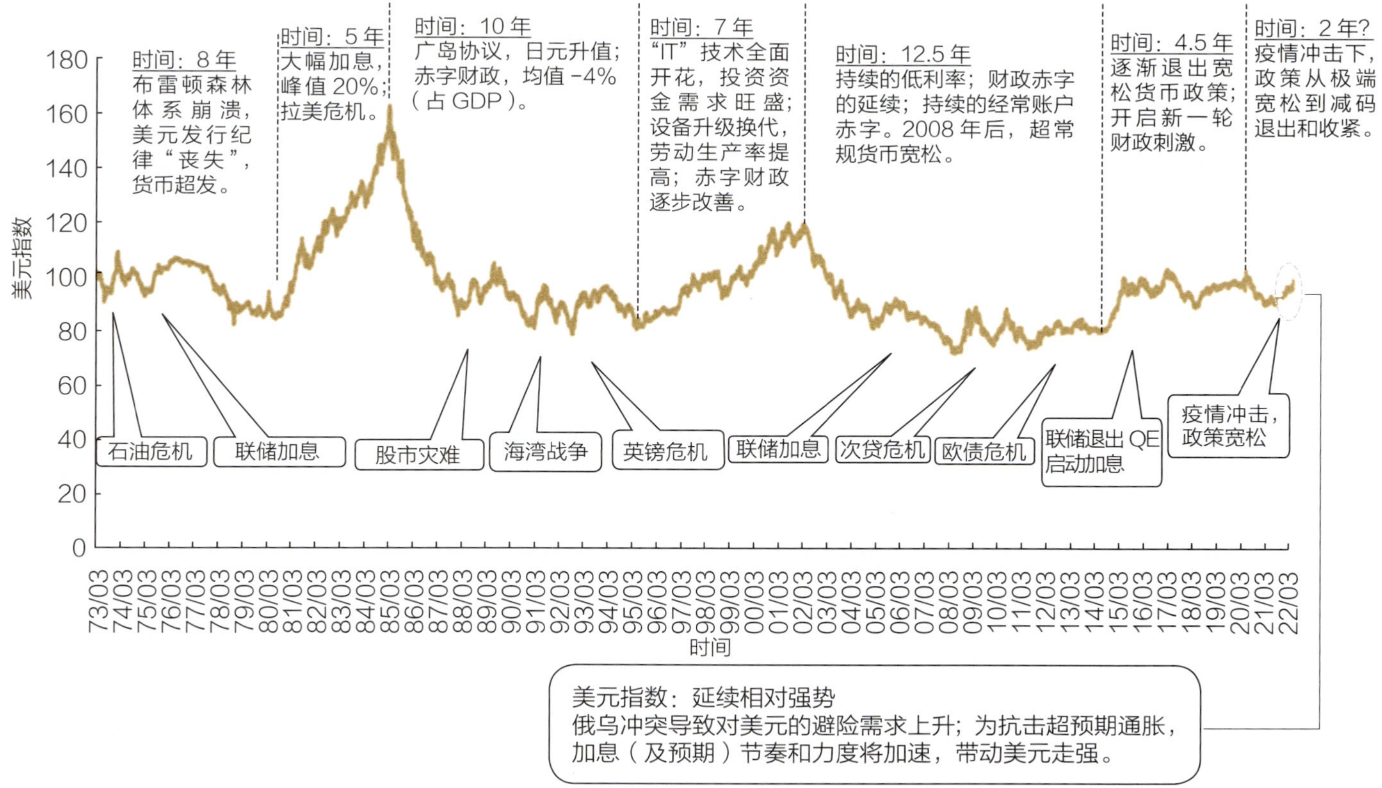
美元指数
时间
时间：8年
布雷顿森林体系崩溃，美元发行纪律“丧失”，货币超发。
时间：5年
大幅加息，峰值20%；拉美危机。
时间：10年
广岛协议，日元升值；赤字财政，均值-4%（占GDP）。
时间：7年
“IT”技术全面开花，投资资金需求旺盛；设备升级换代，劳动生产率提高；赤字财政逐步改善。
时间：12.5年
持续的低利率；财政赤字的延续；持续的经常账户赤字。2008年后，超常规货币宽松。
时间：4.5年
逐渐退出宽松货币政策；开启新一轮财政刺激。
时间：2年?
疫情冲击下，政策从极端宽松到减码退出和收紧。
石油危机
联储加息
股市灾难
海湾战争
英镑危机
联储加息
次贷危机
欧债危机
联储退出QE 启动加息
疫情冲击，政策宽松
美元指数：延续相对强势
俄乌冲突导致对美元的避险需求上升；为抗击超预期通胀，加息（及预期）节奏和力度将加速，带动美元走强。

图9-10　美元指数走势图

资料来源：WIND，华西证券研究所。

虽然美元在危机中有走强的趋势，但在危机的不同阶段走势也不尽相同。我们以新冠疫情为例来分析一下。新型冠状病毒在全球传播，导致世界各地人心惶惶，此时，美元作为避险品种的优势得到展现。在危机爆发初期美元逐渐走强。美元是全球最大的结算货币，也是全球流通性最好的货币。因为有美国政府强大的信用背书，美国强大的经济、科技、军事实力做支撑，所以美元在危机爆发初期往往成为避险资产，投资者倾向于将资金转换成美元资产，美元需求上升，美元升值。

分析图 9-11 中的美元指数走势，我们可发现，在 2020 年 3 月后，美元指数出现了强劲的拉升，从 95 直接拉升至 103。在市场恐慌时刻，各路资金从各类资产中撤出，纷纷涌入美元和美国国债。

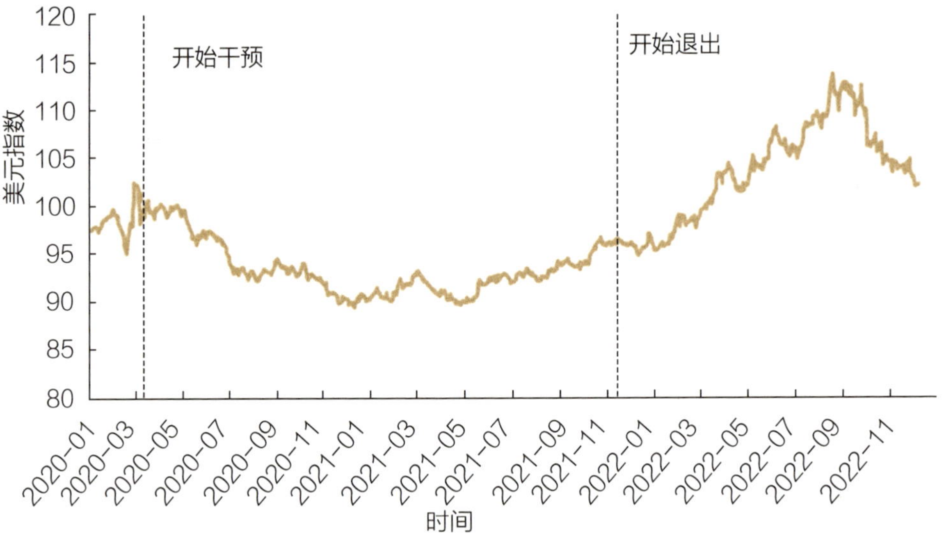

图 9-11　疫情期间美元指数走势

资料来源：WIND，华西证券研究所。

2020 年 3 月美联储强势干预危机后，受美联储宽松货币政策影响，美元供给增多，市场流动性增强，美元逐渐走弱。美联储将利率降至 0，开始无限量化宽松，美国政府开始给国民直接发钱，这些举措导致美元在一段时间内偏弱，直至 2021 年 11 月，美联储开始缩减量化宽松政策规模。

然而，在危机爆发初期，除美元以外的其他货币，往往出现贬值压力。这一点在 1997 年亚洲金融危机中体现得尤为明显。1997 年 7 月 2 日，泰国当局在与国际炒家对抗数月后宣布放弃盯住美元的固定汇率制度，并从当日起实行有管理的浮动汇率制，当日泰铢急速贬值，泰铢兑美元汇率跌 23%。危机自此开始，东南亚各国货币随后均有所贬值。

如果危机不是发生在美国，而是其他国家，如 1997 年亚洲金融危机，那么危机国的货币将面临一种灾难。亚洲金融危机爆发后，东南亚各国强势干预危机，在两个月后，马来西亚、印度尼西亚纷纷放弃固定汇率制度并开启货币竞争性贬值，1997 年 7—8 月，泰国泰铢、印度尼西亚卢比、马来西亚林吉特对美元的汇率分别下跌 41%、21% 和 16%。货币危机蔓延至东亚地区，1997 年 11 月，韩国宣布放弃固定汇率制度，韩元兑美元汇率下跌约 90%（图 9-12、图 9-13）。

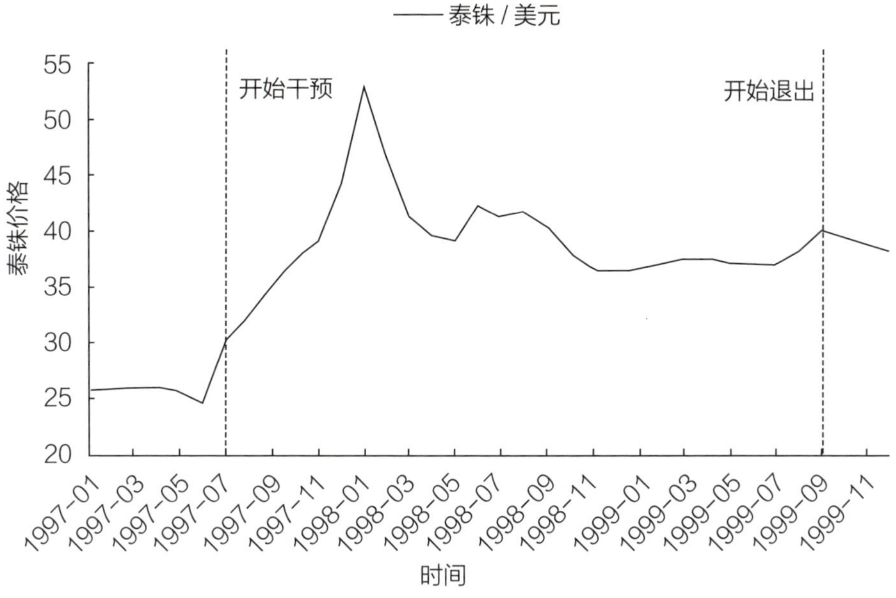

图 9-12　1997 年亚洲危机期间泰铢价格走势

图 9-13　1997 年亚洲危机期间马来西亚林吉特价格走势

资料来源：WIND，华西证券研究所。

由此，我们可以得出以下结论。

第一，危机爆发后，各国货币均承压，存在较大贬值压力。但由于美元是世界货币，具有一定的避险功能，所以美元需求上升，美元指数上涨。

第二，为应对危机，美联储一般会大幅度降息，实施扩表，向市场注入流动性，这一系列举措会使美元短期内走弱。但全球性危机来临时，即使美元大扩张，其也是各国投资者争相购买的避险品种，短期的走弱并不会维持多久。

第三，如果危机爆发在他国，危机国政府强烈干预危机后，该国货币依然延续危机初期的走势，会呈现持续走低的趋势。这是因为危机会动摇外国投资者对该国经济的信心，大量外资可能会兑换为美元撤走。该国投资者也有兑换美元避险的诉求，导致本国美元紧缺，本币持续贬值。

第四节　危机不同阶段的房地产市场

在世界各地，房地产市场都是关系千家万户的最重要的市场。房地产市场兼具居住属性和投资属性，房地产上下游产业链较长，涉及国民经济的诸多领域。因此，房地产市场是导致金融危机爆发的重要因素之一。金融危机的爆发也会导致房地产市场巨大的衰退和萧条。

我们首先来分析2020年年初美国房地产市场的表现。如图9-14所示，2020年年初受疫情管制措施影响，房屋销售量迅速萎缩，房屋价格并未受到强烈负面冲击。2020年，美联储推出无限量化宽松政策，向市场注入天量货币，低利率的大量货币涌向美国股市和房地产市场，持续推高了美国房价。即使2021年美国陆续退出刺激政策，美国房价也依然呈现出冲高震荡走势。

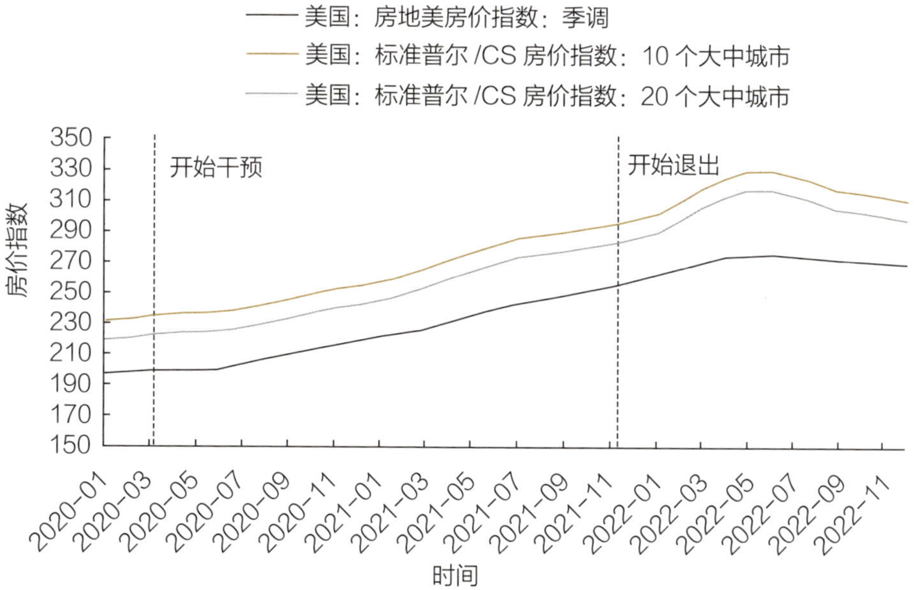

图9-14　疫情期间美国房价走势

资料来源：WIND，华西证券研究所。

2008年的次贷危机有其特殊性，因为这本身就是一场由于房地产过度繁荣，金融产品过度创新导致的金融危机，所以无论是危机初期还是危机中后期，美国房地产市场均遭受重创。在危机爆发前，房价经历了几年持续上涨的走势，早已透支了未来的价值。图9-15可以清晰地反映危机时期的房价指数走势。

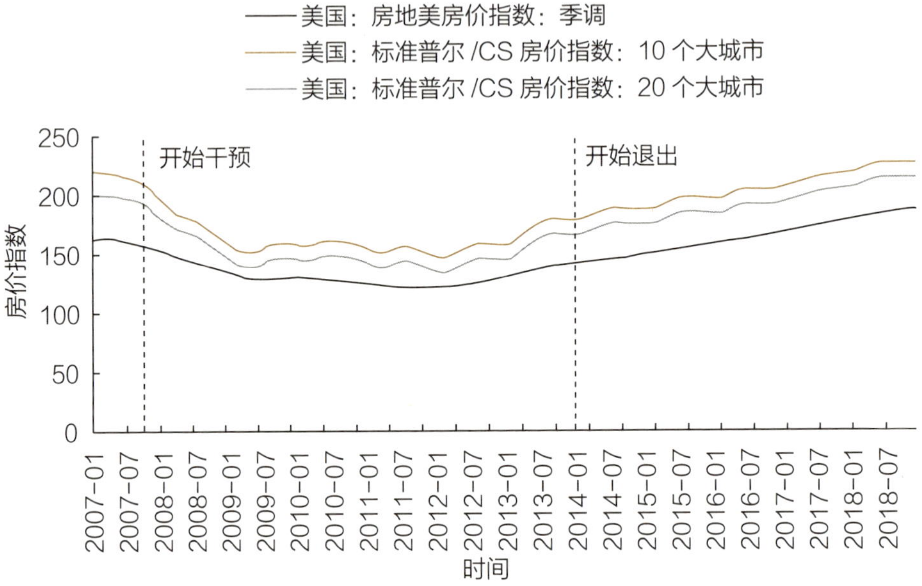

图9-15　2008年次贷危机期间房价指数走势

资料来源：WIND，华西证券研究所。

如果危机不是爆发在美国，而是他国，那就是另外一幅场景了。回看1997年的亚洲金融危机，在危机爆发前，发达国家资本涌入东南亚，这导致东南亚各国房价高涨。危机爆发后，居民财富迅速缩水，房屋需求也随之下降，各危机国房价呈现下降趋势（图9-16、图9-17）。1997年亚洲金融危机期间，韩国政府开始强力干预危机，但韩国房价却依然持续下跌，漫漫熊途开始了，直至2000年后，韩国房价才陆续触底反弹。

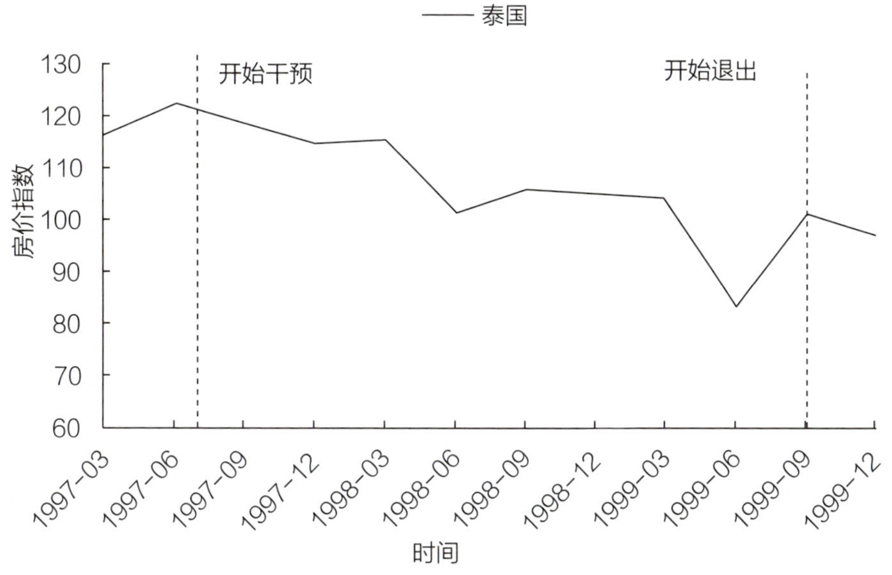

图 9-16 1997 亚洲金融危机期间泰国房价指数走势

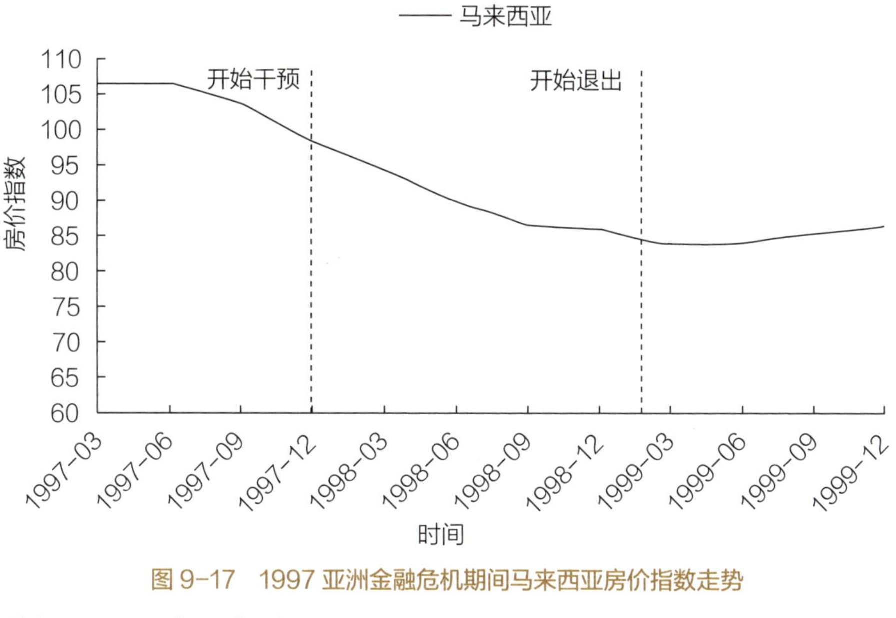

图 9-17 1997 亚洲金融危机期间马来西亚房价指数走势

资料来源：WIND，华西证券研究所。

最后，让我们看看 1929 年大萧条期间美国房价指数的走势。如图 9-18 所示，危机爆发初期，股市暴跌，经济萧条，居民财富迅速缩水，房屋价格也随之下降。根据耶鲁大学 Robert Shiller 的研究，美国房价指数从 1928 年的 5.9 迅速下降到 1932 年的 4.6，下降了 23%。随着罗斯福新政的强势干预，房价呈现出筑底反弹的走势。

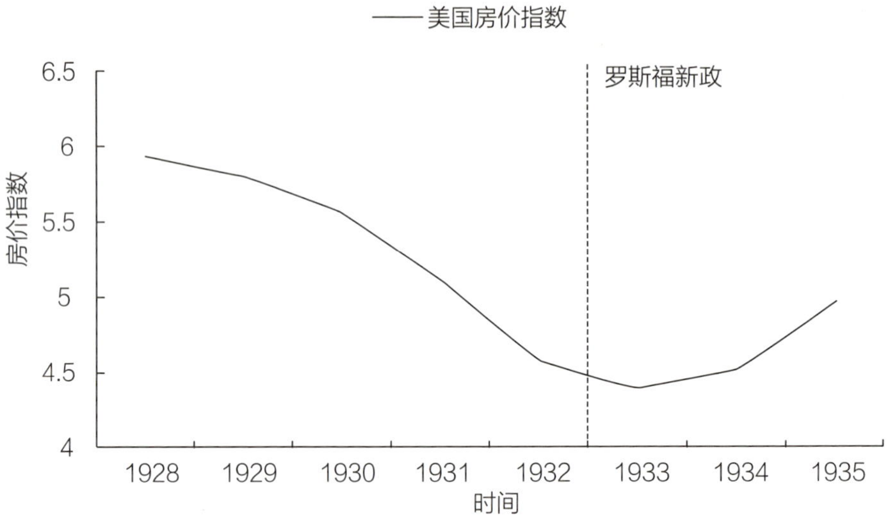

图 9-18　1929 大萧条期间，美国房价指数走势

资料来源：WIND，华西证券研究所。

由此，我们得出以下结论。

第一，美国政府开始干预危机后，随着美联储降息扩表，向市场注入大量流动性，低廉的美元会流向房地产市场，推高房价。

第二，对他国来说，金融危机爆发后，市场流动性枯竭，市场恐慌情绪未消散，不动产交易处于萎缩状态。政府开始干预危机后，向市场注入流动性，降低恐慌情绪，但此时，作为不动产的特性、总价高、交易成本高等特点决定了房价会持续走低，买卖交易难以快速实现。其中道理也不复杂，由于危机爆发，流动性紧缺，房产作为变现较慢的资产，抛盘增大、买盘较少、价格下跌的趋势往往会出现。房价的下跌走势几乎贯穿危机的始终。

第五节　危机不同阶段的黄金表现

黄金具有避险属性，在布雷顿森林体系之前，美元盯住黄金，各国货币盯住美元。布雷顿森林体系解体后美元与黄金脱钩，但黄金依然是全球公认的硬通货。然而仔细分析危机时期的黄金走势，在每个阶段，黄金价格有着不同的走势。

我们先看 2020 年的金价走势。2020 年 3 月，投资者为获得资金而抛售黄金，作为避险资产的黄金，价格短期也出现大幅下跌，8 个交易日内跌幅超过 10%。随后黄金价格开始反弹，一路走强。美国政府采取干预政策后，市场流动性得到缓解，黄金避险属性逐渐显现，金价迅速上升，之后平稳波动。随着美国政府刺激政策的陆续退出，黄金走势也呈现出冲高回落（图 9–19）。

图 9–19　新冠疫情期间黄金价格走势

资料来源：WIND，华西证券研究所。

再来看 2008 年次贷危机时期，危机爆发初期，破坏程度尚未充分显现，黄金价格走势较为平稳。随着危机的进一步发展，美国政府强势救市后，一方面，市场恐慌情绪加剧，黄金作为避险资产，全球对黄金需求快速上升，金价也随之上升。另一方面，黄金具有商品属性，黄金价格与其标价货币走势成反比，当美元贬值时，黄金价格上涨。随着 2014 年美国退出量化宽松政策，黄金价格也陆续走低（图 9-20）。

图 9-20　2008 年次贷危机期间黄金价格走势

资料来源：WIND，华西证券研究所。

1997 年的亚洲金融危机爆发初期，黄金整体呈现下降趋势。危机初期，黄金作为避险资产，其价格曾短暂上涨，但由于各危机国为稳定汇率而出售黄金，黄金价格在危机的中后期总体呈现下降趋势。

1929 年大萧条期间，美国实行金本位制，美元与黄金保持固定兑换比例，1 盎司黄金约等于 20.67 美元。

由此，我们得出以下结论。

第一，黄金作为全球硬通货，具有抗通胀，避险功能。但在危机爆发初期，由于流动性挤兑，黄金可能会存在抛压，导致金价短期下跌，但下跌时间一般比较短。随着政府刺激政策的出台，政府流动性的注入会带来黄金价格较大幅度的上涨。

第二，黄金的避险和保值功能不会将黄金一直推高，黄金的涨幅是有限的。随着政府干预危机的政策陆续出台且产生效果，以及恐慌的逐步消散，黄金的价格也会呈现波动。

第六节　危机不同阶段的大宗商品表现

以铜铝锌为代表的大宗商品，是经济运行的基本元素。在经济向好的时候，大宗商品需求旺盛，价格稳步上涨。危机爆发后，全球经济开始下行，有色金属需求降低，价格也随之降低。随着各国政府推出强势救市政策，经济企稳回升，对有色商品的需求增加，这带动有色价格走高。在后期政策陆续退出后，有色金属价格也会冲高回落。

新冠疫情危机给全球经济带来巨大冲击，导致短期内贸易停滞、供应链断裂，供需都受到巨大干扰。疫情初期，受其影响，全球制造业萎缩，有色金属需求相应减少，价格也随之下跌。但在美国政府和西方各国强势刺激政策推动下，全球需求和制造业活动快速提高。随着全球经济活动逐渐恢复，有色金属的价格也逐渐回升。铜、铝、锌等有色金属的价格一年后接近翻番（图 9–21）。

2008 年次贷危机期间，受全球经济萎缩影响，有色金属价格大幅下降。随着美国政府采取强有力的政策干预，叠加各国政府的刺激计划和基建投资等政策，有色金属价格也逐渐回暖。但有色大宗商品在政府干预后的走势也

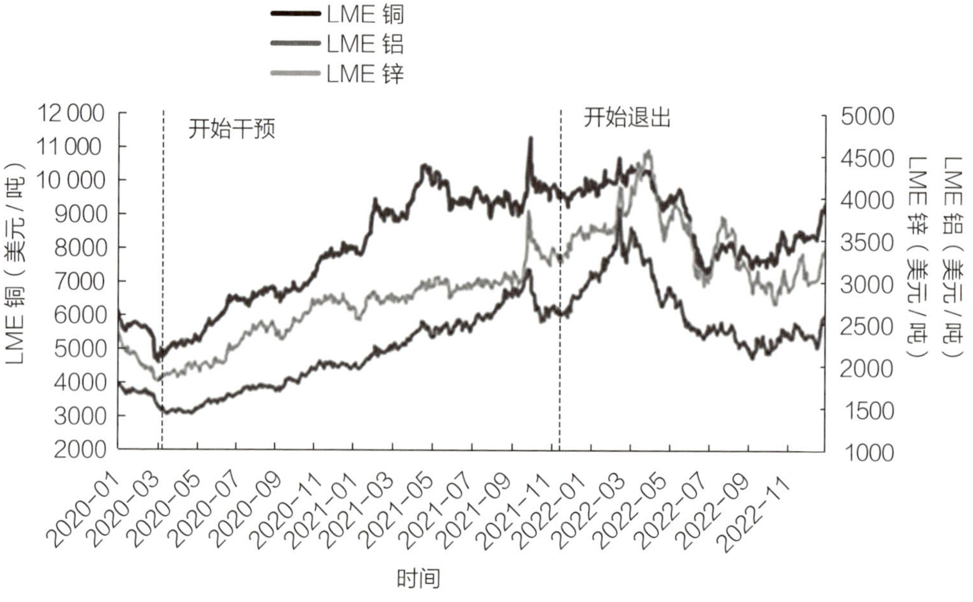

图 9-21　2020 年有色金属价格走势

资料来源：WIND，华西证券研究所。

是一波三折，价格多次暴涨暴跌，这充分体现了世界经济复苏之路的曲折程度（图 9-22）。

由此，我们得到如下结论。

第一，铜、铝、锌等大宗商品是实体经济的先行指标，经济复苏，旺盛需求会推高它们的价格。经济危机，需求减少，有色价格就会暴跌。

第二，政府干预危机后，经济会先止跌，后企稳，最后才陆续反弹。有时候反弹也是一波三折，因为全球经济不平衡，各国差异较大，复苏过程不是同频共振。有色的价格在政府强势干预后，也会存在反复，出现上下波动。

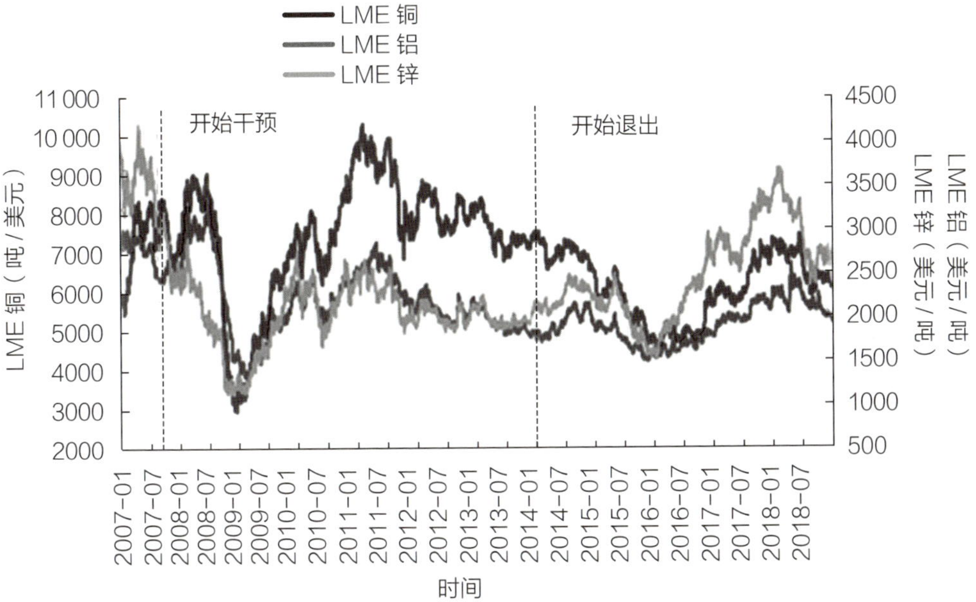

图 9-22　2008 年次贷危机期间有色金属价格走势

资料来源：WIND，华西证券研究所。

第十章
危机爆发初期的财富保卫战

第一节　危机初期下跌的品种

通过上一章分析，我们发现，在金融危机爆发初期，各大类资产走势不尽相同。危机初期会下跌的品种主要有：

股市下跌：作为流动性最好、优质企业云集的交易市场，股市往往会提前感知金融危机的来临，并在金融危机的初期呈现大幅度下跌。股市是基本面、资金面、情绪面、政策面等多维度共振的市场。当危机爆发时，资金面和情绪面迅速恶化，这会导致股市抛盘堆积，买盘较少，股价持续暴跌。虽然企业基本面此时并没有出现恶化，政策面也没有明显利空，但流动性恶化和预期变差导致股市持续下跌是金融危机初期的典型特征。

其他国家国债大多下跌：除了美国国债外，危机爆发国的国债价格一般会在危机初期呈现出快速下跌，收益率快速上行的局面。因为如果其他国家爆发危机，外资会撤出，外企撤出，国家的美元储备会持续减少，依托本国信用发行的国债会出现信任危机，从而国债持有者纷纷抛售本国国债，国债价格暴跌，收益率快速上行。

他国货币贬值：与美元强势相对应的，在危机爆发初期，危机国的本币会出现贬值的趋势。货币本质上是一国信用的反应，当危机爆发时，本国政治或经济被认为出现了问题，其所发行的货币的价值就要大打折扣。

房价下跌：支撑房价上涨的因素是购房需求和流动性货币支持。在危机爆发初期，首先枯竭的就是流动性，这导致人们没有多余的钱来买房。随着危机的传播，购房者会谨慎观望，而投资客为回笼资金会抛售房产。这些都会导致房价持续下跌。

大宗商品下跌：以铜、铝、锌为代表的大宗商品，在经济繁荣的时候因为需求量增加而价格上涨。但在危机来临时，由于经济活动收缩，或者预期变差，需求锐减，价格大跌。

第二节　危机初期会上涨的品种

美元上升：自 1929 年以来的历次金融危机的爆发初期，美元往往成为强势货币，美元指数会快速升高。一国爆发危机，投资者的反应往往是卖掉本币资产，购买美元资产，以达到避险的目的。越是危险，越是危机，越是战乱，世界对美元的需求就越强。

美国国债价格上升：美国国债目前是世界上最安全的投资品种。危机爆发初期，避险成为投资的最大需求，资金会从一些高风险的领域撤出，投向安全的领域。达到 31 万亿美元的美国国债市场，规模大、流动性好，且有美国政府信誉担保，成为资金理想的避风港。危机爆发初期，美国国债会呈现出价格上涨、收益率下降的走势。

黄金先跌后涨：黄金天然是货币，是全球通用货币。黄金也是财富的象征，有着天然避险的功能。但在危机初期，由于流动性的枯竭，投资者为回笼资金往往会无差别地抛售各类资产，包括黄金。在强大的抛盘下，黄金价格也会有短期的下跌。下跌后，黄金的避险功能会得到充分显现，金价会持续上涨。不过也存在例外，在 1997 年亚洲金融危机期间，东南亚各国为了稳住本币，抛售黄金，换取美元，导致了黄金价格持续走低。

第三节 要有危机意识

身处瞬息万变、信息大爆炸的时代，我们拥有更多的信息获取渠道，可以提前感知危机的到来。

1999 年美国大型投行高盛上市，鲍尔森成为高盛集团主席兼首席执行官。2006 年 7 月鲍尔森离开高盛，赴任美国财政部部长。离开前，鲍尔森在高盛一个虚拟的密码箱里放了价值 600 亿美元的美国国债，并交代这些国债是压箱底的备用金，不到万不得已不得被启用。也许鲍尔森和高盛都已认识到，繁荣不会永无止境，危机起于青萍之末。正是由于鲍尔森和高盛对危机的敬畏和预判，使高盛在次贷危机中安然无恙。

“山雨欲来风满楼”，投资者要有听风者的思维和认知，通过马歇尔的 K 值、债务杠杆、房地产市场、股市和国际政治经济形势等综合维度的观察，提前预判金融危机。

第四节 不要负债

如果提前判断危机可能会出现，个人投资者要做的第一件事是尽快降低债务杠杆，最好做到不负债，特别是短期债务。2001 年至 2007 年，每个美国家庭住房抵押贷款债务平均飙升了 63%，这远高于其个人收入增长。这为后来的次贷危机中数百万家庭的破产埋下了隐患。

根据央行统计的数据，2022 年 6 月末，我国住户部门债务余额为 84.5 万亿元。在这些债务中，房贷占比最高，个人住房贷款余额 38.91 万亿元。其他还包括经营贷、消费贷、信用卡贷款等。假设 84.5 万亿元负债的平均利率为 5%，那么每年需要支付 4 万亿元利息。我国居民可支配收入总额为 51 万亿元，而利息支出为 4 万亿元，也就是 8.3% 的可支配收入被用于付息。工资性收入总额为 28.4 万亿元，相当于 15% 的工资要被用来支付利息。

一旦危机来临，首先流动性面临枯竭，从市场上借不到钱，投资者都在恐慌抛售各类资产，以回笼资金。如果债务率较高，投资杠杆较高，那他们就面临极大的偿付压力。如果大量投资者加入甩卖资产偿付债务的大军，那么资产价格会持续下跌，投资者容易陷入亏损，甚至破产。

因为需要在短期内偿付本金和利息，投资者需要高度重视短期负债。如个人的消费贷、信用卡、短期汽车贷款等，都需要即期兑付。对于长期负债，如个人的30年期房贷、企业的长期借款等，为了确保危机期间的资金流动性，投资者可以按期还款，无须提前还债。

最危险的要属投资杠杆高企。市场繁荣时，投资者为了获取高额收益，往往会加大投资杠杆。如市场遇到危机，杠杆短期降不下来，损失将非常大。

第五节　清仓股票和基金

在危机来临的时候，投资者往往会无差别地抛掉所有资产，而不区分资产是否受危机的冲击和影响。通过前面对历次危机爆发初期的分析我们可以发现，股市是金融危机的先行指标。在危机来临前，股市往往会出现持续性的低迷或下跌。危机爆发后，在相当长的时间里，股市都会呈现出下跌趋势。因此，在危机来临前陆续清仓股票和基金，是较为明智的选择。

在危机初期，甚至更长的时间里，投资者不要奢望股市有迅速和持续的反弹。即便是有小反弹，也是逃命的机会。此时，抱着抄底的心态来投机，往往抄在山腰上。回顾次贷危机，美股于 2007 年 10 月达到高点后迅速下跌，截至 2008 年年底，道琼斯工业指数下跌 47%，标准普尔指数下跌 52%。1997 年亚洲金融危机，在泰铢暴跌的半年前，泰国股市已经下跌了超过 40%。马来西亚股市也在危机爆发前半年就开始进入下跌趋势，危机爆发时，股市也已超跌 40%。1929 年大萧条，股市持续走低，从 381.17 下跌至 41.22，下跌幅度达到 78.9%，股市总市值的五分之四几乎都被跌没了。

因此，危机来临前或者危机爆发初期，投资者应坚决清仓股票和基金，不要被其中的短暂反弹所迷惑，急于抄底。大危机期间，股市下跌 40%~50% 是常态。

第六节　卖掉多余房产

通过观察历次金融危机爆发初期的房地产价格走势，我们发现，大危机来袭，房价会持续下跌，2008 年次贷危机房价最大跌幅超过 40%，1997 年亚洲金融危机东南亚各国房价跌幅都在 40% 以上，1929 年大萧条期间，美国房价下跌超过 20%。因此，在危机爆发前或者初期，一定要处理多余的房产。

房价在危机期间的下跌有着多重原因。从流动性角度来看，危机初期的流动性枯竭会严重影响买卖双方的现金流，特别是贷款买房者，银行可能面临无法放贷的风险。从供需来看，危机初期，为回笼资金，卖房抛盘会在短时间内暴增，价格会持续下跌，而买房者会转为观望或者延迟购房。这些导致短期房地产交易市场萎缩，成交变得困难。从行业属性来看，房地产是不动产，交易额大，交易变现慢，周期长。

第七节　现金、现金、还是现金

危机来临，避险为上。危机时刻，世界各国居民都会增加现金和储蓄，这是人之本性。如图 10-1 所示，2020 年，美国居民存款达到历史新高。

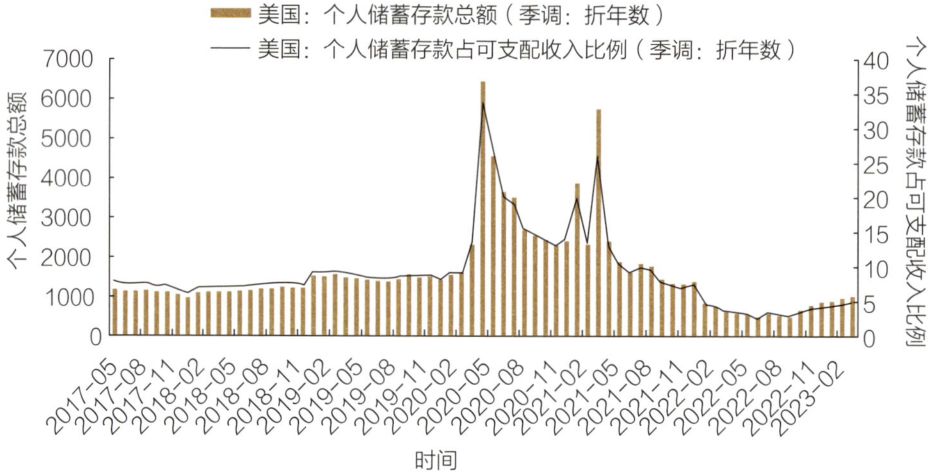

图 10-1　美国居民存款

资料来源：Bloomberg，华西证券研究所。

大危机常带来企业倒闭，失业率高企。2008 年美国次贷危机，导致近 13 万家跟房地产相关的企业倒闭，3000 家银行破产。2008 年美国失业率上升到 5.8%，2009 年 1 月失业率为 7.6%，2009 年 5 月份上升到 9.4%，其数值达到

50 年来最高。1929 年大萧条期间，美国有 5000 多家银行宣布倒闭，8 万多家企业破产，美国失业率高达 25%。

手握足够的现金，个人可以尽量抵御失业和各种危机侵袭，企业可以尽量存活下去。熬过寒冬，等待黎明。

手握足够的现金，不仅能帮助投资者度过危机，也许还能帮其在底部区域抄底优质资产，成为抓住时代机遇的幸运儿。

第八节　适度投资美元和美国国债

在 16 世纪，海上霸主西班牙，通过殖民扩张，将其银元打造成世界第一款全球流通货币。17 世纪，荷兰依靠强大的海洋贸易，使阿姆斯特丹银行发行的钞票成为影响欧洲的中心货币。18 世纪，英国的商船遍布全球，英镑伴随着全球殖民扩张成为全球主导货币，并且一直将统治地位保持到 20 世纪。随着美国经济超越英国，美元在 1944 年 7 月的布雷顿森林会议上被确认为国际储备货币，并超越了英镑成为全球最重要的货币，直至今天。

分析历次金融危机，我们发现，危机爆发初期，美元和美国国债，通常是较好的避险资产。在 2020 年 3 月危机传导至美国本土后，美元指数出现了强劲的拉升，从 95 直接拉升至 103。2008 年次贷危机爆发后，美国 10 年期和 3 个月期国债收益率均呈现震荡下行走势。在危机爆发初期，市场恐慌，各个投资品种几乎都在杀跌，找到一个安全避险的品种成为所有投资者共同的追求，美元和美债就是最佳选择。

美元主要有三大功能：价值储备、资产计价、支付工具（交易媒介）。美元的地位取决于美国的政治领导力、科技领先程度、经济实力和军事实力等综合国力。

美元汇率和美债反映了美国经济对全球经济的相对强弱。美元指数是用来衡量美元对一篮子货币的汇率变化程度。它通过计算美元和对选定的一篮子世界主要经济体货币的综合变化率，来衡量美元的强弱程度，并间接反映了美国经济相对于全球其他经济体的强弱情况。当美国 GDP 占全球 GDP 比重走高时，美元指数同时上行（图 10–2）。

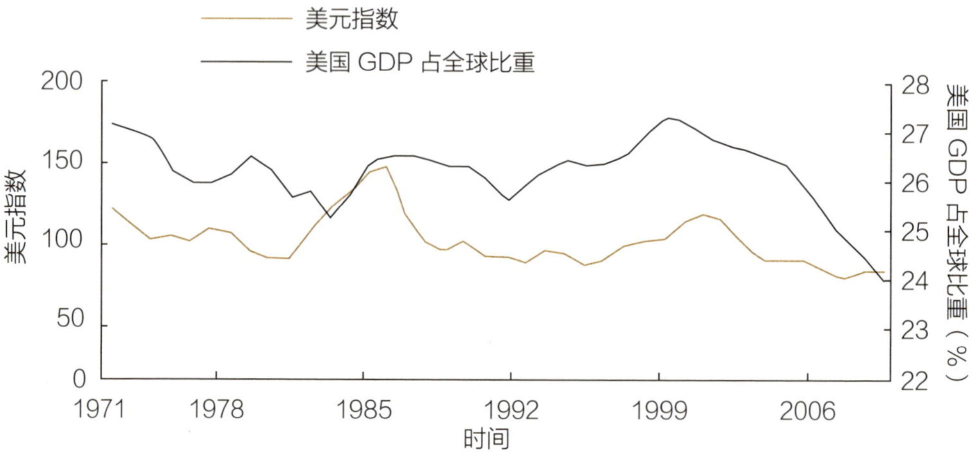

图 10–2　美元汇率和美债本质

资料来源：WIND，世界银行，中国银河证券研究院。

第十一章
金融危机中后期的财富投资术

第一节　政府干预危机后下跌的品种

通过上一章分析，我们发现，在危机爆发政府采取干预措施后，各大类资产走势不尽相同。此时下跌的品种主要有：

国债价格下跌：金融危机爆发后，政府强势干预危机，即使是政府强势出手，代表一国信用的国债也依然会出现价格下跌、收益率上行的趋势。虽然政府抬出了救市“核武器”，但市场对救市措施是否有效、何时有效的怀疑依然存在。外资外企撤出速度虽然趋缓，但外流趋势依然存在。国家的美元储备会持续减少，依托本国信用发行的国债，仍然存在信任危机。国债持有者会继续抛售本国国债，国债价格继续走跌，收益率继续上行。随着救市政策陆续发挥作用，在救市的后半段，国债收益率也存在着高点回落的走势。对于美债，政府强势干预，注入大量流动性，会推高美债价格，这使得美债收益率不断走低。

货币贬值：尽管政府强势救市，但本国货币依然延续危机初期的走势，会呈现持续走低的趋势。这是因为危机会动摇外国投资者对本国经济的信心，大量外资可能会被兑换为美元并撤走。本国投资者也有兑换美元避险的诉求，这导致本国美元紧缺，本币持续贬值。对于美元，美联储一般会大幅度降息，实施扩表，向市场注入流动性，这一系列举措会使美元短期内走弱。

房价下跌：对危机国来说，金融危机爆发后，市场流动性枯竭，市场恐慌情绪未消散，不动产交易处于萎缩状态。政府开始干预危机后，其向市场注入流动性，降低恐慌情绪，但总价高、交易成本高，以及不动产的特性等特点决定了房价会持续走低，买卖交易难以快速实现。美国房价有些特殊，如果危机前房价已经存在较大涨幅，那么危机爆发后政府即使强势干预危机，房价也仍然有可能下跌。而如果危机前美国房价没有经历大幅度涨幅，那么美国政府强势干预危机，大量流动性得到释放，这会导致很多借贷成本低廉的资金进入房地产市场，催生一波房地产大牛市。

第二节　政府干预危机后上涨的品种

股市上涨：股市是最具波动性的市场。在危机爆发初期，股市呈现暴跌走势，暴跌 50% 以上的情况比比皆是。在政府强势干预后，股市可能会出现惯性探底的走势，在政府推出重磅救市政策 1~2 个季度后，股市大多会触底反弹。2008 年次贷危机股市探底后用了 6 年反弹了 3 倍，2020 年美股触底后仅用了一年就反弹了 2 倍。

黄金上涨：黄金是一个重要投资品种，与其他投资品种一样，在危机爆发初期，投资者可能会无差别地抛售各类资产，包括黄金。但随着各国政府强势干预，特别是美联储降息扩表向市场注入流动性，黄金的避险保值功能得到发挥，黄金价格会上涨。作为一种货币，黄金的价格走势取决于与之相对的货币。美元走弱会推高黄金价格，危机国货币贬值，也会推高黄金价格。全球危机来袭，即使是各国通力合作共同应对，推出一系列强势救市举措，向市场注入的大量流动性也仍然会推高黄金在内的投资品价格。货币泛滥也会导致本币贬值，与之对应的黄金价格走高。

有色大宗商品上涨：金融危机会给全球经济带来巨大冲击，短期内其会导致贸易停滞、供应链断裂，供需都受到巨大干扰。全球制造业萎缩，有色金属需求相应减少，价格也会随之下跌。通常，在政府强势政策刺激下，经济得以快速稳定，全球需求和制造业活动快速提高，经济活动逐渐恢复，有色金属的价格也逐渐回升。在政府干预危机后，经济会先止跌、后企稳，最后陆续反弹。有时候反弹也是一波三折，因为全球经济不平衡，各国差异较大，反弹不是同频共振。有色金属的价格在政府强势干预后，会止跌反弹，随着经济复苏的步伐而上下波动。

第三节　预判政府的干预政策

随着人类与金融危机打交道的时间越来越久，政府积累的应对经验和手段就越来越丰富和有效。

预判政府对待危机的态度：一定会推出救市政策，且出手越来越快。

1929 年大萧条来临后，美国用了 4 年时间才最终出台政策应对危机。2007 年下半年危机就有爆发的苗头，但美国政府和美联储真正出手是在危机爆发后的一年左右，也就是 2008 年 9 月才开始接手房利美房地美，然后在 9 月贝尔斯登倒闭后才出重拳救市。受新冠疫情影响，2020 年 3 月 23 日美联储将利率降至 0 左右，并推出无限量化宽松政策。

分析美国政府应对金融危机的历史，我们可以发现，危机爆发后政府出手的速度越来越快。

第四节　预判政府救市的主要手段

货币政策包括降息、量化宽松、救助爆雷的金融机构等。如遇重大危机，美联储会在第一时间将利率快速降至 0，极大降低资金成本。从 2008 年次贷危机开始，美联储开始推出量化宽松政策，特别是为应对新冠疫情危机，2020 年开启了无限量化宽松政策，向市场注入无限流动性。2008 年次贷危机美国政府接管房利美房地美，2023 年硅谷银行爆雷后，美国政府直接注资救助。

财政政策包括减税、发放补贴、以工代赈等手段。2008 年次贷危机后，奥巴马政府推出了重大减税计划。2020 年，美国政府推出了经济救助计划。1933 年罗斯福上台后推出大量政府投资的工程和项目，促进就业，拉动消费。

第五节　预判政府干预政策的时机和步骤

在危机爆发初期，经济活动会表现出一些迹象，如有金融企业陷入困境、有专家学者提示风险等，但政府在初期因无法识别这是个别情况、小危机还是大危机，所以一般会选择观望，不会贸然出手。

随着危机的扩散和蔓延，政府一般会在问题趋向严重的时候选择救市。救市的步骤会随着危机的演进而升级：一开始会救助出问题的金融机构和大型企业，集中于点对点的精准打击救助；随着危机跟随资金链、债务链传导扩散到其他金融机构，政府会开始降息，向金融机构注资，或采取增发货币等金融手段；随着危机从金融领域扩散到实体经济，政府会推出企业减税、个人减税、增发企业贷款，甚至推出由政府主导的财政投资项目，以挽救企业和就业。

第六节　进场投资的时机

大概了解了政府应对金融危机的态度、手段、步骤和节奏等基本情况后，投资者可以选择与政府保持同步进行投资品种的布局。克服恐慌，相信政府，是危机中投资决策的前提。此时投资者需要坚守的核心理念是：没有危机是不能被解决的，要坚决相信政府应对危机的能力和手段。

在危机初期，政府强势干预前，投资者的投资策略应该是避险和保值。

政府的救市政策是陆续出台的，是一套组合拳，并不是一招毙命。救市措施往往表现为：初期力度不够，中期用力过猛，后期副作用不小。如果选择在政府刚出台救市政策时就进场投资，损失往往会很大。此时危机仍在扩散，政府的政策预期不能超越对危机的恐慌预期，各类投资品种仍然在杀跌。因此，初期进场，风险大于收益。

如果是在政府推出政策组合拳、各种副作用显现的时候进场投资，那个时候各类资产一般都已反弹到相当的高度了。政府为纠正前面的过猛操作可能会开始陆续加息、收缩，在这个时候各个投资品价格会大幅度下跌。

最佳投资时机可能是在政府密集推出货币政策、财政政策后的一段时间。2008 年次贷危机时期，美国政府 9 月接管房利美房地美，这被视为救市的核心举措，但直至 2009 年 3 月 6 日，美股道琼斯指数触底 6469 点，才开启反弹之路，并用 2 年多时间才回到前期高点附近。核心救市政策的推出到股市触底反弹大约有半年时间的延后。不过 2020 年的场景则大为不同：2020 年 3 月 3 日美联储开始降息，3 月 6 日美国政府拨款 83 亿美元用于抗击疫情，3 月 23 日美股道琼斯工业平均指数跌至谷底（18 213 点），随后开启反弹行情，从救市政策推出到触底反弹仅用了不到 1 个月。之后，美股仅用半年时间，于 9 月 2 日就已回到前期高点。

股市是对政策和消息反应最迅速的市场，综合分析2008年和2020年美股的走势，我们可以初步得出投资时间点的推测结果。政府推出最重磅最核心的救市政策后，市场可能会在1~2个季度触底。对美国市场来说，因美国政府救市措施越来越成熟有效，核心政策推出到市场反弹的时间越来越短。然而，大多数国家没有似美国强大的国力和成熟的金融市场，其政府推出的核心救市政策不可与美国政府同日而语，市场有1~2个季度才触底反弹是可能的时间段。

市场底一般出现在政策底、基本面底、预期底之后。政策底往往是第一个到来的，重磅政策出台后，政府会观察其效果。随后金融机构和实体经济陷入止跌企稳阶段，基本面底部开始出现。随着基本面的边际好转，市场主体的预期也开始修复转好。最后，市场各投资品种开始陆续从底部反弹，市场底显现。

第七节　踩对股市投资的节奏

金融危机中股票最先反应的投资品种，其下跌幅度也最大。在危机中股市下跌超过50%是普遍情况，有些个股甚至能下跌超过90%。但在政府救市后，股票也是最具弹性的反弹品种。2008年次贷危机美股股市探底后用了6年反弹了3倍，2020年美股触底后仅用了一年就反弹了2倍。所以，于危机中把握机遇，投资股市，是极佳的机会。正如投资界的至理名言："在别人贪婪时恐惧，在别人恐惧时贪婪。"

入场的时机，最好也是在政府推出最强势的救市政策之后的1~2个季度后。因为政策发挥作用有滞后性，市场各主体仍被恐慌情绪所左右。随着政策逐步产生作用，恐慌情绪陆续缓解，金融和经济开始止跌企稳。投资机会出现在市场走过了政策底、基本面底和预期底后的时刻。

在不同阶段，值得投资的细分子行业也不尽相同。我们大概将投资策略分为三个阶段分析。

第一阶段，投资基建和中游制造业股票。从我国历年经济总量来看，传统基建相关行业占 GDP 的比重约为 10%。进一步考虑基建行业对其他行业的拉动，基建行业对经济的影响约占 GDP 比重的 30%。基建作为逆周期调整的主要抓手，是保证国家经济稳定增长的重要动力。所以，应对危机最主要的财政刺激政策就是加大基础设施投资。在政府推出危机应对政策后，特别是大量财政投资政策后，基建投资利好股市里的钢铁、建筑建材、中游制造等板块。政府推出的大量高铁、高速公路、地铁、市政工程等重大基础设施项目，直接拉动钢铁、水泥、建筑建材、机械设备等行业的上市公司业绩，这些行业股票将率先反弹。在中国市场，这些行业拥有大量核心龙头企业，如海螺水泥、北新建材、东方雨虹、中国建筑、三一重工、中国中车、潍柴动力等。

第二阶段，上游有色大宗商品类股票反弹。随着政府财政刺激政策的实施，基建的大面积铺开，对上游铜、铝、锌等有色金属的需求逐渐变得旺盛。市场可能迎来一波上游有色金属的价格大反弹。此时，布局上游有色大宗商品的优质股票，是明智的选择。从行业属性分析，金属行业面临供给刚性制约，存在弱供给及低库存的特征。从弱供给角度观察，全球矿端勘探投入低迷所带来的主要矿山产出增速在近 20 年内维持平缓，中国金属行业固定资产投资累计完成额趋势性低迷，且主要金属产量累计增速近 10 年延续低位运行。从低库存角度观察，金属产业链库存系统性偏低。全球金属交易所显现库存持续处于低位。有色大宗商品也有成长性特点，主要是新能源、新基建产业链的相关金属原材料的需求扩张所致。成长属性体现于新能源基建持续执行所推动的各金属品种需求曲线的系统性右移，具体包括新能源产业链、存储及产业升级链，以及再生能源低碳循环产业链的扩张及优化。无论是在行业基本面还是成长面，有色金属都是危机中极具弹性的投资品种。主要推荐标的有紫金矿业、赣锋锂业、北方稀土、华友钴业等优质上市公司。

第三阶段，下游消费和科技股票的复苏。根据危机时期的经济复苏规律，下游消费和科技股的复苏应发生在危机的后期。在政府强势干预危机后，各种刺激政策的落地和逐渐起效，促使经济缓慢度过低点，开始出现稳步回升的迹象。随着经济的复苏，大量企业运营的好转，个人的就业和收入得到恢复和保障。居民收入的增加，有利于消费品企业的回暖。企业运行的好转，有利于科技企业的研发和创新。在此阶段，消费股和科技股会迎来反弹和复苏。从基本面分析，中国是个人口众多的消费大国，居民的衣食住行是关系国计民生的大事，中国的消费企业是具有强大基本面支撑的核心资产。随着中国在科技领域实行新型举国体制，一批“卡脖子”的重大科技项目得到解决，中国的科技水平也会发生重大进步，一批科技企业也是代表未来的核心资产。在此推荐消费龙头企业：贵州茅台、比亚迪、上海机场、伊利股份、海天味业、恒瑞医药；推荐科技龙头企业：宁德时代、北方华创、中芯国际、海康威视、歌尔股份、隆基绿能。

第八节　永不褪色的黄金

黄金是世界上最为稀有、珍贵的金属之一。黄金是以游离状态存在于自然界且无法人工合成的天然产物，以化学物质为唯一存在。黄金的产生机制极其苛刻，其稀缺度是宇宙级的。

“货币天然不是黄金，但黄金天然是货币”。黄金体积小、质量轻，便于分割与携带的特点，使其具有天然成为货币的潜质，储备功能与支付功能兼具。人类社会经历了金银本位制、金本位制、金汇兑本位制、布雷顿森林体系、非货币化、数字化货币等一系列货币的演变，虽然这个过程使黄金在实际上去除了货币化，但历史的渊源使其在当前的信用货币制度下成为可增值、保值的金融资产。这使黄金以往的货币属性蜕变成为目前的金融属性，并使其成了重要的大类资产配置品种之一。

在危机政府强势干预后，黄金价格会迎来强势反弹，此时投资者可以投资黄金产品。我国黄金投资主要有以下方式：投资金条、投资金币、黄金管理账户、黄金凭证、黄金期货、黄金期权、黄金股票、黄金基金、国际现货、天通金与纸黄金。在此只介绍主流的黄金投资品种。

第一，黄金股票。从历史上看，黄金价格的上涨是黄金板块行情最为有力的催化剂，2010 年以来金价上涨会给黄金板块带来明显的超额收益。从估值上看，自 2008 年至今 A 股黄金板块的 PE（TTM）估值主流是在 20~50 倍的区间内波动，在极限情况下低至 16 倍的时刻曾出现过，最高时突破过 60 倍。黄金作为周期性的行业，市场一般在周期品价格顶点、周期性企业盈利附近时，自身历史上较低的市盈率会出现。

第二，黄金 ETF 和黄金基金。目前，中国市场上有多只黄金 ETF 和黄金基金。

第三，实物黄金。投资者可购买金条、金币，以及黄金首饰。购买对象为金店和银行发售的黄金产品。实物黄金投资可以直接购买金条，其价格为前一日国际金价的结算价，加上一定的加工费。银行金条支持回收，容易变现。投资者不仅可以选择在银行柜台购买黄金，还可以在手机银行 APP 上自行购买。

第九节　敢于止盈

在危机的最后一个阶段，经济和金融已经企稳回升，政府的各类刺激政策陆续出现副作用，政府会缓慢地退出各类刺激政策。在这个阶段，股市、债市、黄金、有色金属等各大类几乎都呈现出冲高回落的走势。

在这个阶段，投资者需要做的操作就是敢于止盈。将投资于股市、债市、黄金、有色金属等的投资品陆续出售，使浮盈落袋为安。

敢于止盈有时候比敢于止损更难。有些投资者能忍受多年自己的股票或基金亏损不涨，却难以割舍已经浮盈很多仍在上涨的品种。

在危机的最后阶段，比拼的不是技术分析，不是基本面分析，而是能否战胜内心的欲望。

“敢于止盈”核心在于一个字“敢”！

第十二章 另类危机之制裁式危机

第一节　俄乌冲突及对俄制裁措施

2022 年 2 月 24 日俄罗斯对乌克兰发动“特别军事行动”，俄乌冲突全面爆发。俄罗斯和乌克兰是全球重要的能源、粮食以及部分重要自然资源的出口国，两国冲突爆发之初，全球大宗商品价格快速上涨，这对全球经济造成了较大的负面影响。

美国及西方发达国家对俄罗斯在金融、能源、科技、交通等领域进行了全面制裁，如 2022 年 2 月 18 日，美国冻结俄罗斯中央银行在美资产。俄乌冲突爆发后，美国及其盟国冻结了俄罗斯中央银行持有的 6300 亿美元外汇储备中的大约一半，禁止任何涉及俄央行、俄联邦国家财富基金和俄财政部的交易。2022 年 2 月 26 日，美国与欧盟、英国和加拿大发表共同声明，宣布禁止俄罗斯主要银行使用环球同业银行金融电讯协会（SWIFT）国际结算系统（表 12–1）。

表 12–1　美国及西方发达国家对俄制裁部分措施

领域	日期	国家	货币政策
	2022 年 3 月 2 日	欧盟	将七家俄罗斯银行排除在 SWIFT 之外（欧盟国家用以支付天然气和石油款项的俄罗斯储蓄银行和俄罗斯天然气工业银行不在名单内）；禁止向俄罗斯或俄罗斯境内的个人或实体提供欧元纸币；禁止投资参与由俄罗斯直接投资基金共同资助的项目；目前俄罗斯和白俄罗斯共 680 人和 53 个实体遭到资产冻结和旅行禁令

续表

领域	日期	国家	货币政策
金融	2022 年 3 月 1 日	日本	冻结普京等六人在日资产；冻结俄罗斯联邦中央银行等 3 家银行资产
	2022 年 2 月 28 日	欧盟	禁止与俄罗斯中央银行进行交易
	2022 年 2 月 26 日	美国等	美国与欧盟、英国和加拿大发表共同声明，宣布禁止俄罗斯主要银行使用环球同业银行金融电讯协会（SWIFT）国际结算系统
	2022 年 2 月 18 日	美国	冻结俄罗斯中央银行在美资产，禁止任何涉及俄央行、俄联邦国家财富基金和俄财政部的交易
	2022 年 2 月 24 日	美国	切断俄罗斯最大的金融机构俄罗斯联邦储蓄银行及其 25 家子公司与美国金融体系的联系，禁止美国金融机构为其开设或维持账户、处理资产；冻结俄罗斯第二大银行 VTB 的资产
	2022 年 2 月 24 日	欧盟	制裁 70% 的俄罗斯金融市场和关键国有企业（包括军工企业）冻结俄罗斯在欧盟的财产，禁止俄罗斯银行进入欧洲金融市场；限制俄罗斯客户银行存款，阻止资金流入欧盟，并禁止俄罗斯人投资欧元计价的证券
	2022 年 2 月 23 日	日本	禁止俄罗斯政府在日本发行、流通新的主权债券
	2022 年 2 月 22 日	美国	对俄罗斯国有开发银行和工业通讯银行及其子公司实施全面封锁制裁，冻结其持有超过 800 亿美元的资产，禁止美国个人和企业与其从事任何交易并禁止其使用美元；扩大主权债务禁令，禁止美国个人和企业参与俄央行、俄联邦国家财富基金和俄联邦财政部新发行债券的二级市场
	2022 年 2 月 22 日	欧盟	禁止为俄罗斯联邦、政府、央行提供资金，限制俄国家和政府进入欧盟资本和金融市场的能力
能源	2022 年 3 月 8 日	英国	在 2022 年年底前停止进口俄罗斯石油和相应石油产品，以进一步加强对俄制裁
	2022 年 3 月 8 日	欧盟	制定一项能源独立计划，在一年内将俄罗斯天然气进口量削减三分之二
	2022 年 3 月 8 日	美国	总统拜登正式签署了禁止美国从俄罗斯进口能源的行政令，包括石油、液化天然气
	2022 年 3 月 2 日	瑞士	“北溪 2 号”运营商已解雇所有 106 名俄罗斯工作人员

续表

领域	日期	国家	货币政策
能源	2022 年 2 月 24 日	美国	对俄罗斯国有能源巨头俄罗斯天然气工业股份公司和其他大型企业实施新限制，阻止它们从西方市场融资
	2022 年 2 月 24 日	欧盟	禁止向俄罗斯销售、供应特定的炼油产品和技术，通过出口禁令阻止俄罗斯的炼油厂更新升级
	2022 年 2 月 22 日	德国	暂停“北溪 2 号”天然气管道项目审批程序
科技	2022 年 3 月 8 日	日本	对俄罗斯追加制裁，禁止对俄罗斯出口石油开采设备；冻结 32 名俄罗斯政府官员的资产
	2022 年 3 月 2 日	美国	对白俄罗斯实施出口管制政策，以防止科技软件和技术通过白俄罗斯流入俄罗斯
	2022 年 3 月 2 日	欧盟	暂停俄罗斯媒体 RT/Russia Today 和 Sputnik 在欧盟的广播活动
	2022 年 3 月 1 日	美国	苹果、谷歌、微软、推特、Meta 等跨国公司为响应政策宣布“制裁”俄罗斯；苹果公司发表声明称，暂停在俄罗斯销售苹果公司产品并限制苹果支付功能；英特尔和 AMD 已经“口头告知多家俄罗斯制造商”，这两家公司都遵守禁止向俄罗斯供应处理器的禁令，并已断供
	2022 年 3 月 1 日	日本	禁止向俄罗斯联邦安全局、俄罗斯国防部通信中心，以及俄罗斯联合航空制造公司旗下共 49 家工厂和公司出口半导体和其他敏感商品
	2022 年 2 月 24 日	美国	增加微电子、电信项目、传感器、导航设备等进入商业控制清单；对出口、再出口或在俄罗斯境内转让的许可申请采用拒绝审查政策
	2022 年 2 月 24 日	欧盟	在半导体和先进软件等关键技术领域出口限制
交通	2022 年 3 月 2 日	英国	要求其管辖下的所有港口运营商禁止全部俄罗斯船舶停靠
	2022 年 3 月 1 日	美国	禁止俄罗斯飞机进入美国领空
	2022 年 2 月 28 日	欧盟	禁止所有类型的俄罗斯航空公司飞越欧盟领空和进入欧盟机场
	2022 年 2 月 24 日	欧盟	对俄罗斯飞机、备件、设备和航空航天业技术实施出口禁令，并禁止提供相关的保险、维修服务

资料来源：华西证券研究所。

第二节 俄罗斯的应对措施

2022 年，在美国及西方发达国家制裁不断加码的背景下，俄罗斯利用自身资源优势实施有效反制，并为此出台了一系列有针对性的法律法规及总统令，以破解美西方制裁。

第一，实行资本管制。2022 年 2 月 28 日，俄总统普京签署第 79 号总统令，宣布实行外汇管制，以减缓卢布贬值幅度。

第二，加息。在 2022 年 2 月 28 日美国宣布冻结俄央行外储后，俄央行把基准利息率从 9.5% 提升到 20%。

第三，制定出口禁令清单。2022 年 3 月初，俄政府公布包含 200 多种商品在内的《出口禁令清单》，禁止这些商品出口是为了弥补产品短缺并防止断供，保持内部市场稳定。

第四，出台“不友好国家和地区”名单。2022 年 3 月 5 日，普京签署相关法令，要求俄联邦政府确定对俄联邦、俄法人实体和个人实施不友好行为的外国和地区名单。随即，俄政府于 2022 年 3 月 7 日正式出台“不友好国家和地区”名单，名单中包括美国、欧盟成员国、乌克兰、英国、日本、澳大利亚等国家和地区，这使得后续反制裁措施得以有的放矢。此后，冻结不友好国家和地区人士在俄资产、天然气卢布结算令等俄方多项反制裁措施，均以这份名单为基础制定，并不断得到调整。

第五，能源制裁。2022 年 3 月 31 日，普京签署与“不友好国家和地区”以卢布进行天然气贸易结算的总统令。据此，“不友好国家和地区”若购买俄天然气，须在俄银行开设卢布账户。如果拒绝以此方式付款，其将被俄方视为违约，俄供应商将停止供应天然气。在本国外汇储备被美西方大规模冻结的情况下，卢布结算令对维持卢布汇率稳定具有积极意义。

第六，采取报复性特别经济措施。2022 年 5 月 3 日，普京签署总统令，对部分国家和国际组织的“不友好行为”采取报复性特别经济措施。根据该文件，禁止各级国家机构、组织和个人与被俄方制裁的不友好国家和组织的法人、个人和企业进行交易，包括签订外贸合同；禁止对被俄方制裁对象履行交易义务和金融交易；禁止向被俄方制裁对象出口俄罗斯产品和原料。

第七，食品反制裁。2022 年 10 月 11 日，普京又签署总统令，将 2014 年出口的食品反制裁措施延长至 2023 年 12 月 31 日。这项反制裁措施规定，禁止进口原产于美国、欧盟、加拿大、澳大利亚、挪威的部分食品，包括牛肉、猪肉、鱼类、禽类、乳制品、水果、蔬菜、坚果等。不过，原产于上述国家的儿童食品进口不受限制。

第八，“平行进口”商品合法化。普京 6 月 28 日签署《俄罗斯联邦平行进口商品合法化法草案》，标志着俄罗斯“平行进口”商品合法化。该法律草案规定对“平行进口”商品中体现的专有知识活动成果及品牌标志的利用不构成侵权，并将保护未经权利人许可进口商品的俄罗斯公司免于承担可能的民事、行政和刑事责任。

第九，支持实体经济发展。俄罗斯境内的高科技公司将免缴三年所得税，每年还能获得 3% 的贷款；俄罗斯的农业创业者获得优惠贷款，此前发放的 8000 笔贷款也将获得国家补贴；3 月 2 日，普京签署总统令，给予俄互联网技术公司新优惠政策；3 月 8 日，普京签署法案，包含一揽子支持俄公民和商业主体在制裁条件下发展的措施。

第三节　俄罗斯国内经济表现

受益于能源价格上涨，俄罗斯经济在 2021 年迎来了较为迅速的增长，持续到 2022 年第一季度。随着俄乌冲突的爆发，西方国家对俄罗斯进行了多方位的制裁，特别是对能源进行制裁后，俄罗斯经济开始陷入负增长。2022 年第二、第三季度 GDP 同比增长–4.1%、–3.67%，经济开始出现萎缩。国际货币基金组织（IMF）《世界经济展望》推算，俄罗斯 2022 年 GDP 同比增速可能为–2.2%，经济整体小幅萎缩。2023 年经济也同样不容乐观，世界银行及经济与合作发展组织（OECD）认为俄罗斯 GDP 可能会在 2022 年的基础之上继续维持负增长。

俄罗斯工业生产指数在 2022 年 3 月后出现了较大幅度的下跌，其中天然气的工业生产指数更是下降了超过 20%。虽然相关的工业生产在 2022 年 7—8 月因国际油价反弹，出现了一定程度的修复，但是随着后续油价的震荡下行以及欧盟对俄罗斯相关制裁开始实施，俄罗斯工业生产指数仍然保持低位震荡态势，尚未回到俄乌冲突爆发前水平（图 12–1、图 12–2）。

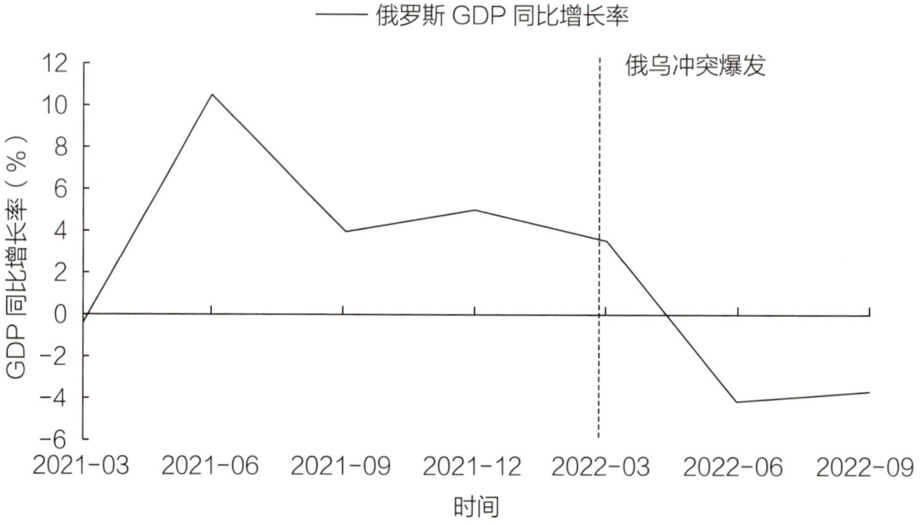

图12–1　俄罗斯GDP同比增长率

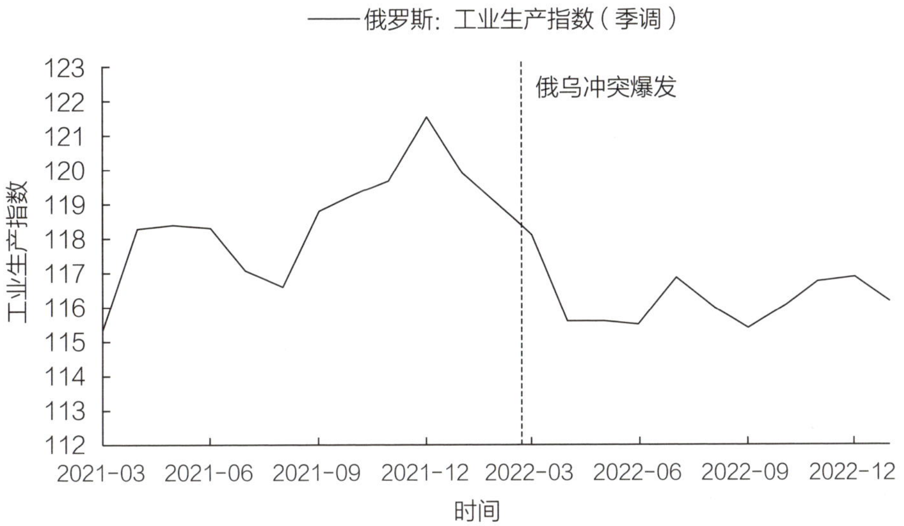

图12-2　俄罗斯工业指数走势

资料来源：WIND，华西证券研究所。

更为可虑的是，虽然俄罗斯是重要的能源产品的生产与出口国，但是大宗商品价格的上涨带来的通胀提升情况在俄罗斯亦同样出现。叠加西方国家的经济制裁，俄罗斯的通胀水平一直保持在一个较高的区间。俄乌冲突爆发后，俄罗斯 CPI 同比增速均保持在 11% 以上，整体的通胀水平较高。

第四节　俄罗斯股市表现

俄乌冲突发生前，由于国际油价上升带动收入上升，俄罗斯央行虽然并未大幅降息，但俄罗斯股市仍迎来了一波较为持续的上涨。而在俄乌冲突爆发后，俄罗斯股市面临了较大程度的降幅，RTS 综合指数在 2 月累计降幅超过 30%，俄罗斯 MOEX 指数在冲突爆发当天下跌 33.2%。这迫使俄罗斯关闭莫斯科证券交易所近一个月时间，之后股票市场一直保持低位震荡（图12–3）。

图12–3　俄罗斯MOEX指数走势

资料来源：Investing.com，华西证券研究所。

第五节　俄罗斯债市表现

在俄乌冲突爆发初期，由于俄罗斯央行大幅加息，俄罗斯十年期国债收益率接近 20%，随着俄罗斯央行降低利率，10 年期国债收益率随之回落。俄罗斯央行在 2022 年 7 月份降息至 9.5% 后，俄罗斯 10 年期国债收益率出现了较为持续的上行（图 12–4）。

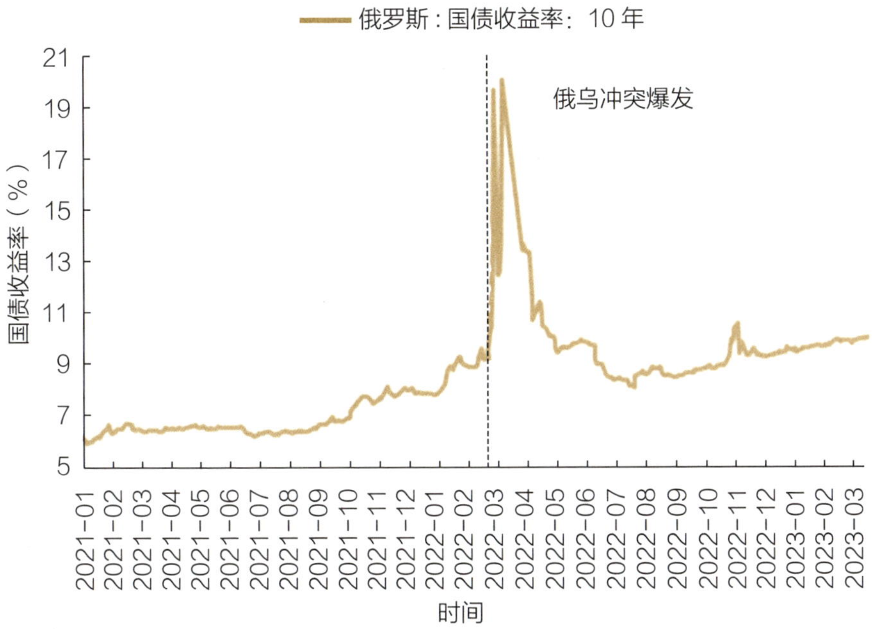

图12-4　俄罗斯10年期国债收益率走势

资料来源：WIND，华西证券研究所。

第六节　卢布表现

在俄乌冲突爆发之后，俄罗斯卢布快速贬值，美元兑卢布汇率最高突破120。为了稳定汇率，防止资本外流，俄罗斯采取了三大措施。一是大幅加息10.5个百分点至20%，这带动国内存款利率上行，吸引资金留在俄罗斯国内；二是对相关的资本进行管制，如强制结汇、禁止将外汇存入境外金融机构，从而缓解群众兑换外币造成的卢布售卖压力，防止抛售形成；三是实施强制的卢布结算令，2022年3月23日俄罗斯总统普京宣布，俄罗斯在向不友好国家和地区供应天然气时将改用卢布结算，并于4月1日正式实行。

卢布结算令实施后，虽然卢布迎来了一波快速升值，幅度超过 100%，但是随着欧盟制裁逐渐涉及能源领域，加上对俄罗斯的能源进口的逐渐减少，美元兑俄罗斯汇率从 2022 年 9 月份开始重回上升通道。从目前来看俄罗斯整体汇率相对稳定，与冲突前水平基本相当（图 12–5）。

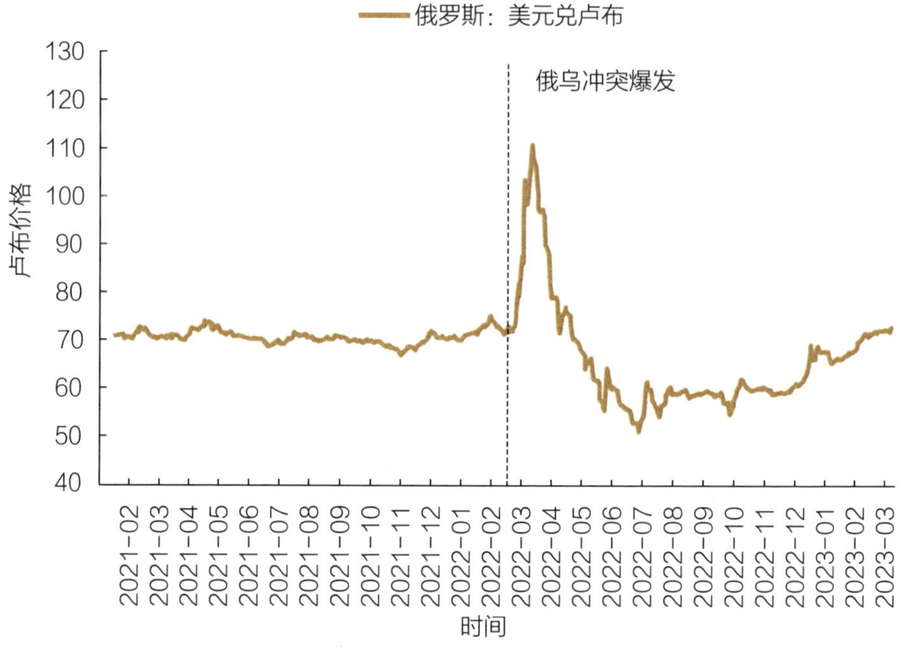

图12–5　卢布价格走势

资料来源：WIND，华西证券研究所。

第七节　俄罗斯地产表现

由于房产本身具有抗通胀属性，在俄乌冲突爆发后，俄罗斯通胀率居高不下，俄罗斯一手房和二手房价格均有所上升。2022 年第一季度一手房价格相较于 2021 年第四季度上涨 10.4%，相较于 2021 年第一季度上涨 31.3%。

2022 年第一季度二手房价格相较于 2021 年第四季度上涨 17.2%，相较于 2021 年第一季度上涨 32.5%（图 12–6）。

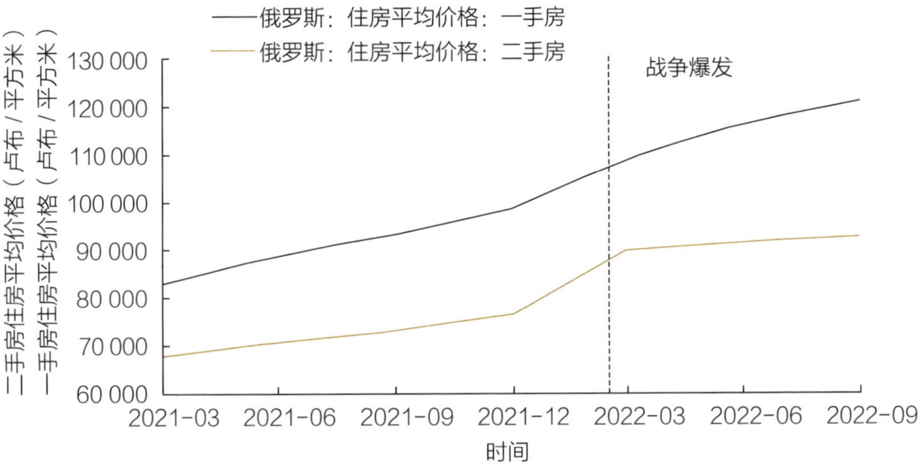

图12–6 俄罗斯住房平均价格走势

资料来源：WIND，华西证券研究所。

第八节 大宗商品表现

俄罗斯在全球大宗商品市场中占据重要地位，俄乌冲突的爆发对全球大宗商品价格产生了重要影响。

原油 / 天然气：IPE 布油期货价格上行 24.5% 至 120 美元 / 桶，这处于十年来 95% 分位数以上；NYMEX 天然气期货价格上行 103% 至 9.3 美元 / 百万英热单位，这处于十年来 95% 分位数以上（图 12–7）。

煤炭：冲突爆发后，NEWC 动力煤价格上升 62% 至 396 美元 / 吨，这处于十年来 90% 分位数以上；IPE 理查德湾煤炭上涨 125% 至 456 美元 / 吨，IPE 鹿特丹煤炭上涨 120% 至 425 美元 / 吨。一方面，俄罗斯为重要的煤炭出

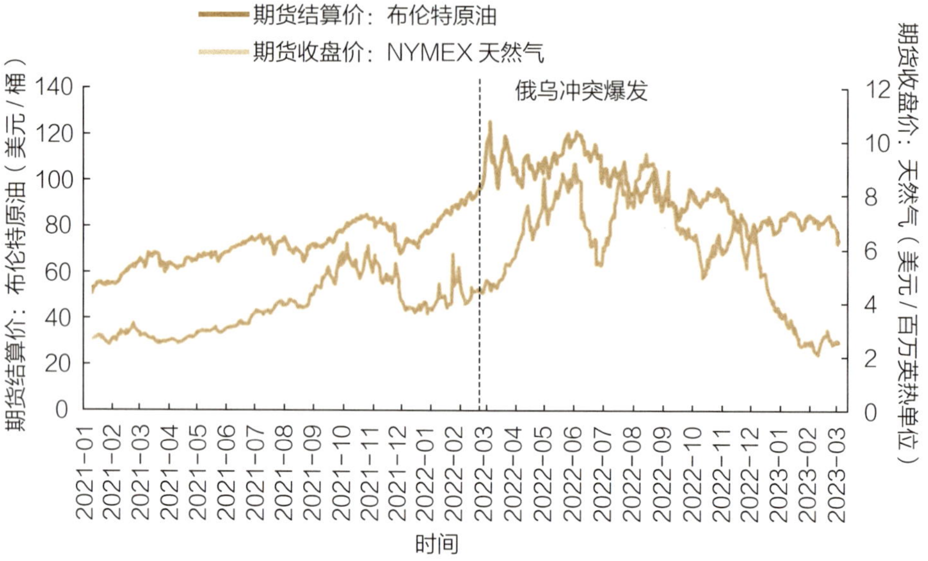

图12-7 原油天然气价格走势

资料来源：WIND，华西证券研究所。

口国，制裁或将引发进口端供应扰动；另一方面，随着油价上行，作为替代资源的煤炭需求亦有边际上升，价格被推动上行。

铝/镍：LME 铝现货价上行 13.2% 至 3984 美元/吨，LME 镍现货价上行 84.6% 至 4.3 万美元/吨，这处于十年来 95% 分位数以上。由于全球铝供给紧缺，库存水平处于 10 年低位，再考虑到全球 5% 的铝来自俄罗斯，且缺气导致欧洲铝厂减产进一步扩大，铝有望维持低库存高价状态。类似的镍等俄罗斯在全球供应占比较大的金属品种也出现了价格抬升。

玉米/小麦：CBOT 玉米期货价格上行 15% 至 757 美分/蒲式耳，这处于十年来 95% 分位数以上；小麦价格上行 42% 至 1201 美分/蒲式耳，这处于十年来 95% 分位数以上。乌克兰是全球第四大玉米出口国，其出口量占全球出口总量的 16% 以上，我国约三分之一的玉米进口来自乌克兰，同时俄乌两国小麦出口占全球小麦出口总额的29%。俄乌冲突将进一步加剧全球农产品供应紧缺。

除了传统的全球性金融危机，被制裁国家和地区的金融危机和经济危机风险也同样存在。

第九节　美国的制裁

经济制裁的概念起源于1919年美国总统伍德罗·威尔逊（Woodrow Wilson）的一次公开演讲。他认为，在经济层面上不使用任何武力、和平而有效的措施（经济制裁），最终能够在不造成人员伤亡的情况下迫使其他国家让步。这一观点为美国后续大规模应用经济制裁定下了基调。事实上，一项实证研究指出，在1914年至1990年间实施的经济制裁中只有34%有效，且成功率不断下降。

冷战后，美国为了强迫其他国家响应美国的制裁政策，对第三方采取了一种制裁“连坐”政策。从博弈论的角度看，制裁一旦开始，被制裁国家往往会转向求助关系较好的他国，以对冲本国对美国产品、技术、资源和资金的需求，减轻美国制裁带来的影响。由此，美国完善了制裁目标和手段，不仅制裁目标国，而且会对为目标国提供帮助的第三方进行制裁。制裁对象不再只是国家主体，还可以是具体集团或者个人，打击效果集中于特定的社会成员。这极大地提升了制裁效果，提高了制裁的精确度。

制裁作为美国的经济武器，确实对被制裁国家的经济和社会产生了重大影响。

首先，制裁导致被制裁国家货币贬值，资本外流，金融市场动荡。如美国在2014年4月11日宣布对个别俄罗斯机构和个人实施经济制裁后，之后俄罗斯卢布对美元的汇率就下跌了3%。不少俄罗斯企业深受卢布贬值的影响，如俄罗斯的洲际航空公司，因为卢布贬值该公司背负沉重的外币债务而走向破产。由于美国对俄罗斯经济领域的制裁直接切断了俄罗斯与西方国家的经济合作与资金联系，俄跨国企业面临瘫痪、无法正常运营。俄罗斯的整个金融行业陷入了低谷期。

其次，制裁导致被制裁国经济增长放缓。如美国经济制裁对俄罗斯国民经济影响非常明显。俄罗斯 GDP 在 2009 年到 2013 年持续增长，最高时达到 2.33%，但 2014 年开始的经济制裁导致俄罗斯 GDP 增速快速下滑，2016 年达到 1.28%，增速接近腰斩。

最后，制裁导致被制裁国民众生活水平下降。2014 年开始的制裁，导致俄罗斯猪肉与食糖的价格上涨 25%，11 月的通胀率高达 9.4%，2015 年 3 月升至 16.9%。制裁不但导致俄罗斯物价高涨，也引发其贫困人口数量大幅增加。2016 年俄罗斯贫困人口总数高达 1980 万，占当年俄人口总数的 13.5%。

虽然俄罗斯经历过美国的多轮制裁，但随着其推出一系列反制裁措施，同时积极寻找技术资源的替代国，俄罗斯的经济和社会都出现了快速修复的局面。

第十节　美国的脱钩及个人海外财产风险

2018 年特朗普执政后，美国主动掀起了与中国脱钩的行动，其先后在贸易、投资、技术、金融等领域与中国减少或断绝联系。

中美两国双边贸易额在 2022 年近 7000 亿美元，美国强行在贸易、投资、金融、科技和文化交流等领域与中国脱钩，将对两国的贸易和经济产生严重影响。中美两国的经济和贸易触角遍布全球，如果两国持续进行经济脱钩，将对全球产业链、供应链、金融体系等产生深远的影响。

2022 年 12 月底美国得克萨斯州参议院提出了一项法案。这项立法将中国公民在得克萨斯州购买任何房产（包括房屋）视为非法行为。进入 2023 年，美国南达科他州、佛罗里达州、弗吉尼亚州等州地方立法机构开始酝酿推出房地产限购法令，主要限制中国、朝鲜、俄罗斯、伊朗等国的企业和个人购买房地产。

这不禁让人联想到在 2022 年俄乌冲突过程中，美国等西方国家推出的一系列没收法令，这些法令允许美国没收俄罗斯在美国和欧洲银行的资产。

截至 2022 年 12 月 1 日，瑞士政府冻结了俄罗斯价值 81 亿美元的资产。此外，瑞士信贷集团冻结了价值 176 亿瑞士法郎（超过 190 亿美元）的俄罗斯资产，金额约为俄罗斯自然人和法人在瑞士所有资产的三分之一。在欧洲，俄罗斯还有 3000 亿美元左右的海外资产被冻结。

第四篇

中国经济长期向好

第十三章 中国经济基本面良好

第一节　疤痕效应阻挡不了中国经济复苏

中国具有社会主义市场经济的体制优势、超大规模市场的需求优势、产业体系配套完整的供给优势、大量高素质劳动者和企业家的人才优势。中国经济韧性强、潜力大、活力足，长期向好的基本面不会改变。中国将始终推动世界发展的重要力量。

在新冠疫情期间，中国经济经受住了考验。2022 年，我国经济发展面临需求收缩、供给冲击、预期转弱三重压力，全年 GDP 实际增长 3%。受新冠疫情的影响，全年城镇调查失业率水平都维持在 5.3% 以上，部分月份甚至超过 5.5% 的目标水平，全年 CPI 中枢 2%，处于较低水平。

进入 2023 年，经济虽然仍有疫情带来的“疤痕效应”，但中国经济进入复苏轨道。2023 年上半年，我国国内生产总值达 593 034 亿元，按不变价格计算，同比增长 5.5%。分产业看，第一产业增加值 30 416 亿元，同比增长 3.7%；第二产业增加值 230 682 亿元，增长 4.3%；第三产业增加值 331 937 亿元，增长 6.4%。分季度看，第一季度国内生产总值同比增长 4.5%，第二季度增长 6.3%。从环比看，第二季度国内生产总值增长 0.8%。上半年，全国居民消费价格指数同比上涨 0.7%。2023 年上半年，全国居民人均可支配收入

19 672 元，同比名义增长 6.5%。2023 年上半年，全国城镇调查失业率平均值为 5.3%，比第一季度下降 0.2 个百分点。

第二节　波浪式发展和曲折式前进

疫情防控平稳转段后，经济恢复是一个波浪式发展、曲折式前进的过程。

2023 年，服务业得到了快速、显著恢复；建筑业活动回升也较为明显（图 13-1）。

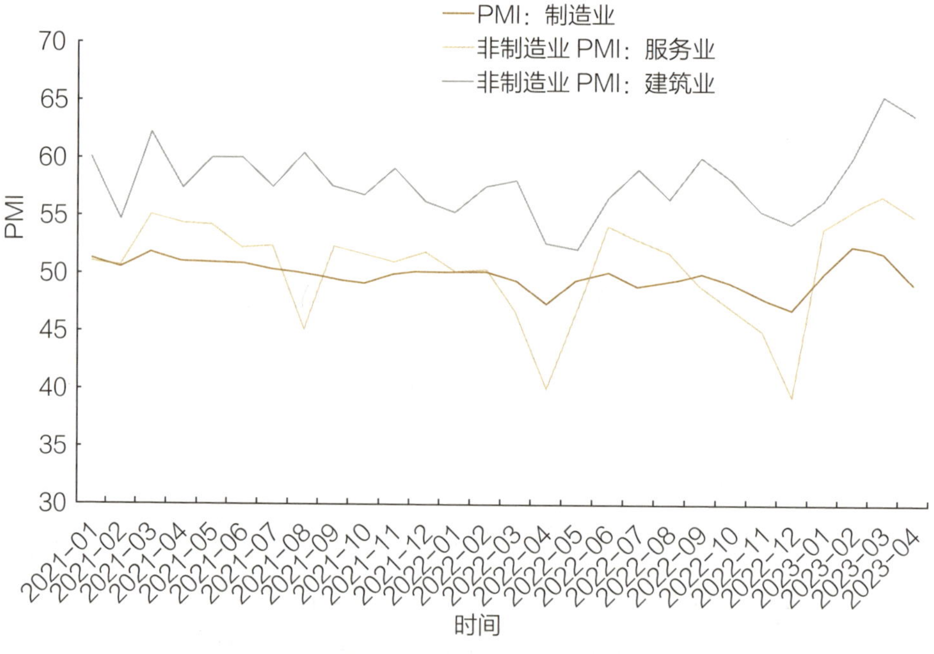

图13-1　中国PMI走势图

资料来源：WIND，华西证券研究所。

2023 年固定资产投资增速保持稳健。2023 年 1—7 月，全国固定资产投资（不含农户）同比增长 3.4%（预期 3.9%，前值 3.8%），环比下降 0.02%。

1—7 月，民间固定资产投资 149 436 亿元，同比下降 0.5%（前值-0.2%）。分产业看，第一产业投资同比下降 0.9%（前值-0.1%）；第二产业投资增长 8.5%（前值 8.9%）；第三产业投资增长 1.2%（前值 1.6%）（图 13-2）。

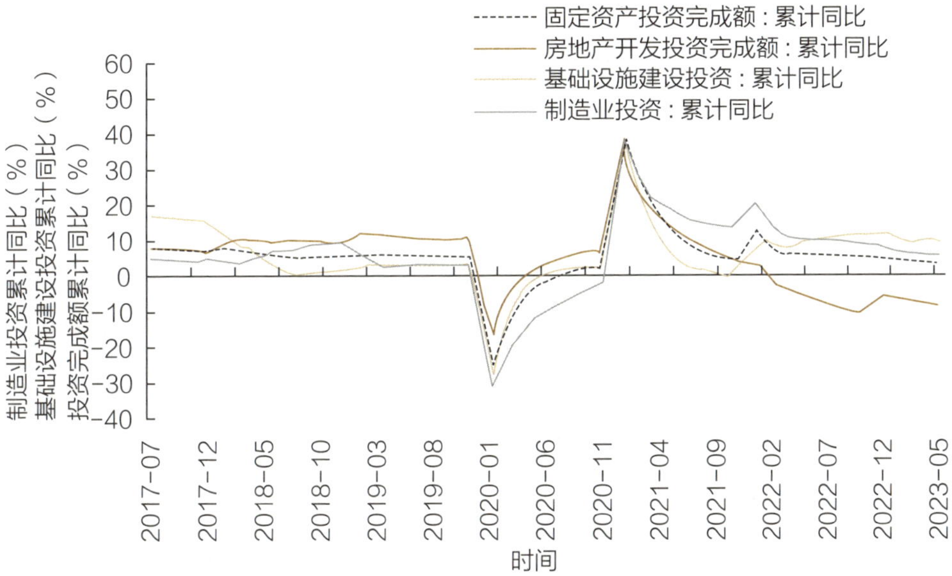

图13-2　中国固定资产投资

资料来源：WIND，华西证券研究所。

2023 年基建投资保持稳健。1—7 月，基础设施投资（不含电力、热力、燃气及水生产和供应业）同比增长 6.8%，较前值回落 0.4 个百分点；全口径基建投资同比增速为 9.41%，较前值回落 0.74 个百分点。其中，铁路运输业投资增长 24.9%（前值 20.5%），水利管理业投资增长 7.5%（前值 11.5%），道路运输业投资增长 2.8%（前值 3.1%），公共设施管理业投资增长 0.8%（前值 2.1%），除铁路运输业外增速均保持稳健。

2023 年 8 月发布的《国务院关于今年以来预算执行情况的报告》指出，今年新增专项债需于 9 月底前基本发行完毕，用于项目建设的专项债券资金力争在 10 月底前使用完毕。8 月高频数据显示基建落地节奏加快，预计后续随着专项债资金陆续投入项目建设，基建投资有望回升（图 13-3）。

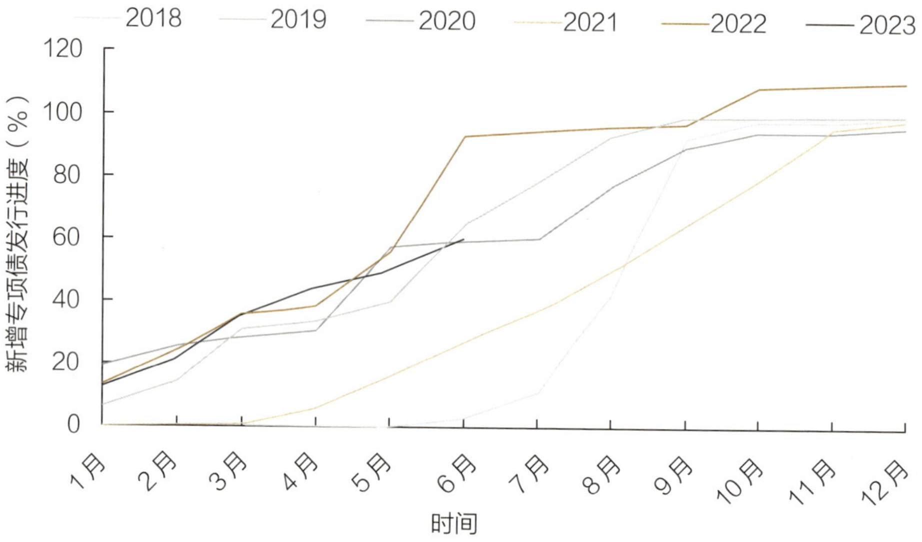

图13-3　新增专项债发行进度

资料来源：WIND，华西证券研究所。

2023 年房地产市场筑底回升。1—7 月，全国房地产开发投资完成额为 67 717 亿元，同比下降 8.5%，增速较前值下降 0.6 个百分点。施工面积和新开工面积降幅持续扩大，房地产开发建设仍比较低迷。1—7 月，商品房销售面积 66 563 万平方米，同比下降 6.5%，较前值回落 1.2 个百分点。商品房销售额 70 450 亿元，同比下降 1.5%，较前值回落 2.6 个百分点（图 13-4）。

2023 年 6 月末冲量后，7 月房地产销售再度低迷。8 月份以来，地方层面先后有 30 多个城市放松政策，内容主要涉及放松限购、放松限贷、放松限售、减免交易税费、放松公积金贷款、发布购房补贴和放松落户等方面。政策放松有助于销售端边际修复，这可使房地产市场缓慢筑底回升。

2023 年中国出口触底回升。虽然国内外局势一度导致我国出口陷入困境，但我们认为出口同比增速或已阶段性见底。一是高基数问题逐步消退；二是

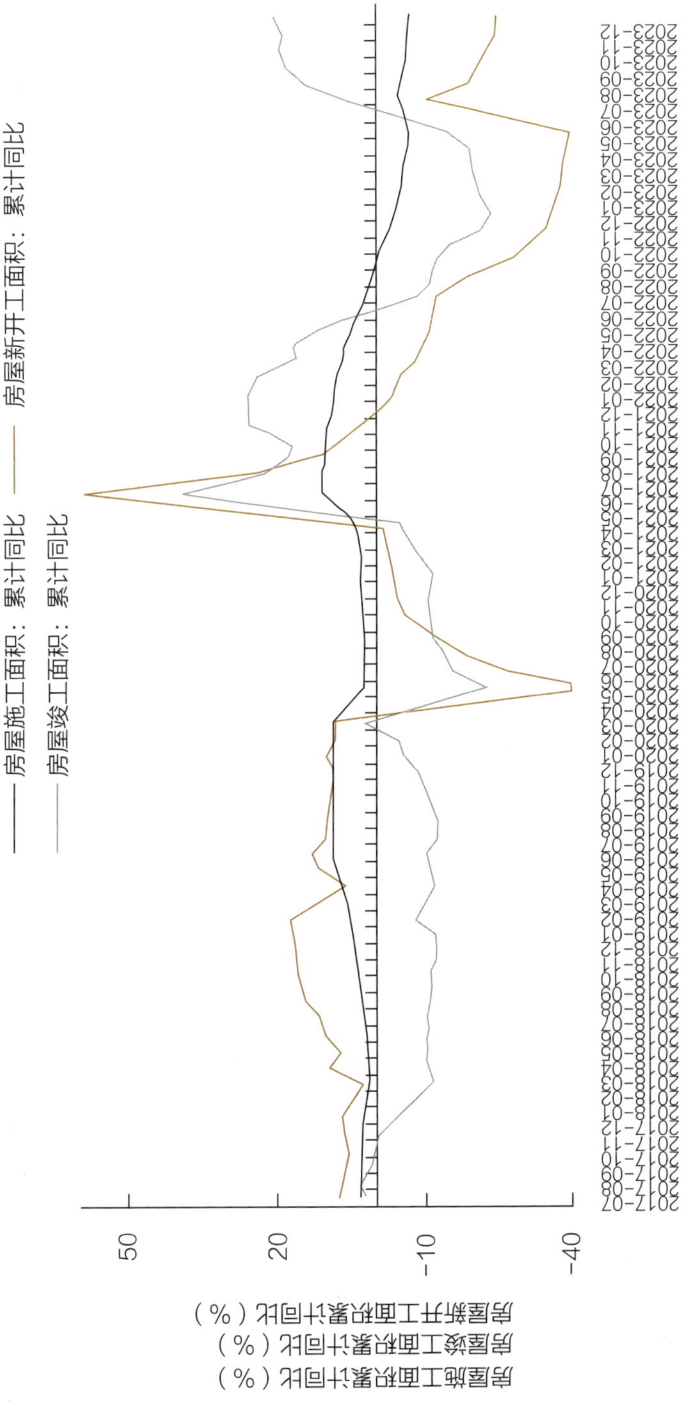

图13-4　中国房地产市场数据统计

资料来源：WIND，华西证券研究所。

临近圣诞出货高峰期，义乌圣诞用品出口已恢复至疫情前水平，较 2022 年增加 10% 左右；三是美国及西方发达国家欧洲等主要航线集装箱运价指数均已触底回升，所以我们对后续出口仍持谨慎乐观态度（图 13–5）。

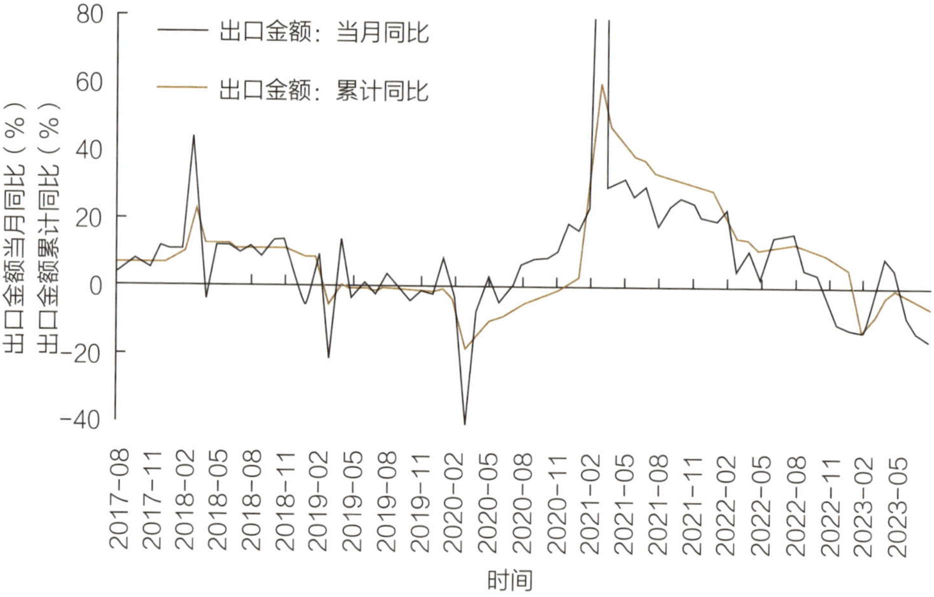

图13–5　中国出口数据情况

资料来源：WIND，华西证券研究所。

2023 年中国 CPI 呈现 U 形态势，低点已过。2023 年 7 月 CPI 同比–0.3%，是年内最低点，2022 年基数较高以及食品分项的大幅回落是主要原因。食品分项中猪肉价格下降 26.0%，降幅比 2023 年 6 月扩大 18.8 个百分点；鲜菜价格由 6 月上涨 10.8% 转为下降 1.5%；鸡蛋、牛羊肉和虾蟹类价格降幅为 1.5%~4.8%，降幅均有所扩大。非食品分项方面，服务价格上涨 1.2%，主要与机票、住宿、旅游等价格上涨有关，另外工业消费品价格下降 1.9%，降幅收窄 0.8 个百分点（图 13–6）。

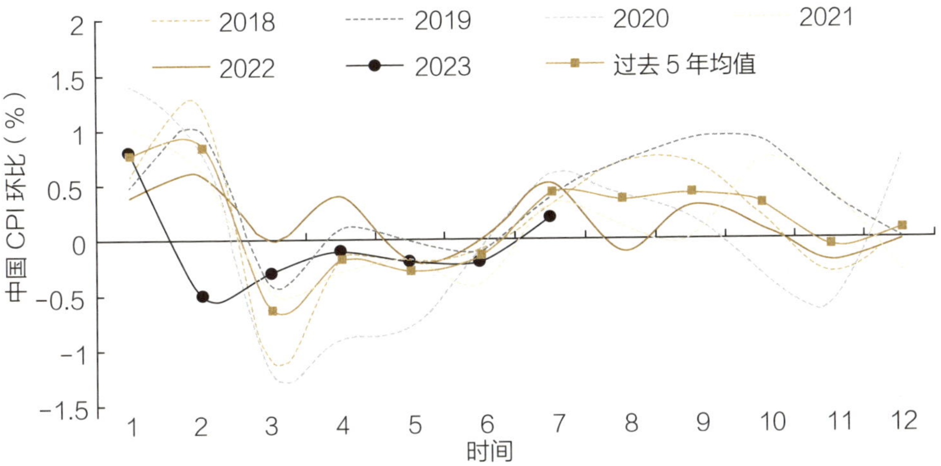

图13-6　中国CPI环比转正

资料来源：WIND，华西证券研究所。

目前，中国经济基本面持续向好，这使中国足以抵御来自美国的脱钩影响，以及可能会出现的金融危机。

第十四章 中国的货币与债务分析

第一节 中国货币增速分析

M1 代表了现金与单位活期存款之和，与经济运行联系最为紧密，M1 增速的变化有较强周期性，其对经济运行态势有较强指示意义（图 14–1）。

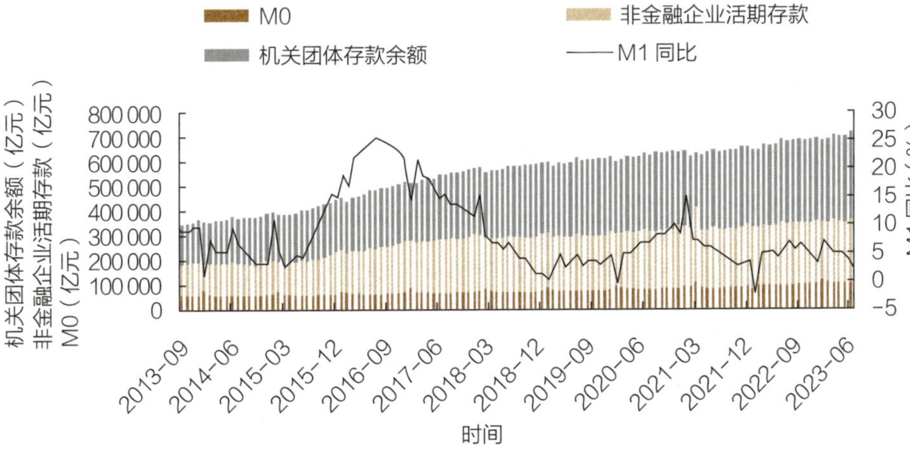

图 14–1 M1 组成部分与同比

资料来源：WIND，华西证券研究所。

回顾历史，我们发现，1996 年以来中国 M1 增速已经历 8 个周期，周期长度约 30~45 个月。前四轮 M1 周期（1996—2009 年）增速波动幅度较为稳定，基本维持在 10%~25% 之间。为应对 2008 年金融危机，一系列经济刺激政策将 M1 增速推至顶峰（2010 年 1 月，增速 39%）。后四轮周期（2009—2021 年）整体呈现峰值回落、波幅收窄的态势。当前 M1 增速处于回升阶段，但增幅较缓（图 14–2）。

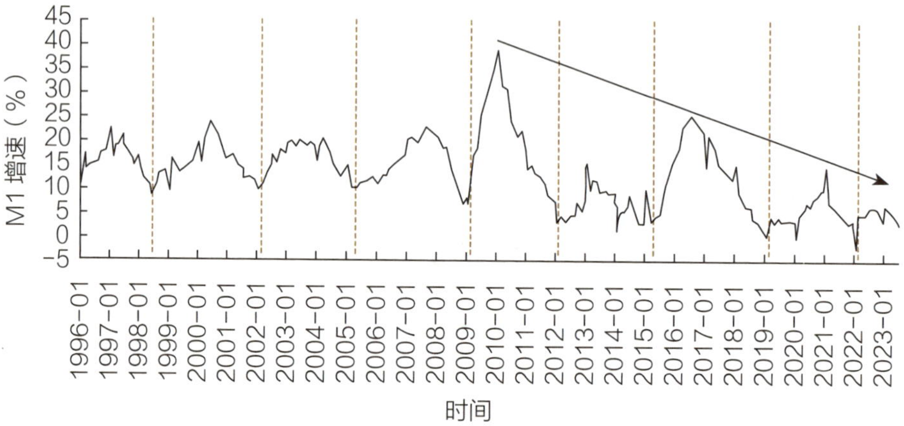

图14–2　中国M1增速周期

资料来源：WIND，华西证券研究所。

中国 2023 年 M1 增速较为缓慢，并没有像某些言论说的那样大水漫灌。2022 年 2 月至 2023 年 6 月，M1 增速基本在 5%~6%，在低位波动。

非金融企业活期存款增速较低。下面我们来分析 M1 各组成部分：其中，M0（流通中的现金）和机关团体存款增速拉动较为稳定，而非金融企业的活期存款增速拉动偏弱，甚至为负。例如，2023 年 6 月非金融企业活期存款为 25.9 万亿元，较 2022 年的 26.1 万亿元有所回落（图 14–3）。

首先，在需求不足、订单转弱的背景下，企业预期悲观，通过增加定期存款（窖藏货币）以获取固定收益，而不愿意保持资金的流动性以寻求交易和投资机会。这导致了非金融企业定期存款同比增速稳定而活期存款增速较低，较多资金流向了“准货币”。

其次，房地产行业金融属性强且上下游产业链长，其景气状态对高流动

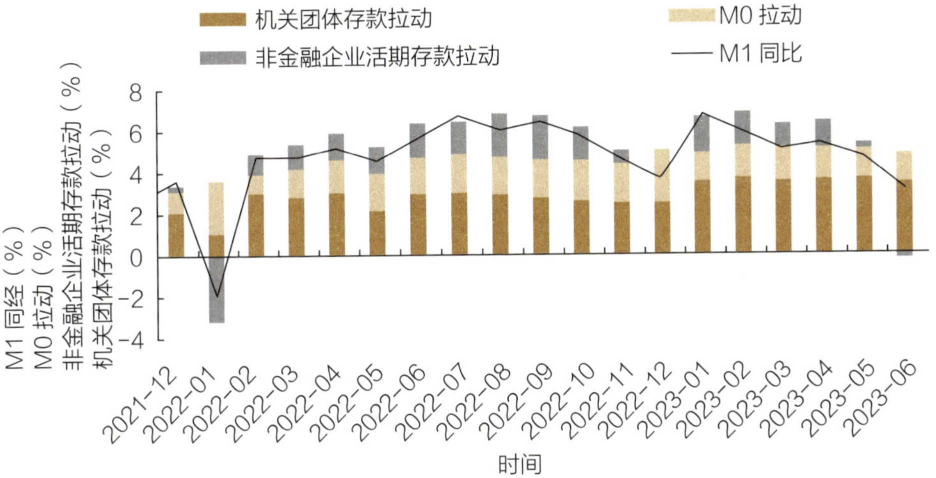

图 14-3　M1 拉动因素

资料来源：WIND，华西证券研究所。

性的活期资金影响较大。2021 年以来，房屋新开工面积和商品房销售额累计同比均持续走低，M1 增速随之下行并呈现低增速状态。在“房地产供需关系新形势”下，政策逐步得到优化，促进了刚需和改善性需求。伴随政策效果显现，M1 增速有望获得一定支持（图 14-4、图 14-5）。

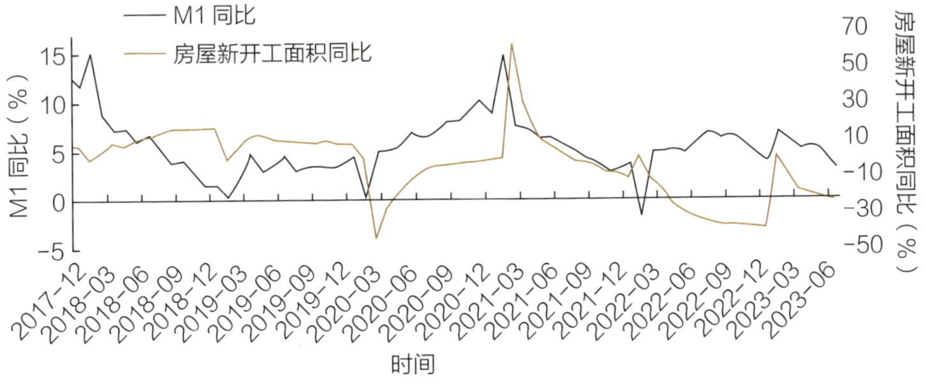

图14-4　房屋新开工面积与M1增速

资料来源：WIND，华西证券研究所。

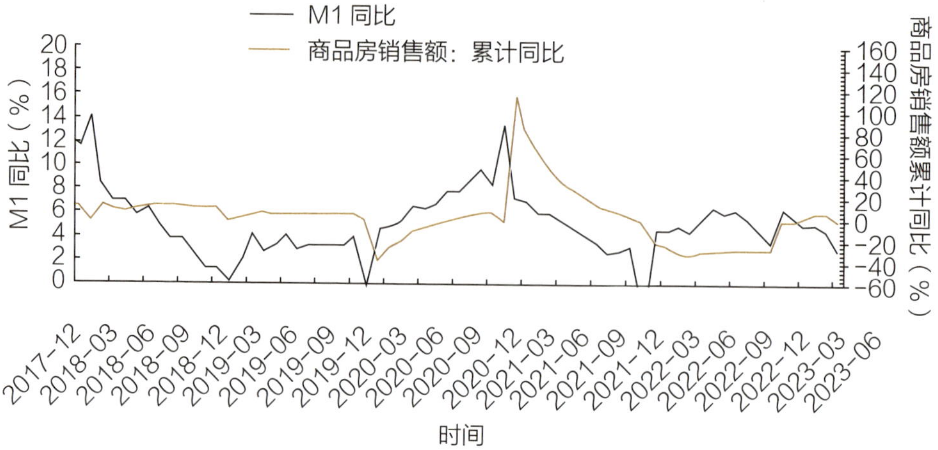

图14-5 商品房销售增速与M1增速

资料来源：WIND，华西证券研究所。

第二节 中国货币 M1-M2 增速差

M2（广义货币供应量）是一个经济学概念，和狭义货币相对应，是货币供给的一种形式或口径。M2 的计算方法是交易货币（M1，即社会流通货币总量加上活期存款）加上定期存款与储蓄存款。M2 大概为 M1 加上机关、团体、部队、企业和事业单位在银行的定期存款、城乡居民储蓄存款、外币存款和信托类存款。

M1-M2 增速差反映了市场预期和经济活跃度。M1-M2 增速差既反映市场对未来经济前景的预期，也是资金活跃度的重要测度指标。M1-M2 增速差为正且持续扩大，这表明微观主体对未来预期较为乐观，需求扩张动能较强；而 M1-M2 增速差为负且负值加大，这则表明微观主体对未来预期较为悲观，需求缺乏扩张动力，经济活跃度较低。

2022 年至 2023 年 6 月，M1-M2 增速差为负且持续加大，这表明市场预期偏弱，经济动能不足。我们在本章第一节中已做了原因分析。2023 年 6—7

月，中国陆续出台一揽子经济刺激政策，伴随政策落地生效，后续 M1–M2 增速差的负值将会有所收敛（图 14–6）。

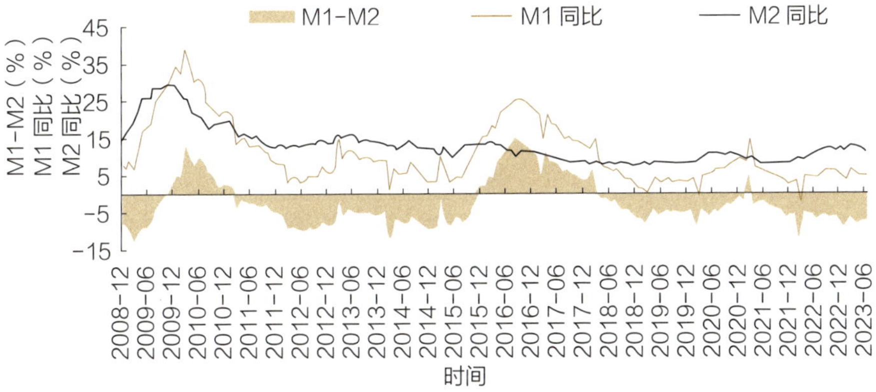

图 14–6　M1、M2 及 M1–M2 增速差

资料来源：WIND，华西证券研究所。

货币与经济和企业盈利关系密切。M1、M1–M2 增速差具有相对于企业盈利的领先性。

首先，M1 增速领先生产价格指数（PPI）约 10~12 个月，而 PPI 是工业企业赢利状况的价格代表指标（图 14–7）。

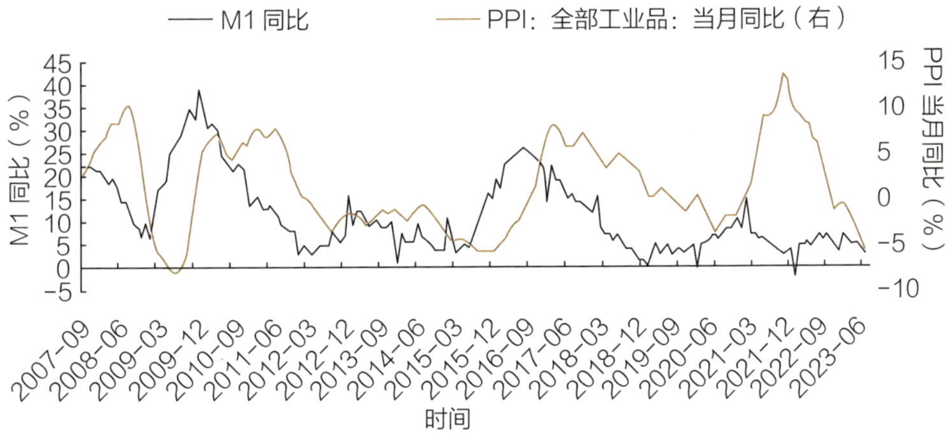

图 14–7　M1 领先 PPI 约 10~12 个月

资料来源：WIND，华西证券研究所。

其次，M1–M2 增速差领先工业企业利润增速约一个季度。2022—2023 年 6 月，M1–M2 增速差与工业企业利润增速均呈现下降趋势（图 14–8）。

如果后续政策效果显现，经济活跃度提升，M1 增速回升、M1–M2 增速差收窄，企业盈利将得到相应改善。

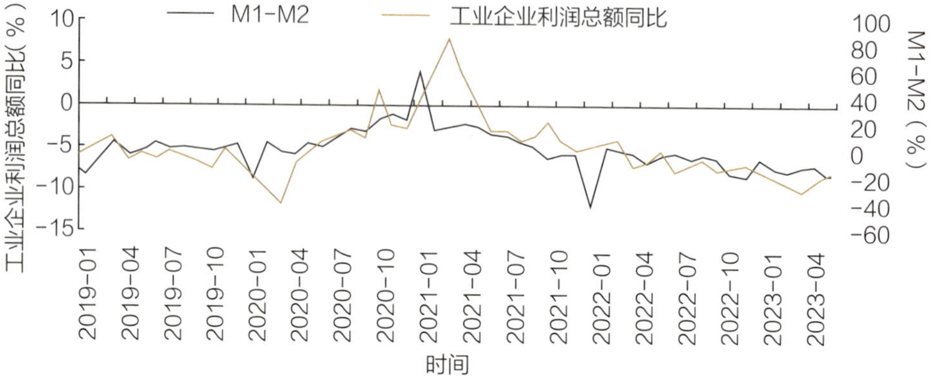

图 14–8　M1–M2 增速差领先工业企业利润约一个季度

资料来源：WIND，华西证券研究所。

说到中国股市，货币的松紧直接决定了股市的涨跌，因为流动性是决定股市趋势的重要因素。M1–M2 增速差对股市具有指示效应。

上证指数与 M1–M2 增速差在趋势变化上比较吻合。其逻辑在于，预期改善、经济活跃度上升，居民配置股票的意愿会提高；反之亦然。如果未来 M1 增速回升、M1–M2 增速差收窄，股市有望出现较好表现（图 14–9）。

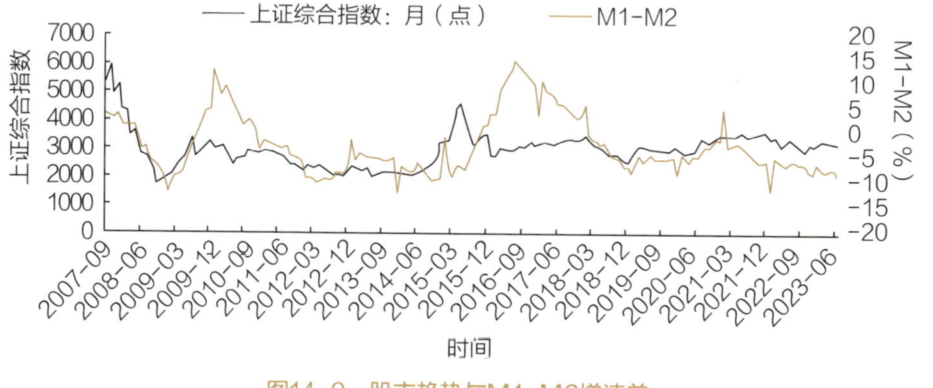

图14–9　股市趋势与M1–M2增速差

资料来源：WIND，华西证券研究所。

第三节　中国经济杠杆率

在本章前两节中我们详细论述了中国的货币流动性问题，下面我们分析一下中国的债务问题。

由于社融 /GDP 难于区分各部门杠杆率水平，我们可以考察 BIS 和社科院关于分部门经济杠杆率数据来对企业、居民和政府各自杠杆率特征进行对比分析，这里选用的是社科院数据。经济杠杆率的部门特征：大危机以来，居民、企业和政府杠杆率都较为明显上升。其中，中国居民部门杠杆率基本是"一路上行"（至 2020 年），企业和政府部门杠杆率在整体上行中存在阶段性回落。

经济杠杆率的时序特征：2003—2008 年总体趋势是稳中趋降，2009—2022 年总体持续上升、阶段性略有回落（2011 年、2018 年和 2021 年），从 134.2% 上升至 284.4%，上升约 150 个百分点（图 14–10）。

中国自 2009 年以来，经济杠杆在三个时段显著上升：

2009—2010 年，2008 年次贷危机经济刺激时期：社融 /GDP 从 2008 年的 134.2% 上升至 2010 年的 173.9%，年均上升约 20 个百分点。

2012—2017 年，后危机时代债务偿还高峰期与政策再度显著宽松期：社融 /GDP 从 2011 年的 172.4% 上升至 2017 年的 247.5%，年均上升约 12.5 个百分点。

2019—2022 年，贸易战及新冠疫情冲击下政策宽松期：社融 /GDP 从 2018 年的 247% 上升至 2022 年的 284.4%，年均上升约 9.4 个百分点。

2023 年，尽管服务类经济显著恢复，但受房地产市场继续调整和经济内在动能偏弱影响，宏观经济在第二季度后增速放缓。在稳增长背景下，逆周期政策加码，货币政策进一步宽松，信用扩张得到鼓励，社融继续保持较快增速（约 9.5%）。2023 年社融 /GDP 为 298%，较 2022 年上升 13.6 个百分点。

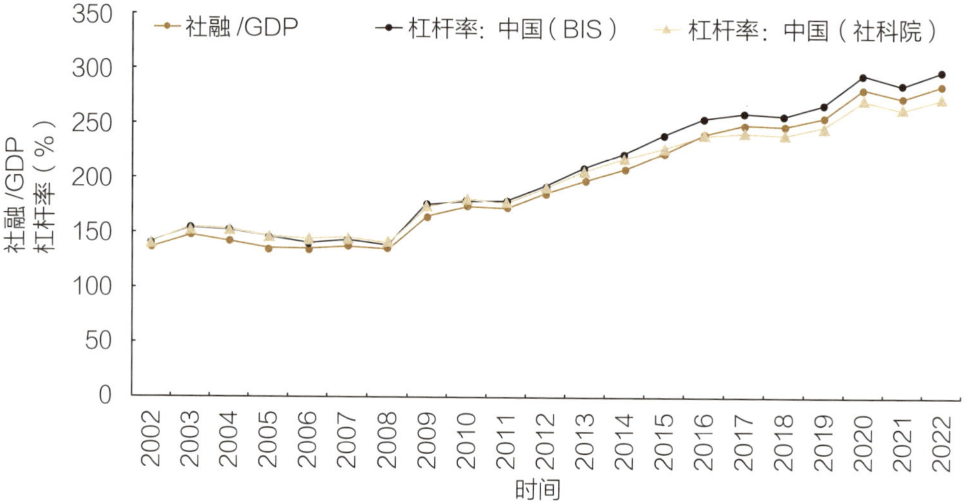

图14-10　经济杠杆：社融/GDP水平、BIS和社科院测算指标

资料来源：WIND，华西证券研究所。

第四节　中国经济杠杆率的特点

经济杠杆率的部门特征：2008 年次贷危机以来，居民、企业和政府杠杆率都较为明显上升。其中，居民部门杠杆率基本是“一路上行”（至2020年），企业和政府部门杠杆率在整体上行中存在阶段性回落（图 14-11）。

中国 2009—2020 年居民部门杠杆：保持持续上行，从 18% 升至 62.3%，上升约 44.3 个百分点，年均约 3.7 个百分点。2021—2022 年居民部门杠杆率平坦化。个人住房按揭贷款是拉动居民部门杠杆率的主要途径，居民杠杆率与住房按揭贷款增速同向、同节奏变化（图 14-12）。

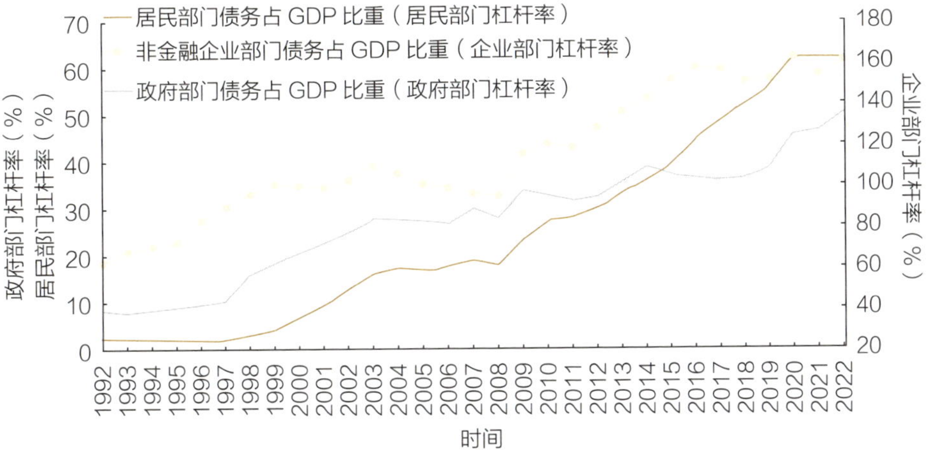

图14-11　各部门（居民、非金融企业、政府）杠杆率

资料来源：WIND，华西证券研究所。

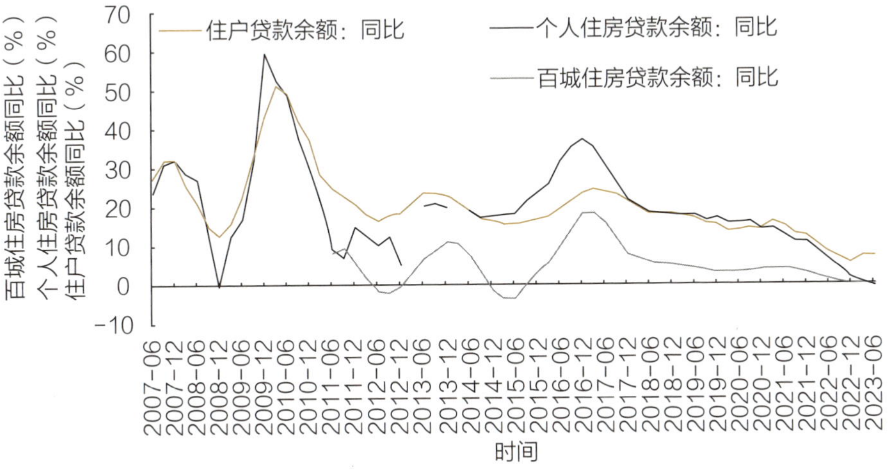

图14-12　住户贷款余额、个人住房贷款余额与住宅价格指数同比关系

资料来源：WIND，华西证券研究所。

2016—2017 年，在房地产调控政策放松和棚改货币化推动的背景下，住房按揭贷款快速增长，季度同比均值在 30.5%。2017 年以后，伴随房地产新政出台以及因城施策的实施，房地产调控政策逐渐收紧，住房按揭贷款增速放缓。2022 年以来，疫情冲击、居民收入增速放缓，以及购房预期转

弱，导致住房按揭贷款增速进一步显著下降，并在2023年第二季度出现负增长。

企业杠杆：2009—2022年非金融企业部门杠杆率从95%升至161%，上升了66个百分点，年均约4.7个百分点。2017—2018年，在“三去一降一补”的供给侧结构性改革背景下，企业部门杠杆率有所下降。需要区分两类企业杠杆：民营企业杠杆和地方城投平台企业杠杆。前者受经济周期影响较大，具有顺周期特征，后者受政策影响较大，具有逆周期特征。

政府杠杆：2009—2022年政府部门杠杆率从28%升至50.4%，上升了22.4个百分点，年均上升1.6个百分点。政府显性杠杆较居民和企业杠杆低，但市场关注的是与地方政府建设职能相关的城投平台企业杠杆。2015—2022年，政府债务与城投平台债务合计占GDP比重，从66%上升至97.6%，上升了31.6个百分点，年均约4.5个百分点，比较接近企业杠杆上升幅度。

经济杠杆率变化具有显著的周期特征，当前国内处于2021年第三季度以来的新一轮杠杆周期中，预计杠杆率增速在阶段性回升后将会有所回落。2022年至2023年第二季度，居民杠杆率相对高位“横盘”，企业部门和政府部门杠杆率有所上升。具体来看，居民购房意愿下降，住房按揭贷款增速下降，2023年第二季度出现负增长（–0.7%），这使得居民杠杆基本维持不变。制造业企业贷款快速增长（从30%上升至40%）。基础设施相关贷款增速上升，以及“保交楼”政策支持下的房地产开发贷款触底回升，两者共同导致企业杠杆回升。在政府债券融资规模扩大背景下，政府杠杆有所上升。

第五节　中国债务问题

货币信用扩张导致债务生成和跨期偿还，以及利率波动，刚性债务规模和利率水平是杠杆率变化的重要影响因素。其中，当期的刚性债务规模由当前和过往货币及信用政策所决定。即 $dr = u(D, R)$。

宽松政策下的信用扩张推升杠杆率，高杠杆率下的债务跨期偿还和利率波动又会“倒逼”信用进一步做超额投放，以维护债务局面稳定。这就导致“杠杆的滚雪球效应”产生，其反映杠杆率的循环推升过程。特别地，在经济回报率边际递减规律作用下，持续信用扩张获得的边际产出回报将不断降低，“杠杆的滚雪球效应”将增强，企业容易陷入作茧自缚的境地。

从货币信用需求角度看，刚性债务的存在和利率波动，导致债务偿还性货币需求对货币信用供给构成约束。因为在这种情况下，杠杆率增速会惯性地保持一定水平。为避免出现严重债务危机，这就需要货币信用供给相应给以支持和满足。

无论是从全球主要经济体的经济杠杆率特征，还是从我国历史情况来看，经济杠杆率“易升难降”、总体保持上行态势，只是在不同时段其上行斜率和节奏有所不同。在经济内在动能不强、下行压力仍大的情况下，宏观政策逆周期力度加大，经济杠杆率上行节奏会有所加快。

经济杠杆率变化具有显著的周期特征，当前国内处于 2021 年第三季度以来的新一轮杠杆周期中，预计杠杆率增速在阶段性回升后将会有所回落。

2023 年第二季度以来，经济下行压力有所显现，宏观政策逆周期力度有所加码：政策利率下调、房地产政策放松、各类促销消费促投资政策出台。

从经济杠杆率维度看，上述举措将促进居民购房意愿改善，增加购房需求，避免住房按揭贷款增速进一步下降（并可能改善），稳定居民杠杆率；通过刺激终端需求，企业融资向实际投资转化得到带动，这使得企业杠杆回升最终形成实际增长。

城投存量债务化解举措在稳定平台企业杠杆率的基础上，同时配套可能的机制体制改革，降低了存量风险，改善了市场预期，并为经济增长营造了良好环境。

第十五章 中国房地产市场稳健发展

第一节　中国的三轮房地产政策周期

2008 年以来，我国大致经历了三轮较为明显的房地产政策周期。分别是 2008 年 10 月—2009 年 12 月、2012 年 2 月—2013 年 2 月、2014 年 4 月—2016 年 9 月（图 15-1）。

第一轮：2008 年 10 月—2009 年 12 月。2008 年 10 月 22 日，央行发布通知，将首套首付比例最低下调至 20%；同日，财政部和国税总局发布通知，减免 90 平方米以下首套房的交易契税，本轮房地产放松的序幕被拉开。

2008 年 12 月，国务院进一步发布支持房地产开发企业积极应对市场变化的《关于促进房地产市场健康发展的若干意见》（也被称为“国十三条”），其主要包括加大保障性住房建设力度、进一步鼓励普通商品住房消费、支持房地产开发企业积极应对市场变化、强化地方人民政府稳定房地产市场的职责、加强房地产市场监测和积极营造良好的舆论氛围等六大方面的内容。

受四万亿元投资计划的影响，2009 年我国经济表现出回暖的态势，商品房销售增速较快，部分城市房价有过快上涨的风险。受此影响，2009 年 12 月 9 日，国务院常务会议宣布将个人住房转让营业税征免时限由 2 年恢复到 5 年；2009 年 12 月 14 日，国务院常务会议提出“增加供给、抑制投机、加

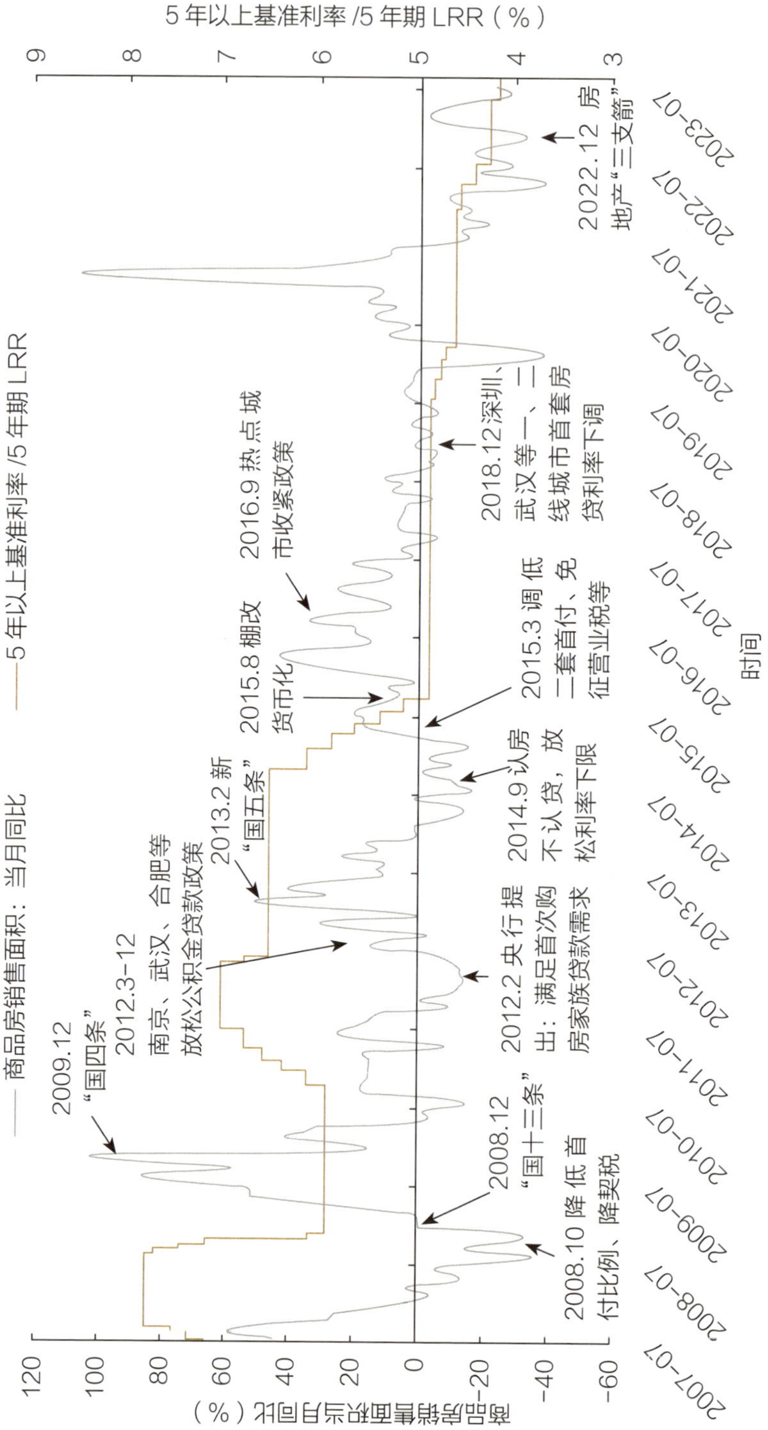

图15-1 历史上的房地产主要政策梳理

资料来源：WIND，华西证券研究所。

强监管、推进保障房建设”四大举措（也被称为“国四条”），同时表态“遏制房价过快上涨”，宽松周期正式结束。

第二轮：2012 年 2 月—2013 年 2 月。这一轮房地产周期中央层面出台的全国性政策较少，以地方层面放松为主。

2012 年 2 月，央行在金融市场工作座谈会中提出，“要加大金融服务，满足首次购房家庭的贷款需求”，央行对房地产调控的表述放松，这标志本轮房地产放松周期的开启。2012 年 3 月 15 日，国务院发布《政府工作报告》，进一步强调要搞好房地产市场调控和保障性安居工程建设，增加普通商品住房供给，改革房地产税收制度，促进房地产市场长期平稳健康发展。

从 2012 年 3 月开始，地方开始密集出台房地产放松政策。武汉、合肥和重庆等城市发布放松公积金政策，北京和上海等城市放松普通住宅的认定标准，扬州对于特定建筑面积的新购买商品住房，给予购房合同价款一定比例的奖励。还有城市通过放松首套房贷利率和放松税收调控等措施来实行房地产放松政策。

2012 年下半年的楼市热度再起，房价高企，销售反弹，热点城市频现地王。2012 年 12 月，中央政治局会议要求“加强房地产市场调控和住房保障工作”；2013 年 2 月，国务院发布《关于继续做好房地产市场调控工作的通知》（也被称为“国五条”），其主要内容包括完善稳定房价工作责任制，坚决抑制投机投资性购房，增加普通商品住房及用地供应，加快保障性安居工程规划建设，以及加强市场监管等五方面的内容，新一轮地产调控开启。

第三轮：2014 年 4 月—2016 年 9 月以后。这一轮房地产周期又分为两个阶段，第一个阶段是从 2014 年 4 月至 2015 年 3 月。2014 年上半年，楼市明显遇冷，商品房销售量价齐跌，库存堆积严重。面对房地产市场的新情况，最严地产调控政策退出历史舞台，中央和地方政策全面转向宽松。

这一阶段的房地产放松政策开始于地方层面，全国层面后续跟进。4月以来，地方层面的房地产放松政策频繁出台。4月，南宁首先放松部分区域限购；6月，呼和浩特发文取消限购；7月10日，济南全面取消限购。随后，截至9月底，苏州、西安等30余个城市放开限购政策。2014年9月30日，央行和银监会（现国家金融监督管理总局）发布《关于进一步做好住房金融服务工作的通知》，下调首套房贷款利率下限，并对二套房再启“认贷不认房”界定标准，这标志着中央层面上的房地产政策全面放松。随后的2015年3月30日，央行和财政部等部门分别出台放宽二套首付、下调营业税免征期限等政策。

第二阶段的房地产放松以棚改货币化安置为主，开始于2015年8月。2015年8月26日，住建部、国开行发布《关于进一步推进棚改货币化安置的通知》，要求各地按照原则不低于50%的比例确定棚改货币化安置目标。在2016年2月1日，央行和银监会发布房贷新政，下调不限购城市的商贷首付比例。两个礼拜后，财政部等三部门又进一步下调房地产交易环节契税和营业税。

随着2014年以来持续宽松货币环境和房地产政策导致一、二线房价上涨，房地产调控政策逐渐由放松转向收紧，地方政府也开始频频出台房地产收紧政策。2016年3月，以苏州首推限价限购限贷，限制或禁止非本地居民购买第二、第三套房为起点，上海、深圳和南京等热点城市率先收紧调控。2016年9月30日后，北京、广州、深圳等20余个一、二线城市出台了收紧楼市的限购或限贷政策，房地产政策正式进入紧缩周期（表15-1）。

表15-1　2016年房地产政策由放松转向收紧

时间	机构或地方	主要内容
2015年8月26日	住建部和国开行发布《关于进一步推进棚改货币化安置的通知》	各地按照原则不低于50%的比例确定棚改货币化安置目标
2016年2月1日	央行和银监会	不限购城市商贷首付比例下调

续表

时间	机构或地方	主要内容
2016年2月17日	财政部、国家税务总局和住建部发布《关于调整房地产交易环节契税、营业税优惠政策的通知》	下调房地产交易环节契税、营业税
2016年3月18日	苏州市政府	限价限购限贷，限制/禁止非本地居民购买第二、第三套房
2016年3月25日	上海市住建委	调高公积金二套房首付比例
2016年3月25日	深圳市政府办公厅	深圳提高商贷首付比例，严格限购
2016年5月	南京市政府	开始限土拍，提出“在热点区域的住宅用地出让时，由市政府设定地块的出让最高限价”
2016年9月30日—2016年10月6日	北京、广州、深圳等20余个一、二线城市	出台收紧楼市的限购或限贷政策

资料来源：华西证券研究所。

第二节 中国房地产市场迈入平稳发展之路

本轮放松政策将带动房地产市场企稳回升。2023年商品房销售面积或将接近13亿平方米。按照既有的路径，上半年商品房销售面积一般占到全年的52%左右，2021—2022年受下半年疫情影响该占比提升至57%左右。假设2023年上半年占比为53%，那么全年销售面积约为12.56亿平方米，与前面测算的政策放松带来的约2700万平方米增量相加，全年商品房销售面积接近13亿平方米。

商品房销售的回升也会带动房地产投资企稳。在房地产开发投资完成额中，土地购置费占比约 37%，建筑安装工程及设备工器具购置（建安支出）占比约 63%。其中土地成交价领先土地购置费约 12 个月左右，建安工程投资增速与施工面积增速较为同步（图 15-2）。

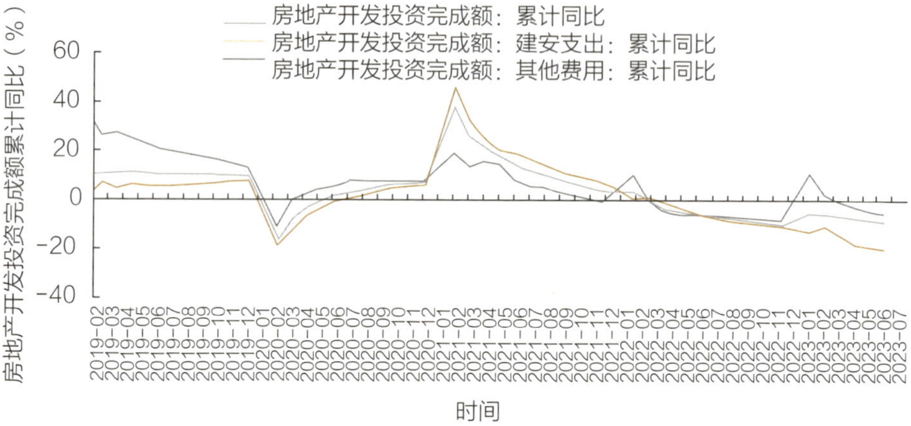

图15-2　房地产开发投资各项增速

资料来源：WIND，华西证券研究所。

从土地成交总价累计同比来看，土地购置费同比会逐步回升，高点大致出现在 2024 年第一季度；而随着商品房销售面积的增加，房屋施工面积也会逐步企稳，从而带动建安投资企稳回升。

第三节　房地产市场供求关系发生重大变化

自 20 世纪 90 年代中国实施房地产市场化改革以来，中国房地产产业取得了蓬勃发展，为中国经济的增长做出了重要贡献。随着中国经济的转型和发展，以及高房价带来的种种社会问题，政府对房地产进行了调控，房地产产业进入了 2.0 版本。

时间来到2023年，7月24日中央政治局会议对我国房地产形势做出重要判断。会议指出“适应我国房地产市场供求关系发生重大变化的新形势，适时调整优化房地产政策”。

政治局会议之后，住建部、央行、金监局等部门积极响应，我国房地产政策开启了新一轮的调整优化进程。

2023年7月31日，国务院常务会议指出要调整优化房地产政策，根据不同需求、不同城市等推出有利于房地产市场平稳健康发展的政策举措，加快研究构建房地产业新发展模式。

2023年8月1日，中国人民银行、国家外汇管理局2023年下半年工作会议提出落实好“金融16条”[①]，延长保交楼贷款支持计划实施期限。继续引导个人住房贷款利率和首付比例下行，指导商业银行依法有序调整存量个人住房贷款利率。

2023年8月25日，住建部连同央行、金监局等部门联合印发《关于优化个人住房贷款中住房套数认定标准的通知》，正式开启认房不认贷。

2023年8月31日，央行和金监局发布《关于调整优化差别化住房信贷政策的通知》《关于降低存量首套住房贷款利率有关事项的通知》两则通知，降低首套房和二套房首付比例以及贷款利率下限，降低存量房贷利率。

中央层面政策出台后，地方配套政策也陆续推出。例如，天津首套房公积金贷款最高限额提至100万元、郑州推出购房补贴、太原支持换购住房退还所得税等。另外，市场密切关注的一线城市“认房不认贷”政策也在2023年8月末9月初陆续推出。

---

① “金融16条”是指2022年11月中国人民银行、中国银行保险监督管理委员会发布的《关于做好当前金融支持房地产市场平稳健康发展工作的通知》。——编者注

第四节　房地产政策放松趋势明显

认房不认贷以及降低首付比例或将带动商品房销售面积新增约 2700 万平方米。

认房不认贷是指：居民家庭（包括借款人、配偶及未成年子女）申请贷款购买商品住房时，家庭成员在当地名下无成套住房的，不论是否已利用贷款购买过住房，银行业金融机构均按首套住房执行住房信贷政策。

认房不认贷主要利好两类群体（以上海为例）：

一类是在上海名下无房，但是在外地有过购房信贷记录的群体。这部分群体在旧标准下属于二套房，需要支付 50%（普通住宅）或 70%（非普通住宅）首付；而认房不认贷标准调整后属于首套房，首付比例调整为 35%（普通住宅）或 40%（非普通住宅），并且贷款利率也由二套房的 5.25% 降为首套房的 4.55%。

另一类是"买一卖一"的改善型群体。这部分群体在旧标准下，卖出已有住房置换新房，因有贷款记录，仍属于二套房，需要执行二套房的首付及贷款标准；而认房不认贷标准调整后属于首套房，执行首套房首付及贷款标准。

认房不认贷政策增量效果主要集中在一线城市和部分强二线城市。据统计，2022 年以来约有超过 65 个城市发文调整认房不认贷政策，这些城市中绝大部分都是三、四线城市，以及部分房地产市场压力较大的二线城市，例如杭州、天津等。

从实际效果来看，三、四线城市状况并不理想。30 大中城市中三线城市商品房销售面积自 2023 年 4 月以来便持续回落。截至 2023 年 8 月底，三线城市商品房销售面积 184 万平方米，同比下降 31.19%，远低于近 5 年同期水平（图 15-3）。

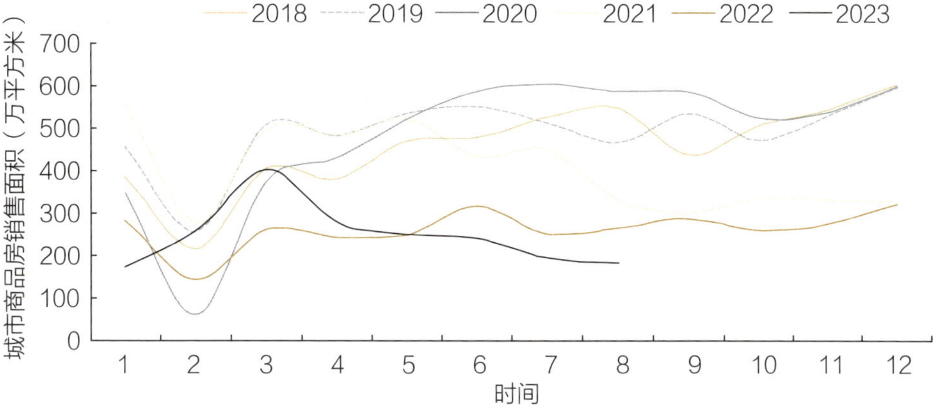

图 15-3　30 大中城市商品房销售面积：三线城市

资料来源：WIND，华西证券研究所。

二线城市当中，天津、杭州比较有代表性，认房不认贷实施时间相对较早，两者可以在一定程度上作为剩余未放松二线城市的参照。

2022 年 9 月 17 日，天津市住房城乡建设委等 7 部门发布《关于进一步完善房地产调控政策促进房地产业健康发展的通知》，对于已结清购房贷款且在本市无房的居民家庭，申请商业性个人住房贷款购买住房的，按首套房贷款政策执行 。

2022 年 11 月 10 日，杭州市发布了《关于调整杭州市个人住房按揭贷款政策的紧急通知》，对于在杭州市限购区内无住房、但有住房按揭贷款记录且相应贷款已结清的居民家庭，为改善条件再次购买普通自住房，可按首套房贷政策执行 。

天津和杭州在放开认房不认贷后，商品房成交面积同比增速出现了较为明显的回升，其增速高于同期二线城市商品房成交面积同比增速，持续时间约 3~5 个月。

从具体数值来看，天津自 2022 年 9 月“认房不认贷”以来，商品房成交面积同比增速较二线城市平均增速高出约 21 个百分点；而杭州自 2022 年 11 月“认房不认贷”以来，商品房成交面积同比增速较二线城市平均高出约 18 个百分点（图 15-4、图 15-5）。

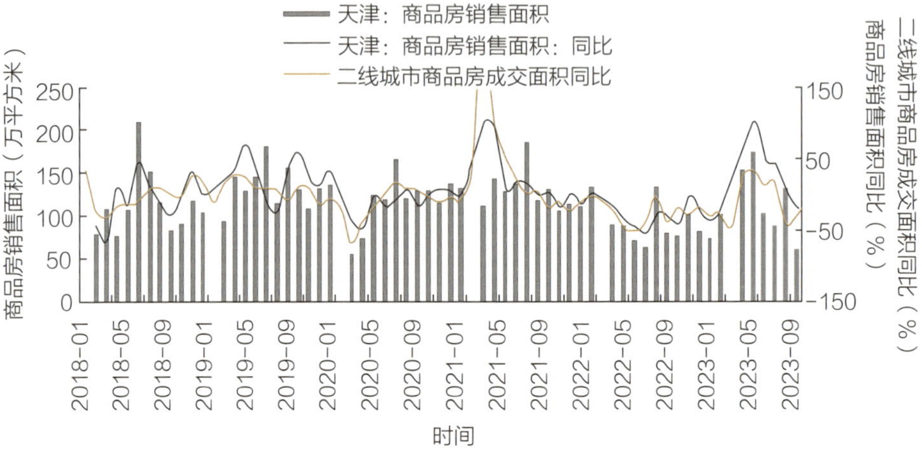

图 15-4　天津放开后商品房成交面积有所回升

资料来源：WIND，华西证券研究所。

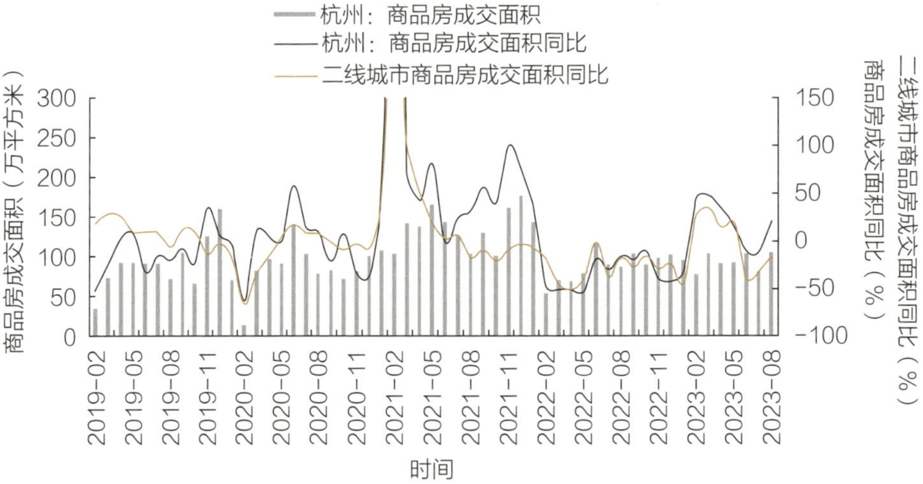

图15-5　杭州放开后商品房成交面积有所回升

资料来源：WIND，华西证券研究所。

一线城市“认房不认贷”的效果可以参照2014年9月30日发布的《关于进一步做好住房金融服务工作的通知》，通知中提到：对拥有1套住房并已结清相应购房贷款的家庭，为改善居住条件再次申请贷款购买普通商品住房，银行业金融机构执行首套房贷款政策（30%）。

新政出台后，北上广深四个一线城市商品房销售面积均出现较为明显的回升。从数值上看，深圳市商品房销售面积同比增速回升最为明显，较全国商品房销售面积平均增速高出约67个百分点。

其次是上海，商品房销售面积同比增速较全国平均增速高出约37个百分点（图15-6）；北京商品房销售面积同比增速则较全国平均增速分别高出约30个百分点（图15-7）。

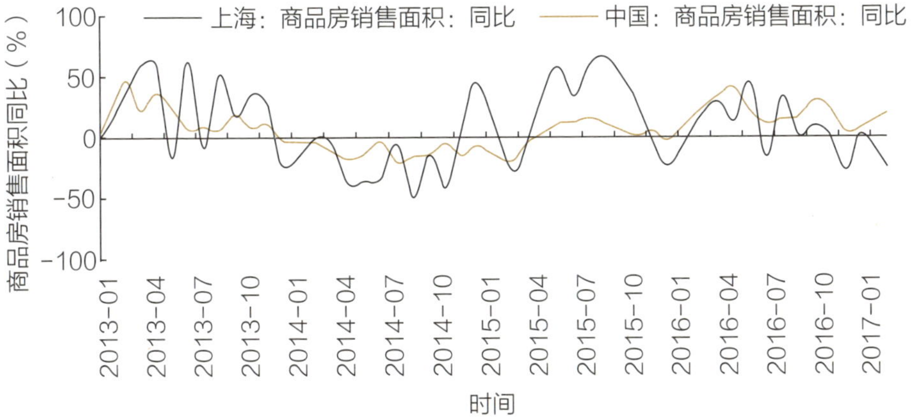

图15-6　上海商品房销售面积同比变动

资料来源：WIND，华西证券研究所。

严格来讲，2014年的政策属于“认贷不认房”，即需要还清房贷才能享受首套房待遇，当前“认房不认贷”政策更为宽松，并且全国层面首套房以及二套房的首付比例下限更低（20%、30%），我们判断后续二线城市有望全面对接全国标准，一线城市向全国标准靠近。

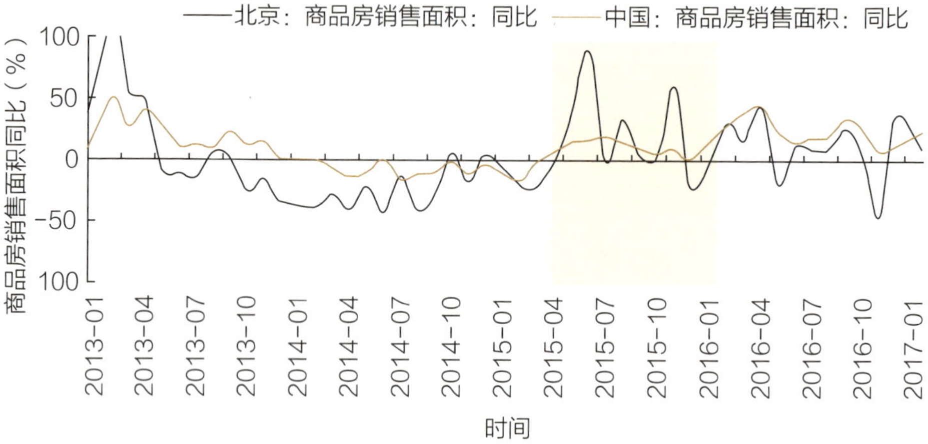

图 15-7 北京商品房销售面积同比变动

资料来源：WIND，华西证券研究所。

不过与当时相比，当前我国房地产市场供求关系发生了较大的变化，并且缺少类似 2015 年棚改货币化安置这种力度大、覆盖广的刺激政策。虽然有特大超大城市城中村改造，但是从目前的政策定调来看，“稳中求进，积极稳妥”是被着重强调的，“成熟一个推进一个，实施一项做成一项”，稳步推进是主基调，其对于地产的拉动或远小于棚改货币化安置效果。

第五节　房地产政策放松效果初显

综合来看，我们假定本次认房不认贷以及降低首付比例的实际效果为 2014 年的 50% 左右。北上广深商品房销售面积分别增加 15%、20%、10%、30%，二线城市则增加 10%，以 2022 年销售面积为基准，新增商品房销售面积约 2732.95 万平方米，占 2022 年全年销量约 2%，占 2023 年 1—7 月销量的 4%。

存量房贷下调或将使银行让利居民 580 亿 ~1158 亿元，对应息差下降约 2~5bp，提升社零增速约 0.15~0.32 个百分点。

存量房贷下调幅度因城因时而异。2023 年 8 月 31 日央行和金监局发布的《关于降低存量首套住房贷款利率有关事项的通知》中指出：新发放贷款的利率水平由金融机构与借款人自主协商确定，但在贷款市场报价利率（LPR）上的加点幅度，不得低于原贷款发放时所在城市首套住房商业性个人住房贷款利率政策下限。也即存量房贷的下调幅度因城因时而异。

截至 2023 年 9 月 4 日，全国 31 个省级行政区均已公布不同时期当地首套商业性个人住房贷款利率下限。从公布的情况来看，一线城市普遍是高于 LPR，幅度在 35~55bp，二、三线城市则普遍是低于 LPR，幅度在 20~50bp。从利率下限来看，二、三线下降幅度或大于一线城市。

存量高利率房贷主要集中在 2018—2021 年。我国个人住房贷款利率锚定标准在 2019 年 8 月发生了变化，在此之前锚定的是 5 年以上基准利率，而 2019 年 8 月之后开始锚定 5 年期 LPR 利率。从个人住房贷款加权平均利率与锚定利率之间差距来看，当前我国存量高利率房贷主要集中在 2018—2021 年，而且这一时期个人住房贷款余额净增额也相对较多（图 15-8）。

存量房贷调整的四种情形。由于存量房贷调整因城因时而异，分别测算较难实现。根据报道，能够享受本次调整的存量房贷规模占比约为 2/3 。参考这一比重，我们假设个人住房贷款总额中符合下调标准的比例有 15%、30%、45%、60% 四种情形。

截至 2023 年 6 月，我国个人住房贷款余额为 36.8 万亿元；央行新公布的个人住房贷款加权平均利率为 4.11%，与存量房贷估算值之间相差约 80bp。我们以 10bp 为步长，分别测算了四种情形下存量房贷下调对于银行利息收入的影响。

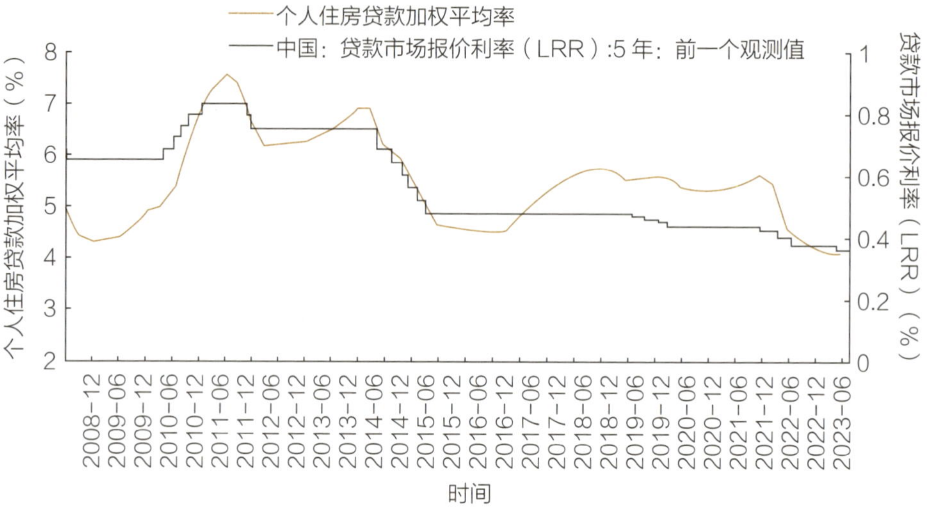

图15-8 存量高利率房贷主要集中在2018—2021年之间

资料来源：WIND，华西证券研究所。

最乐观的情况，60%的存量房贷平均利率下调80bp，银行利息将减少1852亿元，对应息差下降约8bp，不过这种情况发生的可能性相对较小。

我们认为的中性情景是30%~60%左右的存量房贷符合下调标准，调降幅度在50bp左右，银行利息收入将减少约580亿~1158亿元，对应息差下降约2~5bp，如果考虑到存量房贷下调之后提前还贷的减少，商业银行净息差下降幅度可能会进一步收窄。

存量房贷下调居民将直接受益。如果居民将少还房贷省下的钱全部用于消费，将带动社零增速（以2022年社融总量为准）提升约0.15~0.32个百分点。

第十六章 中美库存周期共振

第一节　库存周期

库存周期又被称为基钦周期，持续时间一般在 3~4 年，属于经济周期中的短周期，是观察短期经济供需变动的重要指标。库存周期的本质是需求与生产之间的错位与时滞，根据需求与生产的变化我们可以将库存周期划分为四个阶段，分别是被动去库存、主动补库存、被动补库存、主动去库存，它们分别对应经济周期中的复苏、繁荣、衰退、萧条四个阶段（图 16–1）。具体来看：

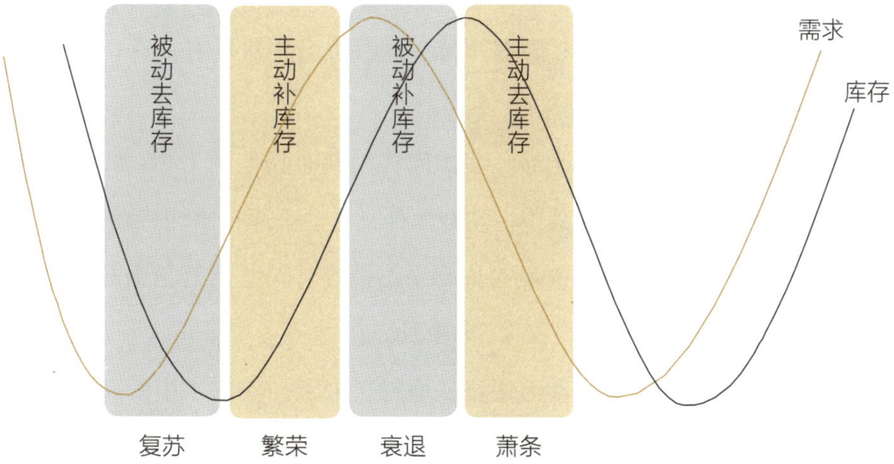

图16–1　库存周期的四个阶段

资料来源：WIND，华西证券研究所。

被动去库存：需求出现边际回升，但是由于生产计划调整存在一定滞后性，所以库存继续下降，对应经济周期中的复苏阶段。

主动补库存：随着需求的持续向好，企业营收也相应改善，企业开始扩大生产规模，库存开始逐渐增多，对应经济周期中的繁荣阶段。

被动补库存：需求开始见顶回落，但是由于生产计划调整时滞，企业库存仍在增加，对应经济周期中的衰退阶段。

主动去库存：随着需求的进一步弱化，企业开始收缩产线，库存开始逐步回落，对应经济周期中的萧条阶段。

第二节　中国的库存周期

2000 年以来我国共经历了六轮较为完整的库存周期。我们采用目前较为常用的工业企业产成品存货同比与主营业务收入累计同比来刻画库存周期（图 16–2）。具体划分的原则为：营收上升、库存下降为被动去库存；营收、库存同时上升为主动补库存；营收下降、库存上升为被动补库存；营收、库存同时下降为主动去库存。

从库存周期的持续时间来看，我国库存周期时长范围为 31~48 个月，平均周期时长为40个月左右。其中主动补库存、主动去库存平均持续时间较长，分别为 12.3 个和 11.5 个月，被动补库存平均持续时间也有 10.7 个月，被动去库存平均持续时间相对较短，仅为 5.8 个月。

我国补库周期的主要驱动力逐步从原材料加工业转向了中游制造业。由于我国不同行业库存占比差异较大，要想细致拆解库存周期还需要深入行业。我们采用补库期间各行业库存增速与其占总库存比重乘积的方式度量不同行业对于补库的贡献率，以达到考察行业变化的目的。

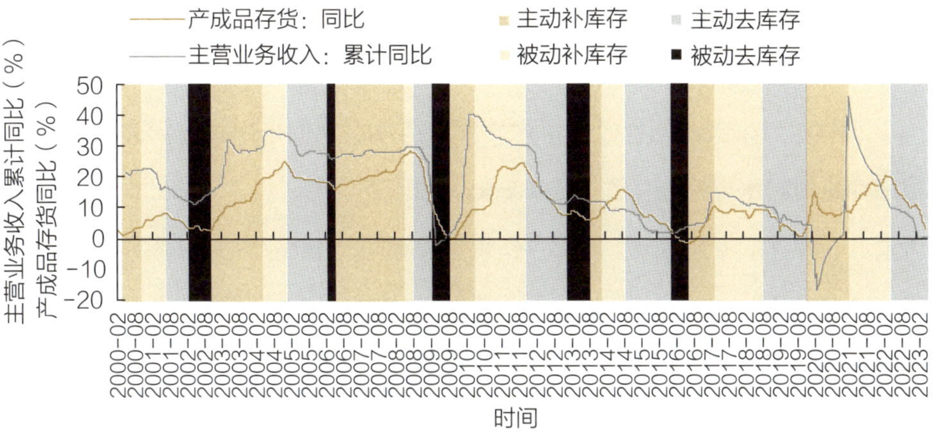

图 16-2　2000 年以来中国库存周期划分

资料来源：WIND，华西证券研究所。

通过选取过去六轮补库期间对于总库存拉动比率前五的行业，我们发现我国补库周期的驱动行业有两大规律：

第一，原材料加工业和中游制造业是我国的补库主力，例如黑色金属冶炼及压延加工业、计算机、通信和其他电子设备制造业，而消费品制造业对于库存的拉动则相对较小。

造成这一变化的原因可能有两个：一是我国对于落后产能的淘汰力度不断加大。2010 年国务院发布《关于进一步加强淘汰落后产能工作的通知》，对于钢铁、煤炭、化工等九大行业设定具体落后产能淘汰目标、2016 年供给侧结构性改革提到的“三去一降一补”中的“一去”就是去钢铁、水泥、电解铝等行业的过剩产能。

第二，对于中高端制造业的鼓励扶持力度不断加大。无论是《中国制造2025》的提出还是建设制造强国目标的设立，它们都推动了我国中高端制造业的快速发展。在政策引导下，中高端制造逐渐成为引领我国库存周期的主要力量。例如，计算机、通信和其他电子设备制造业、电气机械及器材制造业对于库存周期的拉动明显增强。

第三节　美国的库存周期

2000 年以来美国同样经历了六轮库存周期。我们采用目前较为常用的美国库存总额同比与销售总额同比来刻画美国库存周期。具体划分的原则为：销售上升、库存下降为被动去库存；销售、库存同时上升为主动补库存；销售下降、库存上升为被动补库存；销售、库存同时下降为主动去库存（图 16–3）。

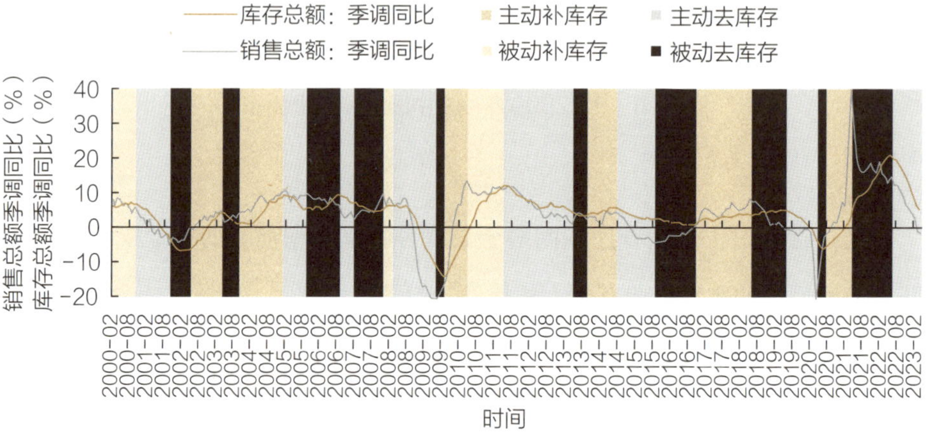

图 16–3　2000 年以来美国库存变动情况

资料来源：WIND，华西证券研究所。

不过与中国每轮库存周期都会经过被动去库存、主动补库存、被动补库存、主动去库存四个阶段不同，美国的库存周期可能存在跳跃现象。

例如在 2002 年 5 月—2003 年 3 月，美国经历了主动补库存阶段后，并没有进入被动补库存、主动去库存阶段，而是直接进入被动去库存阶段，随后又开启了新一轮的主动补库存。不过 2009 年之后，美国库存周期的规律逐渐清晰，每一次库存周期基本上都经历完整的四个阶段，这也为分析中美库存周期共振提供了基础。

第四节 中美库存周期

从行业来看，美国消费品行业是库存的主要驱动因素。与中国原材料加工业、中游制造业占库存比重较高不同，美国库存中消费品和资本品占比较高，二者合计占比超过 70%。而且从实际库存运行周期来看，消费品行业要领先于资本品、建筑材料等行业，这也就意味着美国库存周期更多的是消费驱动，而不是类似于我国的投资驱动（图 16-4、图 16-5）。

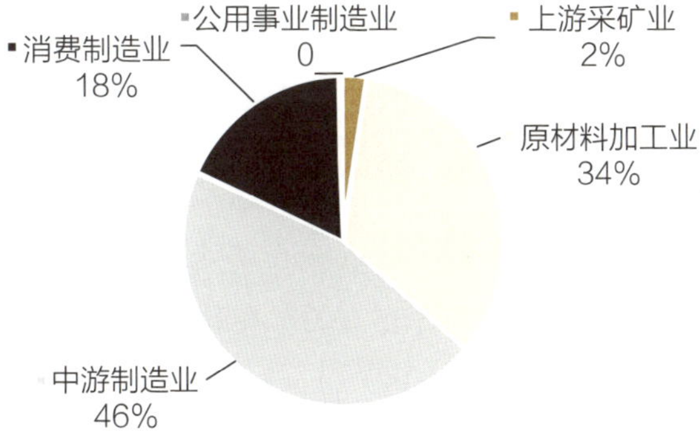

图16-4 中国库存占比中原材料加工、中游制造是主力

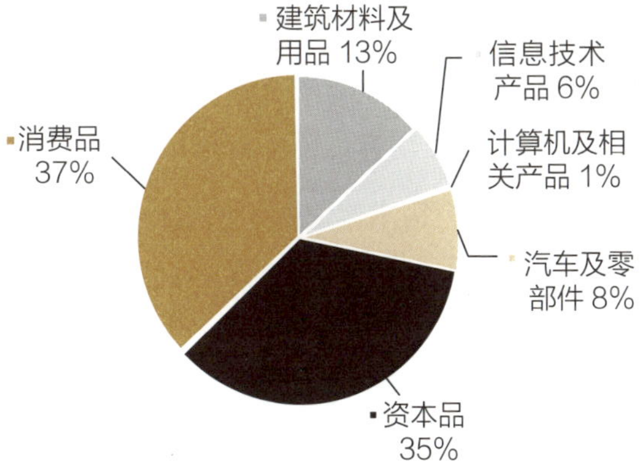

图16-5 美国库存占比中消费品、资本品是主力

资料来源：WIND，华西证券研究所。

根据中美库存周期变动趋势我们可以将其分成两个阶段。

第一个阶段是2008年9月之前，美国库存周期领先中国2~3个季度。例如2002年3月，美国库存周期见底，而中国库存见底则是在2002年9月，二者相差2个季度。

第二个阶段是2008年9月之后，中美库存周期同步性明显提升。例如，2009年9月，中美两国库存同步见底，并开启新一轮补库周期。中美库存同步性提高主要与两国之间经贸关联度不断提升有关。

不过在部分时间段二者也存在库存周期错位情况。

2017年4月—2018年4月中国去库、美国补库。中美库存的此次错位主要与两国国内的政策操作有关。2016年中央财经领导小组[①]第十二次会议拉开了我国供给侧结构性改革的序幕，“三去一降一补”其中的“两去”是去落后产能、去房地产库存，均与库存有关。在政策的引导下，我国第六轮补库周期明显缩短，去库周期提前开启。而美国则在特朗普《减税与就业法案》的加持下，企业补库意愿得到强化，补库周期有所拉长。

2020年2月—2020年5月中国补库、美国去库。这一阶段中美库存错位主要与两国疫情防控节奏错位有关。疫情暴发初期，我国及时采取了防控措施，这使库存同比增速短期快速反弹，但随着疫情防控进入新阶段，我国又逐步进入去库周期。而美国则在需求修复快于供给的情况下，开启去库周期。

从持续时间来看，中美库存共振时期占比约69%，错位占比约31%，共振明显更为普遍（图16–6）。

---

① 2018年3月，中央财经领导小组更名为中央财经委员会。——编者注

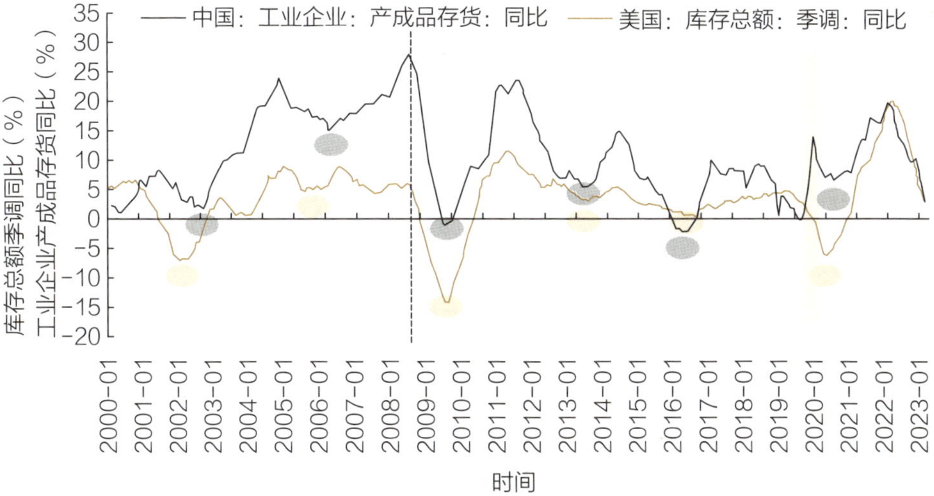

图16-6　中美库存周期同步性整体提升

资料来源：WIND，华西证券研究所。

中国2023年第三季度处于被动去库存阶段，第四季度或将开启补库存周期。

其次PPI与产成品库存同比存在着相对稳定的领先关系。一般而言，PPI同比增速领先产成品库存1~2个季度，6月PPI同比为-5.4%，大概率处于底部区域，并且二者增速目前都处于较低的位置，参照历史走势推断第四季度或将迎来我国库存周期的底部，即补库周期开启，而在此之前我国则处于从主动去库存转为被动去库存阶段（图16-7）。

美国2023年第四季度处于被动去库存阶段，2024年第一季度或将开启主动补库存。判断美国库存拐点有一个较为稳定的领先指标：库销比。所谓的库销比是指库存与销量的比值，这一指标综合反映了库存与销量的相对变化，由于销量领先于库存，二者的比值是库存的领先镜像。从历史数据来看，美国库销比领先库存8个月左右，5月美国库销比为1.4，为2021年4月以来新高，按照领先关系推断2024年第一季度，美国或将迎来库存拐点，开启补库周期。

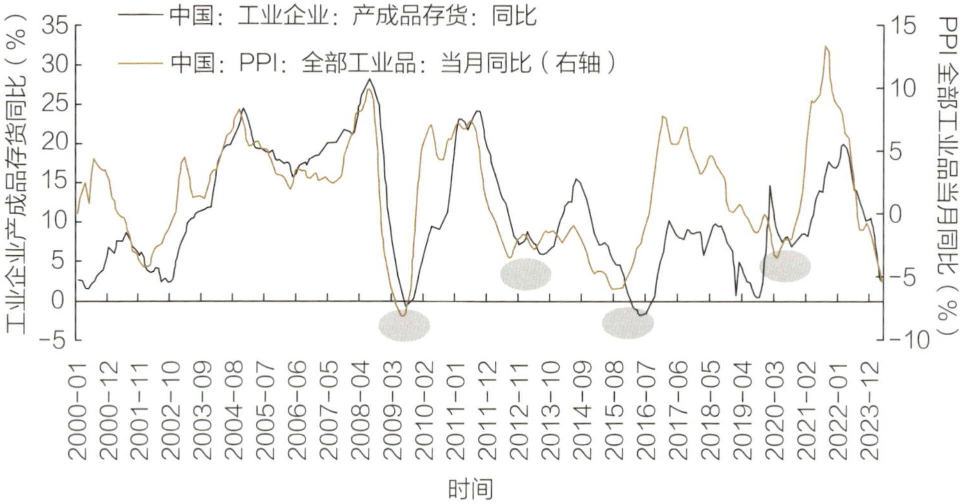

图16-7　中国库存周期与PPI的领先性

资料来源：WIND，华西证券研究所。

综合来看，我们认为2023年系统第四季度中国可能处于补库、美国处于去库阶段，而2024年第一季度中美则将共同进入补库阶段。

第五节　中美库存周期共振

那么，中美库存周期共振如何影响市场？

我国库存周期四个阶段期间大类资产表现情况如下：主动补库存阶段A股收益率更高，被动补库存阶段商品表现更佳，主动去库存阶段债券牛市趋势明显，被动去库存阶段商品和权益表现相对均衡。

被动去库存阶段：商品和权益均收益不错，南华商品指数、南华工业品指数平均收益率为12.4%、20.3%，而权益产品中小盘的弹性会更大，创业板指数平均收益为17.8%，强于其他权益表现。

主动补库存阶段：我国上证指数、沪深 300 指数、创业板指数、恒生指数平均收益率超过 15%，沪深 300 指数收益率均值达到 35.55%，股指均表现出高收益特点。同时期 10 年期国债到期收益率平均升幅为 49.6bp。

被动补库存阶段：权益产品走弱，表现出较高的负收益。商品价格处于上升阶段，表现强于债券和权益产品。该阶段南华商品指数平均收益率为 4.8%。

主动去库存阶段：债券进入熊牛转折点，平均下行幅度为 105.8bp。商品中黄金价值凸显，平均收益率为 10.29%，强于其他商品。

进一步考察中美库存周期共振对大类资产的影响：整体来看商品、债券市场对于中美库存共振更为敏感，共同补库期间商品往往涨幅较大，国债到期收益率也会明显抬升，共同去库则表现相反，商品下跌，国债到期收益率下行。不过权益市场对于库存共振反应并不一致，涨跌不一。

参考文献

［1］本·伯南克，蒂莫西·盖特纳，亨利·宝尔森．灭火：美国金融危机及其教训［M］．冯毅译．北京：中信出版社，2019.

［2］张廷伟．经济的坏脾气［M］．北京：金城出版社，2009.

［3］李天泽．近百年来三次重大经济危机探索与启示［D］．长春：吉林大学，2015.

［4］朱小娟．1919—2008 年美国历次经济危机发生前的经济征兆研究［D］．广州：广东外语外贸大学，2013.

［5］陈佳雯．俄乌冲突下的经济制裁：措施、影响与不确定性［J］．国际经济合作，2022（3）．

［6］陈亮．金融不稳定性假说的模型化新进展［J］．山西财政税务专科学校学报，2010（6）．

［7］王林林．美国对俄罗斯的经济制裁研究［D］．长沙：湖南师范大学，2020.

［8］张斌彬．信用扩张、资产价格泡沫与金融危机的关系研究［D］．沈阳：东北财经大学，2011.

［9］曲占东．马克思经济危机理论视阈下国际金融危机研究［D］．长春：吉林大学，2021.

［10］兰德尔雷．明斯基时刻［M］．张田，张晓东，等译．北京：中信出版社，2019.